기독교 교육과정 탐구

-신앙, 인식론, 기독교 교육과정-

박상진 지음

장로회신학대학교출판부

기독교 교육과정 탐구

머리말

책을 낸다는 것은 부족함을 드러내는 것이다. 그러나 부족함은 감추고 있기보다는 드러냄으로 보완되고 보충될 수 있을 것이라 생각하며 책으로 출간하게 되었다. 이 책은 기독교 교육 과정 분야의 전공서적으로 분류될 수 있지만, 기독교 교육이 무엇인지를 탐구하려는 모든 사람에게 대화의 상대가 될 수 있을 것이다.

이 책은 기독교 교육의 중심 관심으로서 '신앙'을 탐구하고 있고, 신앙이 다름 아닌 '하나님 알기'라는 점에서 기독교 교육 인식론을 탐구하고 있다. 그리고 이러한 인식론에 근거한 기독교 교육 과정은 어떤 모습이어야 하는가를 그려내고 있는데, 그것을 '성육신적 교육 과정'으로 이름 붙이고 있다.

이 책에는 교육학으로부터 시작해서, 신학과 기독교 교육학에 이르는 필자의 '기독교 교육학 탐구'라는 삶의 여정이 스며들어 있다. 그리고 이 책은 기독교 교육 이론 연구와 교회 및 연구소 사역, 기독 교사 운동 등 현장 경험 사이의 대화의 산물이기도 하다. 기독교 교육 과정은 어떤 다른 분야보다 이론과 현장의 가교(架橋)로서의 역할을 감당하고 있는데, 이것이 필자가 이 분야를 전공하고 이 책을 쓰게 된 동기라고 할 수 있다. 실천이 없는 기독교 교육학과 이론적인 토대가 없는 실천을 통해서는 생명력 있는 변화를 기대할 수 없다.

이 책의 제1부에서는 기독교 교육의 중심 관심이 신앙임을 밝히고,

개혁 신학에서의 신앙 이해를 '하나님 알기'로 파악하고, 이 앎의 특성이 무엇인지를 탐구하고 있다. 제2부에서는 이러한 신앙을 추구하는 기독교 교육 과정의 인식론적 기초를 모색하고 있는데, 전통적인 서구 근대 인식론을 비판하고 그 대안으로 새로운 인식론의 기독교 교육에의 적용 가능성을 탐구하고 있다. 제3부에서는 새로운 인식론에 근거한 기독교 교육 과정 모델로서 성육신적 교육 과정 모델을 탐구하고 있는데, 이 탐구에서는 전통적인 기독교 교육 과정을 비판하고 '하나님 알기'를 통한 삶의 중심적인 변화를 가능케 하는 성육신적 교육 과정의 실제까지를 다루고 있다.

필자가 이 책을 쓰기까지는 많은 분들의 도움이 있었음을 고백한다. 사람 사랑하는 법을 몸으로 가르쳐 주시고 교육의 길을 가도록 격려해 주신 부모님, 충성스러운 목회자의 본을 보여 주신 목사님들, 대학과 대학원에서 교육학을 가르쳐 주신 교수님들, 그리고 신학대학원과 대학원에서 신학과 기독교 교육학을 가르쳐 주시고 지금도 교수됨의 본을 보여 주시는 장로회신학대학교의 교수님들, 특히 기독교 교육 과정 분야로 인도해 주신 고용수 총장님, 학문의 길을 가도록 이끌어 주신 사미자 교수님, 유학을 격려해 주신 임창복 교수님, 그리고 필자의 박사 학위 논문 지도 교수인 파멜라 미첼 렉(Dr. Pamela Mitchell Legg)을 비롯한 미국 유니온신학교 및 장로교기독교교육대학원의 교수님들께 깊은 감사를 드린다. 그리고 언제나 좋은 대화의 파트너로서 함께 기독교 교육 여정을 동행하는 아내와 늘 새롭게 자신을 돌아보도록 신선한 자극을 주는 딸 예정에게 감사의 마음을 전한다.

2004년 4월
광나루에서
박 상 진

기독교 교육과정 탐구 | 차 례

머리말 / 5
시작하는 글 / 12

제1부 | 기독교 교육과정의 중심 관심으로서 신앙 탐구 ········ 19

1장 | 기독교 교육의 중심 관심 : 신앙 /21
    1. 신앙과 신념 | 22
    2. 신앙을 위한 기독교 교육 | 28

2장 | 개혁 신학의 신앙 이해 : 하나님 알기 /33
    1. 칼빈의 신앙 이해 | 34
    2. 바르트의 신앙 이해 | 40
    3. 브루너의 신앙 이해 | 44
    4. 니버의 신앙 이해 | 48

3장 | '하나님 알기'에서 앎의 특성 /55
    1. 인격적 앎 | 55
    2. 공동체적 앎 | 57
    3. 상상적 앎 | 57
    4. 참여적 앎 | 58

| 기독교 교육과정 탐구 | 차 례 |

제 2부 | 기독교 교육과정의 기초로서 인식론 탐구 61
- 서구 근대 인식론으로부터 새로운 인식론으로의 전환

4장 | 기독교 교육과정을 위한 새로운 인식론 /63
1. 인식론과 기독교 교육과정의 관계 | 63
2. 전통적인 서구 근대 인식론 비판 | 66
    1) 데카르트 인식론 비판 | 67
    2) 로크의 경험주의 인식론 비판 | 69
    3) 칸트주의 인식론 비판 | 71
    4) 전통적인 서구 근대 인식론의 한계성 | 73
3. 새로운 인식론의 경향들 | 75
    1) 폴라니의 인격적 지식론 | 76
    2) 존슨의 육화된 상상 이론 | 86
    3) 슬로언의 통찰-상상 이론 | 96
4. '하나님 알기'로서 신앙을 위한 인식론 | 106

5장 | 새로운 인식론의 영향을 받은 20세기 기독교 교육 이론들 /115
1. 팔머의 이론과 기독교 교육 인식론 | 116
    1) 팔머의 이론에 대한 새로운 인식론의 영향 | 116
    2) 팔머의 이론에서의 앎의 특성 | 119
    3) 기독교 교육과정에 대한 함의 | 124
2. 로더의 이론과 기독교 교육 인식론 | 133

기독교 교육과정 탐구 | 차   례

    1) 로더의 이론에 대한 새로운 인식론의 영향 | 133
    2) 로더의 이론에서의 앎의 특성들 | 140
    3) 로더의 이론이 기독교 교육과정에 주는 함의 | 144
  3. 해리스의 이론과 기독교 교육 인식론 | 150
    1) 해리스의 이론에 대한 새로운 인식론의 영향 | 150
    2) 해리스의 인식론에 나타난 앎과 가르침의 특성들 | 155
    3) 기독교 교육 커리큘럼에 대한 통찰 | 160

제 3 부 | 새로운 인식론에 근거한 기독교 교육 커리큘럼 모델 탐구 · 169
- 성육신 커리큘럼 모델

6장 | 전통적 서구 근대 인식론에 근거한 전통적 커리큘럼 비판 / 171

  1. 타일러식 커리큘럼 모델 | 172
    1) 타일러 논리 | 172
    2) 타일러식 커리큘럼 모델 | 178
    3) 기독교 교육에 대한 타일러 커리큘럼의 영향 | 184
  2. 타일러 커리큘럼 모델에 대한 교육과정학자들의 비판 | 195
    1) 돌의 비판 | 196
    2) 애플비의 비판 | 202
    3) 아이즈너의 비판 | 206
  3. 새로운 인식론에 근거한 타일러 커리큘럼 비판 | 213

기독교 교육과정 탐구 | 차 례

7장 | 새로운 기독교 교육 커리큘럼 모델을 위한 핵심 개념 :
성육신적 상상 / 223
   1. '하나님 알기'의 자리로서 상상 | 224
      1) 계시의 인간학적 접촉점으로서의 상상 | 224
      2) 패러다임적 상상 : 계시의 자리 | 228
      3) 하나님의 형상 : 계시의 내용 | 230
   2. 개혁 신학적 성육신 이해 | 237
      1) 성육신의 의미 | 237
      2) 성육신의 네 가지 특성 | 241
   3. 성육신적 상상 | 244
      1) 성육신적 상상의 정의 | 245
      2) 성육신적 상상의 예 | 249
      3) 성육신적 상상과 기독교 교육 | 251

8장 | 새로운 기독교 교육 커리큘럼의 실제 :
성육신 커리큘럼 모델 / 255
   1. 성육신 커리큘럼 모델의 개요 | 256
      1) 목적 : 하나님 알기 | 257
      2) 내용 : 하나님의 형상 | 260
      3) 범위 : 예배, 선포, 가르침, 교제, 봉사 | 262
      4) 장 : 가정, 교회, 학교 등 | 265
      5) 작성의 원리 : 인격적, 공동체적, 상상적, 참여적 | 267

| 기독교 교육과정 탐구 | 차 례 |

      6) 표현 양식 : 육화된 이미지 | 271
      7) 특성들 : 타일러식 커리큘럼 모델에 대한 대안적 특성들 | 275
  2. 성육신 커리큘럼 모델의 차원 | 283
      1) 교사의 성육신 : 인격적 차원 | 284
      2) 학습자의 성육신 : 공동체적 차원 | 287
      3) 교재의 성육신 : 상상적 차원 | 289
      4) 상황의 성육신 : 참여적 차원 | 292
  3. 성육신 과정으로서 커리큘럼 작성 | 294
      1) 교사 수준의 커리큘럼 작성 과정 | 297
      2) 교회 수준의 커리큘럼 작성 과정 | 306

참고 문헌 / 314

시작하는 글

기독교 교육은 일반 교육과 동일시될 수 있는가? 아니면 기독교 교육은 일반 교육과 구별되는 독특성을 지니는가? 기독교 교육의 정체성에 관한 이러한 질문들은 기독교 교육학의 학문적 탐구가 시작된 이래 계속적으로 제기되는 질문들이다.

기독교 교육과 일반 교육은 모두 '인간'을 대상으로 하고 '변화'를 추구하며 또한 '의도성'을 지닌다는 점에서 유사하다. 이는 기독교 교육과 일반 교육이 모두 '교육'이라는 공통 분모를 지니고 있기 때문이다. 그러나 기독교 교육은 '신앙(faith)'을 그 중심적인 관심으로 삼고 있다는 점에서 일반 교육과는 구별된다. 기독교 교육은 사람들로 하여금 '기독교 신앙'을 갖게 하고, 그 신앙이 성숙하도록 돕는 것을 일차적인 과제로 삼고 있다. 기독교 교육에는 다양한 접근 방법이 있고, '지식'을 강조하느냐, 아니면 '경험'을 강조하느냐, 또는 '상황'을 강조하느냐의 차이는 있지만 궁극적인 관심이 신앙이라는 점에서는 이견이 없을 것이다.

그러면 과연 신앙이란 무엇인가? 사실 신앙 이해는 신학적인 입장에 따라 상이할 수 있다. 그러나 정통주의 신학과 신정통주의 신학, 그리고 자유주의 신학과 로마 가톨릭 신학은 그들의 신학적인 입장의 차이와는 관계없이, 신앙(faith)이 신념(belief)과는 구별되며 단순한 정보나 감정, 또는 의지의 차원과도 구별된다고 본다는 점에서 신앙에 대한 공통적인 이해를 가지고 있다. 기독교 교육의 중심 관심은 신념이 아닌 '신앙'이며, 신앙이 지니는 독특성이 바로 기독교 교육의 독특성을 함의하고 있다.

본서는 개혁 신학(Reformed theology)의 관점에서 신앙을 이해하고, 신앙이 바로 '하나님 알기(knowing God)'임을 드러낸다. 신앙은 하나님을 알고 더 깊이 하나님을 알아 가는 것이다. 이 '하나님 알기'는 하나님을 아는 것을 통해 나 자신과 우주를 알게 되는 것을 포함하는 개념이다. 또한 '하나님 알기'는 '앎(knowing)'과 '삶(living or being)'이 분리되는 앎이 아니라, 삶과 실천을 내포하는 확신적 앎을 의미한다. 이런 면에서 기독교 교육은 '신앙을 위한 교육'이며, 또한 '하나님 알기를 위한 교육'이다.

이렇게 신앙을 '하나님 알기'로 이해할 때, 신앙은 불가분 인식론(epistemology)과 관련을 맺게 된다. 사실 무엇을 '믿는다'는 것은 인간 '인식'의 변화를 의미한다. 예수를 믿는다는 것은 예수를 그리스도로 확신하는 것을 의미하는데 이는 인식 차원에서의 변화를 내포하고 있다. 물론 여기에서의 인식은 단지 인지적 인식만을 의미하는 것이 아니다. 그러면 '하나님 알기'에서의 앎은 어떤 성격의 앎인가? 이 앎의 성격을 밝히는 것은 신앙과 기독교 교육을 연계시키는 작업이기도 하다.

교육은 어떤 형태로든 앎과 관련을 맺고 있다. 기독교 교육도 앎을 통한 변화를 추구한다. 그런데 '하나님 알기'에서의 앎은 과학적, 분석적, 객관적 앎과는 다른 성격의 앎이다. 일반 교육에서 통용되는 인식론으로서는 파악되지 않는 앎이다. 서구의 역사를 살필 때, 계몽주의 이래 교육에서 강조된 인식의 방식은 소위 객관주의적 인식론(objectivistic epistemology)이다. 그러나 '하나님 알기'에서의 '앎'은, 그 한 예로서 '안다'라는 뜻을 지닌 구약성경의 히브리어 동사 '야다(yada)'

에 잘 나타나 있는데, 이는 체험적인 앎이요 관계적인 앎을 의미한다. 그러므로 '하나님 알기'로서의 신앙을 위한 교육에서는 이러한 앎을 가능케 하는 앎의 방식(way of knowing)으로서 인식론의 탐구가 필요하다. 이러한 '신앙'을 위한 인식론, '하나님 알기'를 위한 인식론은 기독교 교육의 가장 중요한 기초가 된다.

기독교 교육과정(Christian education curriculum)은 '하나님 알기'로서의 신앙과 이러한 앎을 가능케 하는 인식론의 토대 위에서 이루어진다. 신앙이 무엇인지는 기독교 교육과정의 성격을 규정하게 되고, '하나님 알기'의 앎의 차원과 특성은 바로 기독교 교육과정의 차원과 특성을 의미하게 된다. 다시 말해서 삶의 중심적인 변형(transformation)을 일으키는 기독교 교육은 정보의 전달이나 신념의 변화를 통해서는 가능하지 않고, 오직 신앙을 추구할 때에만 가능하며, 이는 또한 하나님을 알게 되는 인식의 통로가 되는 기독교 교육과정을 통해서만 가능하다. 이것을 도표로 나타내면 아래 그림과 같은데, 삶의 중심적인 변형을 일으키는 기독교 교육은 신앙, 인식론, 기독교 교육과정이라는 삼중적 관계 안에서 일어나게 된다.

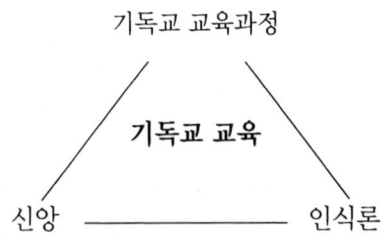

[그림 1] 신앙, 인식론, 기독교 교육과정의 관계

오늘날 기독교 교육 현장에서 일어나고 있는 수많은 문제들은 기독교 교육과정의 문제이다. 이는 신앙을 위한 기독교 교육과정을 기독교 교육의 독특성이 담보되지 않는 일반 교육과정의 논리로 접근하기 때문에 발생하는 것이다. 현장에서의 기독교 교육이 신앙을 위한 기독교 교육, '하나님 알기'를 위한 기독교 교육이 되지 못한 채 표피적인 신념의 변화만을 추구할 때 이런 문제들이 발생하는 것이다. 이는 또한 일반 교육과정 안에 전제되어 있는 전통적인 서구 근대 인식론인 객관주의적 인식론이 기독교 교육과정 안으로까지 스며들어 진정으로 하나님을 알게 하는 교육이 이루어지고 있지 않기 때문이다.

그러므로 본서는 먼저 기독교 교육의 중심 관심으로서 신앙을 탐구하고, 기독교 교육과정의 기초로서 새로운 인식론을 탐구하며, 이러한 신앙 이해와 새로운 인식론을 토대로 한 새로운 기독교 교육과정 모델을 탐구함을 통하여 기독교 교육이 그 본연의 정체성을 확립하고 삶의 중심을 변형시키는 생명력 있는 기독교 교육이 되는 데 하나의 든든한 디딤돌이 되고자 한다.

중요 개념들에 대한 정의

1) 전통적인 서구 근대 인식론

본서에서 '전통적인 서구 근대 인식론'은 앎의 확실성과 객관성과 유용성을 강조하는 객관주의적(objectivistic) 인식론을 의미한다. 이 전통적인 서구 근대 인식론은 계몽주의와 함께 시작되는데 지난 400년 동안 서구 사상을 지배해 왔다. 전통적인 서구 근대 인식론은 인간을 자율적인 이성적 존재로 보는 르네 데카르트(René Descartes)의 철학과 순수 객관적인 현실이 존재한다고 전제하는 존 로크(John Locke)의 경험주의 철학, 그리고 이론과 실제, 과학과 윤리 사이의 이원론을 가정하는 임마누엘 칸트(Immanuel Kant)의 철학에 뿌리박혀 있다. 이러한 전통적인 서구 인식론에서는 앎의 주체가 앎의 객체로부터 분리되어 있으며 자아와 세계, 정신과 물질, 주체와 객체, 그리고 인식론과 존재론 사이가 분리되어 있다.

2) 새로운 인식론

본서에서 '새로운 인식론'은 앎에 대한 계몽주의적인 관점을 거부하는 포스트모던 인식론의 한 경향을 의미한다. 새로운 인식론은 전통적인 서구 근대 인식론과는 대조적인 개념인데 전통적인 서구 근대 인식론이 근대주의적 관점과 관련되어 있다고 하면 새로운 인식론은 보다 포스트모던적 관점이라고 할 수 있다. 본서에서는 특히 마이클 폴라니(Michael Polanyi), 마크 존슨(Mark Johnson), 그리고 더글러스 슬로언(Douglas Sloan)의 인식론에 초점을 맞추려고 하는데, 이러한 새로운 인식론은 '하나님 알기'에서의 앎을 설명하는 데 도움을 주는 통찰을 제공하고 있다. 필자는 새로운 인식론이 강조하는 앎의 특성을 네 가지로 분류하였는데, 이는 앎의 '인격적' '공동체적' '상상적' '참여적' 특성이다.

3) 인격적 · 공동체적 · 상상적 · 참여적

개혁 신학의 신앙 이해에 있어서 하나님을 아는 '앎'과 새로운 인식론에서의 '앎'은 공통적인 특성을 지니는데 그것은 인격적, 공동체적, 상상적, 참여적 특성이다. 이 네 가지 성격은 서로 분리될 수 없고, 각각은 다른 것 속으로 침투되어 있다. 특히 '인격적' 요소를 '참여적' 요소와 구별하는 것은 쉽지 않다. 그러나 본서에서 '인격적'이라는 개념은 아는 주체와 알려지는 객체 사이의 관계를 강조하는 개념인 반면,

'참여적'이라는 개념은 아는 주체의 알려지는 객체에의 참여 내지는 헌신을 강조하는 개념이라는 점에서 차이가 있다. 앎의 인격적 특성에서의 아는 주체와 알려지는 객체 사이의 관계는 '나와 그것'의 관계가 아닌 '나와 너'의 관계이다. 마이클 폴라니가 그의 책 『암묵적 차원』(*The Tacit Dimension*)에서 주장하고 있듯이 모든 앎은 아는 자의 알려지는 것에 대한 헌신에 근거되어 있음을 의미한다.[1] 또한 앎의 참여적 특성은 아는 주체의 상황(context)이 앎에 참여하고 있음도 의미하고 있다. '공동체적'이라는 개념은 모든 앎이 공동체에 뿌리박혀 있음을 의미한다. 모든 앎은 '공유된' 암묵적 요소들에 의존되어 있다.[2] '상상적'이라는 개념은 관찰이나 실험적인 절차를 통해서는 밝힐 수 없는 진리를 상상을 통해 알게 되는 것을 의미한다. 새로운 인식론에서는 모든 앎이 상상적 특성을 지니는데 이는 순수하게 객관적인 앎이란 존재하지 않기 때문이다. 새로운 인식론에서의 이러한 네 가지 앎의 특성은 전통적인 서구 근대 인식론에서의 앎의 특성과는 대조된다. 즉, 인격적 앎은 명제적·비인격적·객관주의적 앎과 대비되며, 공동체적 앎은 개인주의적·자율적·경쟁적 앎과 대비되며, 상상적 앎은 실험적·실증주의적·수량적 앎과 대비되며, 마지막으로 참여적 앎은 분리된 추상적·관찰적 앎과 대비된다.

4) 상상

본서에서 '상상'은 환상적인 세계뿐만 아니라 현실의 세계를 포함해

---

[1] Michael Polanyi, *The Tacit Dimension* (Garden City, N.Y. : Doubleday, 1966), 15-16.
[2] Michael Polanyi, *Personal Knowledge : Towards a Post-Critical Philosophy* (Chicago : University of Chicago Press, 1958), 204.

서 인간이 직접적으로 인식할 수 없는 무엇인가에 대해 접근할 수 있도록 하는 인간 능력을 의미한다. 이런 점에서 상상은 허구의 매개체가 될 수도 있지만 사실에 대한 매개체이기도 하다.[3] 그래서 상상은 오직 허구의 매개체만 되는 환타지나 망상과 구별된다. 오히려 상상은 우리가 직접적으로 볼 수 없고, 들을 수 없고, 만질 수 없는 실재를 아는 방식이다. 이러한 종류의 상상은 합리성과 대립되는 것은 아니다. 심지어 과학적인 발견에 있어서도 상상은 근본적으로 개입되어질 수밖에 없다. 또한 상상에서는 사고(지)와 감성(정), 의지(의)가 서로 분리되지 않는다. 상상은 이 모든 것을 포용하며 통합한다.

5) 타일러식 커리큘럼 모델

본서에서 타일러식 커리큘럼 모델이라 함은 타일러 자신의 커리큘럼 모델만이 아니라 타일러 이전에 등장하는 프랭클린 보빗(Franklin Bobbitt)의 과학적 커리큘럼 이론과 타일러 이후에 등장하는 벤저민 블룸(Benjamin Bloom)의 교육 목표 분류학 등을 포함하는 개념이다. 이런 맥락에서 타일러식 커리큘럼 모델은 메리 보이스(Mary C. Boys)가 언급한 '기술 공학적 커리큘럼 모델'과 동일시될 수도 있을 것이다.[4] 또한 이러한 타일러식 커리큘럼 모델은 엘리엇 아이즈너(Elliot Eisner)가 분류한 다섯 가지 커리큘럼의 이데올로기 중 하나인 '기술 공학으로서의 커리큘럼'과도 유사하다.

---

3) Garrett Green, *Imagining God : Theology and the Religious Imagination* (Grand Rapids : Eerdmans, 1989), 66.
4) Mary C. Boys, *Biblical Interpretation in Religious Education* (Birmingham, Ala. : Religious Education Press, 1980), 206-214.

기독교 교육과정의 중심 관심으로서 신앙 탐구

제 1 부

우리가 기독교 교육을 한다고 할 때, 우리의 중심 관심은 무엇인가? 많은 성경 지식을 전하는 것인가, 아니면 기독교 교리를 체계적으로 가르치는 것인가? 보다 많은 학생들이 교회에 출석하도록 하는 것인가, 아니면 보다 도덕적인 삶을 살도록 하는 것인가? 이 모든 것이 기독교 교육에 포함되는 것은 사실이지만, 기독교 교육의 중심 관심이라고 할 수는 없다. 기독교 교육이 일반 교육과 구별되는 정체성은 기독교 교육이 '신앙'을 추구한다는 점이다. 기독교 교육은 본질상 '기독교 신앙'을 위한 교육이다. 이러한 기독교 교육을 가능케 하는 기독교 교육과정의 중심 관심도 '신앙'이다. 그렇다면 '신앙'이란 무엇인가? 제1부에서는 기독교 교육과정의 중심 관심으로서 신앙을 탐구함에 있어서 먼저 신앙을 신념과 비교함으로써 신앙의 정체성을 분명히 한 후, 개혁 신학적 관점에서 신앙이 '하나님 알기'로 이해될 수 있음을 밝히고, 이러한 '하나님 알기'에서의 앎의 특성이 무엇인지를 파악하려고 한다.

제 **1** 장

기독교 교육의 중심 관심 : 신앙

기독교 교육에서는 '신앙'이 그 중심 관심이다. 기독교 교육은 사람들로 하여금 '기독교 신앙'을 가진 사람 즉, 기독교인이 되고, 또한 그들이 '신앙' 안에서 성숙하도록 돕는 데에 관심이 있다. '기독교 교육'이라는 명칭에서 '기독교'는 이미 기독교 신앙의 중요성을 전제하고 있다. 리처드 오스머(Richard Osmer)가 주장하듯이 기독교 교육자는 '신앙'이 일깨워지고 지원되고 도전될 수 있는 상황을 준비해야만 한다.[5] 기독교 교육의 중심 관심인 신앙을 올바로 이해하기 위해서는 먼저 '신앙'이 '신념'과 구별된 개념이라는 것을 이해하는 것이 중요하다.

---

5) Richard Robert Osmer, *Teaching for Faith* (Louisville : Westminster/John Knox Press, 1992), 12.

1. 신앙과 신념

기독교 교육의 중심 관심인 '신앙'은 '신념'과 비슷한 것 같지만 같은 것이 아니다. 윌프레드 캔트웰 스미스(Wilfred Cantwell Smith)가 『신앙과 신념 : 그 차이』에서 신앙과 신념의 개념들이 역사적으로 어떻게 의미가 변천했는지를 분석함으로써 그 의미의 차이를 설명하고 있다.[6] 그에 의하면 '신념'의 라틴어 'credo'는 '내 마음을 두다'는 의미를 지니는데 이는 새 신자가 세례를 받을 때에 하나님에 대한 그들의 헌신을 다짐할 때 사용하는 진술이다. 어원적으로 설명하면 credo는 cor나 cordis(마음), 그리고 do(두다, 위치시키다, 놓다, 주다)로부터 온 것이다. 즉, credo는 '-에게 내 마음을 두다' 또는 '-에게 내 마음을 드린다'는 의미를 갖고 있다. 초대 교회는 credo라는 단어를 교리적인 진술을 위해 사용하기보다는 하나님께 대한 자기 헌신을 표현할 때 사용하였다. 그러므로 credo로서의 신념 개념은 처음에는 신앙 개념과 다를 바 없이 '마음(heart)'과 관련되었다. 그런데 시간이 흐름에 따라 신념은 신앙의 의미가 아닌, 그것의 형성에서 지성이 결정적인 역할을 감당하는 그 무엇으로 간주되었다. 즉, 초대 교회 때에는 'credo'가 신앙과 동일시되었는데, 점차 지적 동의와 동일시되는 '신념'을 의미하는 것으로 변화된 것이다.

스미스는 또한 '믿는다(to believe)'라는 영어 단어가 원래는 '존경하다, 사랑하다'는 의미를 지니고 있었다고 주장한다.[7] 명사 '믿음

---

6) Wilfred Cantwell Smith, *Faith and Belief : The Difference Between Them* (Boston : Oneworld, 1998).
7) *Ibid.*, 105.

(belief)'은 문자적으로 '친애' '사랑하기' '구체적으로 헌신하기' '의 존하기' '자신을 드리기' '확신 갖기' 등을 의미하였다. 옥스퍼드 영어 사전이 말하고 있듯이 "신념 또는 믿음(belief)이라는 단어가 초창기에는 지금 신앙(faith)으로 불리는 것을 의미하였다."[8]

스미스는 근대 영어에 있어서 동사 '믿다(believe)'의 사용에 있어 세 가지 경향을 지적하고 있다. 첫째, 원래 믿음(또는 신앙)의 대상은 인간을 의미하였는데 점차 그 대상이 사상이나 이론으로 변화되어 갔다. 둘째, 믿음(또는 신앙)의 행위는 결단을 의미하였는데 지금은 믿는 상태는 단지 묘사적(descriptive)인 것이 되었다. 셋째, 믿음(또는 신앙)이 절대자와의 관계를 의미하였는데 점차 불확실한 것들과의 관계로 이해되는 경향이 있다.

스미스의 신앙과 신념 이해를 정리해 보면, 신앙이 마음(heart)을 드리는 것이며 초월자에 대한 자기 헌신을 포함하는 반면, 신념은 신앙이 표현되는 하나의 방식이다. 즉, 신앙은 전인(whole person)에 관계되는 차원인 반면, 신념은 단지 지적인 차원과만 관련이 있다. 그러므로 신앙은 신념의 근대적 사용과는 동일시될 수 없다.

한편 기독교 교육학자인 사라 리틀(Sara Little)은 신념을 중심 개념으로 한 그녀의 책 『기독교 교수 방법론』(To Set One's Heart : Belief and Teaching in the Church)에서 신앙, 신념, 그리고 사고의 차이를 논의한다.[9] 제목이 의미하듯이 리틀은 신념을 '마음을 두기'로 이해하면서 신념이 여러 가지 차원을 지니는 것으로 이해하는데, 스미스와는

---

8) Ibid., 116.
9) Sara Little, To Set One's Heart, 사미자 역, 『기독교 교육 교수 방법론』(서울 : 대한예수교장로회총회출판국, 1988).

달리 리틀은 신념이 지적(사고)인 차원만이 아닌 정의적(느낌), 의지적(의지), 행동적(행위) 차원을 지닌다고 본다.

그러면 리틀에게 있어서 신앙은 신념과 어떻게 다른가? 리틀은 "신앙은 기본적으로 기독교적이요 종교적으로 중요한 영역"으로 간주하면서 개혁 신학적 전통에서 신앙을 이해하고 있다.

> 신앙은 분명 신뢰요, 충성이요, 확신이다. 그러나 그것은 '감정' 이상의 것이다. 그것은 신뢰의 대상이 되는 분에 의해 특징지어지는 신뢰다. 사실 그것은 스스로를 계시하시는 분으로부터 주어지는 선물이다. 그러한 계시와 응답 속에서 신앙은 하나님과 그의 백성간의 관계로 정립되는데 여기에 기독교 신앙의 독특성이 있는 것이다.[10]

리틀은 신앙을 하나님으로부터의 선물이기에 인간의 노력에 의해 성취될 수 없는 것으로 본다. 그것은 하나님의 은혜에 대한 인간의 응답이다. 그리고 리틀은 신앙은 하나님과 하나님의 백성과의 관계임을 강조하는데, 그러므로 그녀에게 있어서 신앙은 가르칠 수 있는 것이 아니다. 기독교 교육자가 가르칠 수 있는 것은 신념(belief)일 뿐이다. 이것이 그녀가 이 책의 부제를 '신념과 교회에서의 가르침'으로 붙인 이유일 것이다.

그러나 그녀의 신념의 개념은 근대 세속적 용법의 신념의 개념과는 구별되어야만 한다. 리틀에게 있어서 신념은 "기독교 신앙의 의미를 깊이 있게 해석하거나 음미할 수 있는 통로"가 된다. 더 나아가 리틀은 신앙과 신념의 관계는 상호 교호적, 상호 작용적, 그리고 상호 관계적

---

10) *Ibid.*, 47(원서 p. 17).

이라고 보았다. 우리가 '믿는다' 는 말의 영어 구문 'belief in' 과 'belief that'을 구분할 때 그녀의 신념 개념은 'belief in'에 더 가깝다. 이런 점에서 리틀의 신념 개념은 명제적 진술로서의 신념과는 근본적으로 다르다.

> 우리가 말하는 '신념'은 '우리가 소유한 생각' 보다는 '우리의 존재 자체인 생각'에 더 가깝다. 사실 크레도(credo, '내가 믿는다' 라는 뜻의 라틴어)라는 말은 초기 신조들에서부터 '내가 믿는다' 라고 번역되었지만, 글자 그대로의 뜻은 '내 마음을 …에 두다' 이다. 이런 종류의 믿기(believing)가 이 책에서 다루고자 하는 우리의 관심의 초점이다.[11]

리틀은 신념 형성은 교회의 가르치는 사역을 위한 중심적 과제라고 주장한다. 신념은 신앙으로부터 생성되어 나오고, 그러면서도 신앙을 형성해 가는 역할을 한다는 것이다.

밀턴 로키치(Milton Rokeach)와 토마스 그린(Thomas Green)의 신념과 신념 체계에 대한 연구는 우리로 하여금 리틀의 신념 개념을 이해하는 데 도움을 준다. 로키치는 그의 책 『신념, 태도, 가치』(*Beliefs, Attitudes, and Values*)에서 신념은 그것이 중심적인 것인가 주변적인 것인가에 따라 다양하게 분류될 수 있다고 주장한다.[12] 그에 의하면 중심적인 신념은 변화되기를 거부한다. 그러나 만약 그 중심적인 신념이 변화된다면 신념 체계 전반에 대한 영향을 일으키게 된다. 로키치는 신념의 다섯 가지 유형을 열거하고 있는데, A 유형인 원초 신념

---

11) *Ibid.*, 28(원서 p. 7).
12) Milton Rokeach, *Beliefs, Attitudes, and Values : A Theory of Organization and Change* (San Francisco : Jossey-Bass, 1970), 3.

(Primitive beliefs A-100% 합의), B 유형인 원초 신념(Primitive beliefs B-합의가 전혀 없는), C 유형인 권위 신념(Authority beliefs), D 유형인 파생 신념(Derived beliefs), 그리고 E 유형인 불합리 신념(Inconsequential beliefs) 등이다.[13] 로키치에 의하면 원초 신념은 신념 체계의 중심에 위치하고 있다. 이러한 신념들은 신념 대상과의 직접적인 만남에 의해서 형성되어지는데 이 신념들은 논쟁의 여지가 없는 것들이다. 예를 들면 '나는 나다' '나의 어머니는 나의 어머니다' 또는 '나의 이름은 무엇이다' 등과 같은 것들이다. 이러한 원초 신념들은 인간의 신념 체계 안에서 중심적이고 다른 신념들이 이 원초 신념에 의존되어 있다. 이러한 원초 신념을 바꾸는 것은 쉬운 일이 아니다.

로키치의 원초 신념은 토마스 그린의 '핵심 신념'(core beliefs)과 매우 유사하다. 그린에 의하면 핵심 신념은 "심리적으로 강하게 자리 잡고 있고, 매우 중요하고 기본적인 것으로 간주되기에 쉽게 조사나 토의의 대상이 되지 않는다."[14] 원초 신념처럼 핵심 신념은 쉽사리 변화되지 않는다. 그린은 핵심 신념에 대해 '열정적인 확신'으로 묘사될 수 있다고 말한다. 그린은 가르치는 행위의 중요한 과제 중의 하나가 이러한 핵심 신념의 숫자를 최소화하는 것이라고 주장한다.

사라 리틀의 하나님에 대한 신념(belief in)의 의미는 로키치의 원초 신념이나 그린의 핵심 신념과 가깝다. 즉, 'belief that'은 주변 신념과 관련되는 반면, 'belief in'은 핵심 신념과 관련된다고 할 수 있다. 전자는 지적인 것과 관계되지만, 후자는 지·정·의 행동을 포함하는 전

---

13) Ibid., 6-11.
14) Thomas F. Green, The Activities of Teaching (New York : McGraw-Hill, 1971), 53.

인의 행위다.

그러면 기독교 교육과정을 탐구하는 본서에서 신앙 개념은 무엇인가? 그것은 일반적인 신념 개념(belief that)과는 완전히 다르고, 리틀이 사용하는 신념(belief in, 신뢰)과는 유사하지만 완전히 같지는 않다. 그렇다면 신앙(faith)과 신뢰(belief in)는 어떤 차이가 있는가? 신앙은 하나님의 은혜에 대한 인간의 반응으로서, 신적인 차원과 인간적인 차원 모두를 포함한다. 신앙은 하나님의 은사이므로 인간의 노력만으로는 성취될 수 없다. 이것은 신앙의 신적인 측면으로서 성령의 사역인 신비를 포함한다. 한편 하나님의 은혜에 대한 인간의 반응으로서의 '신뢰'는 신앙의 인간적인 측면을 강조한다. 이러한 신적인 차원과 인간적인 차원 모두를 포함하는 개념으로서 신앙이 기독교 교육의 중심 관심이다. 이 개념은 파울러가 그의 신앙 발달 단계를 설명할 때 사용한 신앙 개념과는 구별된다. 파울러에게 있어서 신앙은 '보편적인 인간 관심'인 반면 여기에서 사용되는 신앙 개념은 기독교 신앙(Christian faith)이다.[15] 물론 기독교 신앙도 인간의 보편적인 신앙의 특성을 갖지만 기독교 신앙은 인간의 보편적인 신앙으로 그치지 않는다. 기독교 신앙은 하나님의 특별한 선물로서, 구원하는 신앙이며, 성경적 신앙이다.

결론적으로 본서에서 탐구하는 기독교 교육과정의 중심 관심으로서 신앙은 다음의 네 가지 특성을 지닌다. 첫째, 신앙은 단지 정신(mind)과 관련되는 것이 아니라 마음(heart)과 관련된다. 스미스의 credo 개념의 분석이 보여 주는 것처럼 신앙은 '사람의 마음을 드리는 것'이

---

15) James W. Fowler, *Stages of Faith : The Psychology of Human Development and the Quest for Meaning* (San Francisco : Harper & Row, 1981), 5.

다. 둘째, 신앙은 전인과 관련된다. 신앙은 단지 지적인 면만을 갖는 것이 아니고 정의적, 행동적, 의지적인 차원을 포함한다. 셋째, 신앙은 명제적이기보다는 관계적이다. 신앙은 교리적 명제에 대한 지적 동의가 아니라 초월자와의 관계다. 마지막으로, 신앙은 인간의 노력을 통해서는 붙잡을 수 없는 신비를 포용한다. 따라서 기독교 교육은 신앙을 창조하거나 직접적으로 신앙을 자라게 할 수 없다. 기독교 교육은 그 안에서 하나님이 인간을 만나시는 장(context)을 준비하는 역할을 하는 것이다.

2. 신앙을 위한 기독교 교육

'신앙을 위한 기독교 교육'은 신앙이 기독교 교육의 중심 관심인 것을 전제할 뿐 아니라 단지 교수(teaching), 학교식 교육(schooling), 수업(instruction)보다는 '교육(education)'이 신앙을 위한 적절한 통로가 됨을 전제한다. 교육은 생각, 느낌, 행동을 포함하는 넓은 의미에서의 인간 행동을 의도적으로 변화시키는 것으로 정의될 수 있다. 이런 의미에서 교육은 단지 교수, 수업, 학교식 교육뿐만 아니라 사회화나 문화화의 과정까지도 포함한다.[16]

---

16) 필자의 교육에 대한 정의는 크레민(Lawrence A. Cremin)의 정의와는 다르다. 크레민은 그의 책 *Public Education*에서 교육을 "지식과 태도, 가치, 그리고 기술 또는 느낌을 전수하거나 불러일으키거나 획득하려는 의도적이고 체계적이고 고안된 노력, 그리고 그 노력의 결과"라고 정의 내린다[Lawrence A. Cremin, *Public Education* (New York : Basic Books, 1976), 27.]. 필자의 정의는 의도성을 강조한다는 점에서는 크레민의 정의와 유사하지만, 교육과 사회화(socialization) 또는 문화화(enculturation)와의 관계를 이해하는 점에서 크레민의 정의와 다르다. 크레민은 교육을 "사회학자들이 말하는 사회화나 문화인류학자들이 말하는 문화화보다는 제한된

기독교 교육은 사람들로 하여금 하나님을 알고 그 삶이 변형되어 갈 수 있는 장을 준비하기 위한 의도적인 인간의 노력이라고 정의될 수 있다. 이 점에서 교수, 학교식 교육, 수업 각각은 신앙을 양육하는 데에는 불충분하다. 신앙과 신념에 대한 스미스의 구분에 의하면 지적인 차원에만 초점을 두는 교수, 학교식 교육, 수업은 근대적 의미의 신념 형성과 관련될 뿐이다. 전인, 즉 인간의 전체 차원을 포용하는 기독교 교육만이 신념 형성은 물론이고 신앙을 형성하는 통로가 될 수 있다. 이것은 우리가 사람들로 하여금 기독교 교육을 통해서 기독교 신앙을 갖도록 만들 수 있다는 것을 의미하는 것이 아니다. 신앙은 하나님의 선물이며 하나님의 은혜를 통해서 온다. 기독교 교육이 할 수 있는 것은 성령에 의해 신앙이 일깨워지고, 지원되고, 도전될 수 있는 장을 준비하는 것이다.

먼저 기독교 교육은 교수(teaching)와는 구분되어야 한다. 교사의 가르치는 행위로 제한되는 교수는 교육의 한 부분인 반면, 교육은 교수만이 아니라 학습(learning)을 포함한다. 제프 애슬리(Jeff Astley)가 지적하듯이 "사람은 다양한 학습 경험을 통해서 계속 배운다."[17] 교육은 교수보다 넓은 개념으로서 교육은 교수와 학습을 포함하며, 교사의 가르치는 행위는 물론 학생과 멘토의 대인 관계적 상호작용도 포함한다.

이 점에서 기독교 교육은 계획된 교수 - 학습 과정만이 아니라 문화

과정"으로서 이해한다. 반면에 필자의 교육의 정의에서는 사회화나 문화화가 의도적으로 이루어지는 한에 있어서는 교육이 이러한 과정을 포함하는 것으로 이해된다. 만약 누군가가 학생들의 삶을 변화시키기 위해 신앙 공동체를 경험하게 하는 상황을 창조한다면, 그 신앙 공동체를 경험하는 사회화의 과정은 교육에 포함되어질 수 있다.

17) Jeff Astley, *The Philosophy of Christian Religious Education* (Birmingham, Ala. : Religious Education Press, 1994), 35.

화 과정도 포함한다. 존 웨스터호프(John H. Westerhoff Ⅲ)는 그의 책 『우리 아이들이 신앙을 갖게 될 것인가』(Will Our Children Have Faith)에서 학교식 수업 패러다임의 문제점들을 지적하고 신앙 공동체-문화화 패러다임을 그 대안으로 제시한다.[18] 수업을 학교식 교육과 동일시하면서 웨스터호프는 학교식-수업 패러다임은 기독교 교육으로부터 사회화의 과정을 제외시킨다고 비판한다. 그는 비형식적인 잠재적 교육과정이 교회학교의 수업과 같은 형식적 교육과정보다 더 영향력 있다고 주장한다. 마리아 해리스(Maria Harris)가 주장하듯이 기독교 교육은 코이노니아, 레이투르기아, 디다케, 케리그마, 디아코니아를 포함하는 교회의 전체 사역[19]을 대상으로 하는데 반하여, 좁은 의미의 교수는 단지 디다케만을 의미할 뿐이다.[20]

둘째, 기독교 교육은 학교식 교육과는 구별되어야 한다. 가브리엘 모란(Gabriel Moran)은 학교식 교육은 교육의 하나의 형태일 뿐이라고 주장한다. 모란은 학교식 교육은 "학교라고 하는 기관에게 가장 적합한 학습의 형태"임을 지적한다.[21] 교육은 교육의 비학교적 영역, 즉 학

---

18) John H. Westerhoff III, *Will Our Children Have Faith?* (New York : HarperCollins, 1976).
19) Maria Harris, *Fashion Me A People* (Louisville : Westminster/John Knox Press, 1989), 75-163.
20) 이 점에서 사라 리틀의 '가르침'에 대한 이해는 해리스의 이해보다 폭 넓다는 점에서 해리스의 '가르침'에 대한 이해와 구별된다. 리틀의 가르침의 개념은 단지 정보 처리 과정만이 아니라 집단의 상호 작용, 간접적 의사 소통, 인격적 발달, 그리고 행동과 반성을 포함한다. 그녀에게 있어서 가르침은 인지적 영역으로 제한되지 않는다. 지적, 정서적, 운동 기능적, 그리고 의시적 영역을 모두 포함하는 개념이다(Little, *To Set One's Heart*, 40-41.).
21) Gabriel Moran, *Interplay : A Theory of Religion and Education* (Winona, Minn. : Saint Mary's Press, 1981), 14.

교 안에서도 발견될 수 있지만 다른 장에서 일어날 수 있는 학습의 다양한 형태를 포함한다. 해리스 역시, 학교식 교육은 교육의 많은 형태 중 하나일 뿐임을 강조한다. 학교식 교육은 아동들을 위한 활동들로 이해되지만, 교육은 모든 세대를 위한 것으로 이해되는 경향이 있다는 것이다. 해리스는 기독교 교육의 커리큘럼과 교회학교의 커리큘럼을 구분하면서 기독교 교육은 단지 교수만이 아니라 봉사, 공동체적 교제, 선포, 예배도 포함하여야 함을 강조한다. 해리스에 의하면 학교식 교육(schooling)은 "교육이 일어날 수 있는 많은 가능한 형태 중 하나로 일반적으로 학교라는 장소에서 일어나며, 지적인 수업과 교과서 읽기, 공부의 과정에 초점을 두고 있다."[22] 또한 해리스는 학교식 교육을 교수와 구분하는데, 학교식 교육을 '학교 교수(school teaching)'라고 부르면서 학교식 교육은 교육의 형태를 불필요하게 제한하고 있다고 지적한다. 학교 교수는 인간이 서로 가르치는 수많은 형태의 장소들을 무시하는 경향이 있다.[23] 사라 리틀도 학교식 교육과 교수의 차이를 언급하고 있다. "학교식 교육은 교수와 학습을 다루지만, 교수와 학습이 일어나는 환경은 비단 학교만 있는 것이 아니다."[24] 요컨대 기독교 교육은 교수(가르침)를 포함하고, 교수는 학교 교수를 포함하는 것이지 기독교 교육과 학교식 교수가 동일한 것은 아니다.

셋째, 기독교 교육은 수업과는 구별되어야 한다. 토마스 그린은 수업을 교수와 구별한다. 그에게 있어서 교수는 수업보다 넓은 개념이다. 그린은 수업을 통하지 않고 이루어지는 수많은 교수의 사례가 있을 수 있다고 주장한다. 수업은 어떤 습관의 형성과 같은 행동적인 영역보다

---

22) Harris, *Fashion Me A People*, 64-65.
23) Ibid., 118.
24) Little, *To Set One's Heart*, 30.

는 지식이나 신념의 획득에 더 관련되는 활동이다. 수업은 필수적으로 "사람들로 하여금 진리를 이해하도록 하기 위해 이유, 증거, 주장 등을 포함하는 커뮤니케이션을 요청한다."[25] 그린에 의하면 수업은 교수의 한 부분일 뿐이다.

결론적으로, 기독교 교육은 교수, 학교식 교육, 수업보다 넓은 개념이다. 기독교 교육은 교회의 모든 사역들을 포함한다. 그런데 교수, 학교식 교육, 그리고 수업은 디다케에 한정되는 것처럼 보인다. 디다케는 기독교 교육의 많은 사역들 중 하나일 뿐이다. 또한 기독교 교육은 인지적, 정의적, 의지적, 그리고 행동적 차원을 포함하는 전인과 관련된다. 따라서 교수, 학교식 교육, 그리고 수업을 포용하는 기독교 교육이야말로 인간의 전체 차원을 포함하는 신앙을 위한 적합한 통로가 되는 것이다.[26]

요 약

1장에서 우리는 신앙이 기독교 교육의 중심 관심임을, '신앙'과 '신념'을 비교함으로 선명하게 드러내었다. 또한 학교 교육이나 교수보다는 더 넓은 개념인 기독교 교육이 신앙을 위한 적절한 통로가 됨을 논의하였다. 즉, 기독교 교육은 '신앙을 위한 기독교 교육'이 되어야 한다.

---

25) Green, *The Activities of Teaching*, 29.
26) '신앙을 위한 기독교 교육(Christian education for faith)'은 '신앙을 교육하기(educating faith)'와도 구별된다. 신앙은 하나님의 선물이기 때문에 인간의 노력을 통하여 신앙을 가르치거나 신앙을 교육하는 것은 불가능하다. 우리가 하는 것은, 또 해야 하는 것은 그 안에서 성령이 역사하시는 상황(context)을 최선을 다해 준비하는 것이다. 그러므로 '신앙을 위한 기독교 교육'의 개념은 하나님 앞에서의 겸손(또는 하나님의 은혜를 향한 사모함)과 인간의 책임, 이 두 가지를 포함한다.

제 2 장

개혁 신학의 신앙 이해 : 하나님 알기

기독교 교육의 중심 관심이 신앙이고 우리가 신앙을 위해 교육한다면, 신앙이 무엇인가를 정의하는 것은 매우 중요하다. 이 장에서는 특별히 개혁 신학의 관점에서 신앙의 의미를 찾아보고자 한다.[27] 역사적으로 볼 때 개혁 신학은 신앙을 '하나님을 아는 것'으로 이해하는 경향이 있어 왔는데, 이 정의는 기독교 교육에 있어서 '신앙'과 '인식론'의 관계를 잘 나타내 주는 정의다.

개혁 신학의 신앙 이해를 논함에 있어 먼저 존 칼빈으로부터 시작해

---

27) 여기에서의 '개혁 신학'은 계시의 명제적 본질(propositional nature)을 강조하는 17세기 개신교 정통주의나 근본주의와는 구별된다. 개혁 신학에서의 '하나님 알기'는 교리적 명제로서의 신앙과 다르다. 비록 개신교 근본주의(Protestant Fundamentalism)나 가톨릭의 신스콜라주의(Neo-Scholasticism)가 신앙을 '하나님 알기'로 이해할지라도 그 앎은 명제적인 성격을 지니는 한계가 있다.

서 칼 바르트와 에밀 브루너에게 초점을 맞추고자 하는데, 이 두 신학자의 신앙 이해는 본서의 신앙 이해 토의에 있어서 결정적으로 중요하다. 비르트와 브루너는 그들의 저 유명한 '자연과 은혜'에 대한 신학논쟁을 통해 믿음이 '하나님을 아는 것'이라는 것을 나타내 보여 주었을 뿐 아니라 하나님의 은혜와 인간 본성의 관계에 대한 통찰을 우리에게 제시하였다. 그리고 마지막으로 리처드 니버의 신앙 이해를 훑어봄으로써 이 장은 매듭지어지는데, 니버의 계시와 이성의 관계에 대한 이해는 기독교 교육에 있어서의 '앎'의 특성이 무엇인가에 대한 중요한 통찰을 제공한다.

1. 칼빈의 신앙 이해

칼빈은 '하나님을 앎'이라는 주제로 『기독교 강요』를 시작하는데, 그는 신앙을 "우리 정신(minds)에 계시되고 우리 마음(hearts)에 인쳐진 하나의 견고하고도 확실한 앎"으로 정의하면서[28] "믿음은 하나님과 그리스도를 아는 지식으로 형성되어 있다."(요 17 : 3)고 역설한다.[29]

하나님을 아는 것으로서의 칼빈의 신앙 이해는 1541년의 제네바 요리 문답에서도 선명하게 드러나 있다. 네 부분 - 신앙, 율법, 기도, 말씀과 성례 - 으로 구성된 이 요리 문답의 주된 목적은 교회의 교육적 기능을 회복하는 것과 또한 그것을 아동들을 교육하는 데 사용하는 것이다. 이 요리 문답에서의 첫 번째 질문인 "인생의 최고 되는 목적은 무엇인가"에 대한 대답은 '하나님을 아는 것'이다.

---

28) John Calvin, *Institutes of the Christian Religion*, ed. John T. McNeill, trans. Ford Lewis Battles (Philadelphia : Westminster Press, 1960), 3.2.7.
29) *Ibid.*, 3.2.2.

1. 목사 : 인생의 최고 되는 목적은 무엇인가요?
   아이 : 하나님을 아는 것입니다.
2. 목사 : 왜 그렇지요?
   아이 : 왜냐하면 하나님께서는 우리를 창조하셨고 우리 안에서 영화롭게 되시기 위해 우리를 이 땅에 두셨습니다. 그리고 하나님 그분 자신이 시초이신 우리의 삶이 그분의 영광에 바쳐져야 한다는 것은 정말로 옳습니다.
3. 목사 : 인간의 절대 선은 무엇이지요?
   아이 : 위의 답과 같아요.(하나님을 아는 것입니다.)

   …중략…

6. 목사 : 무엇이 하나님을 진실되고 옳게 아는 것인가요?
   아이 : 우리가 그분에게 영예를 돌리기 위해서 그분을 알 때죠.
7. 목사 : 어떻게 우리가 하나님을 영화롭게 하지요?
   아이 : 하나님의 뜻에 순종함으로 하나님을 섬김을 통해서, 그리고 구원과 모든 좋은 것을 그분 안에서 찾으며 우리의 모든 좋은 것은 그분으로부터 나온다는 것을 마음과 입으로 시인하면서 우리의 모든 필요에서 하나님께 부르짖는 것을 통해서죠.
8. 목사 : 이러한 것들을 질서 있게 고려하기 위해서 그것들을 좀 더 자세히 설명하면 무엇이 제일 중요한 요점인가요?
   아이 : 하나님을 의지하는 것이요.
9. 목사 : 우리는 어떻게 그렇게 할 수 있나요?
   아이 : 먼저 하나님을 전능하고 완전하게 선하신 분으로 아는 것을 통해서요.[30]

---

30) Thomas F. Torrance, *The School of Faith : The Catechisms of the Reformed* Church (London : James Clarke, 1959), 5-6.

에드워드 도우위(Edward A. Dowey)는 그의 책 『칼빈 신학에서의 하나님 지식』(The Knowledge of God in Calvins's Theology)에서 "칼빈의 사상은 하나님을 계시자로, 인간을 인식자로 아는 영역 안에 그 전 존재가 있다."라고 파악한다.[31] 윌리엄 세션즈(William L. Sessions)는 그의 책 『신앙의 개념 : 철학적 탐색』(The Concept of Faith)에서 칼빈에게 있어서 신앙은 '앎'이지 '경건한 무지' 또는 '이해하지 못하는 것을 믿는 것'은 아니라고 단언하고 있다.[32] 칼빈에게 있어서 구원하는 신앙은 교회 같은 어떤 권위를 가진 존재가 지정해 주는 그 무엇이 아니라 한 인격적 존재로서의 인간이 인간을 향하신 하나님의 자비를 '아는 것(지식)' 또는 '명백히 인식하는 것'이다.

그런데 이 칼빈의 신학에서의 '앎(지식)'은 객관적인 지식과는 다르다. 경건이 하나님을 아는 것의 필수 조건이라는 칼빈의 주장은 지식에 대한 그의 이해의 특질들을 드러내 준다. "진실로, 올바로 말해서 어떤 종교나 경건이 없는 곳에서 하나님이 알려지신다고 말해져서는 안 된다."[33] 이 하나님 지식은 신뢰와 경외를 수반하며 정신뿐만 아니라 마음과도 관계가 있다.

그리고 다시 우리는 여기서 하나님에 관한 지식을 상고하도록 부름받고 있다는 것을 주의해야 한다. 이 지식은 "공허한 사색으로 만족하며, 단순히 뇌리에서 맴도는 그러한 것이 아니라 정당하게 지각하며 마음에 뿌리를 내리게 해야만 건전한 것이 되며 결실을 맺는 지

---

31) Edward A. Dowey, Jr., The Knowledge of God in Calvin's Theology (Grand Rapids : Eerdmans, 1994), 3.
32) William L. Sessions, The Concept of Faith : A Philosophical Investigation (Ithaca, N.Y. : Cornell University Press, 1994), 172.
33) Calvin, Institutes of the Christian Religion, 1.2.1.

식"이다.[34]

이러한 지식은 지적인 이해와 동일시될 수 없다. 신앙은 이해를 추구하는 것이 사실이지만, 그렇다고 해서 신앙이 이해에 의해서 제한받지는 않는다. 칼빈은 다음과 같이 말한다.

> 우리가 신앙을 '지식'이라고 부를 때 인간 감각의 감지 아래 있는 어떤 것들과 흔히 관련되는 종류의 이해를 의미하는 것이 아니다. 왜냐하면, 신앙은 감각보다 훨씬 위의 것이므로 그것을 얻기 위해서는 인간의 지성이 그 자신을 초월하여 그 이상으로 떠올라야 하기 때문이다.[35]

이 '하나님 지식'은 모든 이해보다 훨씬 더 고상하고도 높은 것이다. 칼빈에게 있어서 믿음이라는 지식은 지적인 이해라기보다는 확신(assurance)이다. 칼빈은 하나님을 아는 지식과 우리 자신을 아는 지식은 서로 연관되어 있으며 경건은 하나님을 아는 지식에 필수 요건이라고 말함으로써 하나님을 아는 지식의 인격적이며 참여적인 앎의 특질들을 확언한다.

칼빈의 '지식'이라는 단어의 사용이 순전히 지성에 입각한 사변적인 것이 아니라는 것을 강조하는 도우위는, '조정(인간에게 눈높이를 맞추는 본성, accommodation)' '상호 관련적 특성' '실존적 질' 그리고 '선명성과 이해 가능성'을 칼빈 신학의 네 가지 특질로 꼽는다. 이 네 가지 가운데 '조정(인간에게 눈높이를 맞추는 본성)'과 '상호 관련적 특성'은 '인격적 앎'과 관련된다. 도우위는 칼빈의 '조정'의 개념을 "그것에 의

---

34) Ibid., 1.5.9.
35) Ibid., 3.2.14.

해 하나님께서 하나님 존재의 무한하신 신비들 가운데 인간에게 계시하고자 하시는 것을 인간의 이해 능력에 맞추어 주시는 과정"을 의미한다고 설명한다. 인간은 하나님의 이 '조정'이 없이는 하나님을 알 수 없다. 하나님은 인간의 심사숙고를 통해서는 이해될 수 없다. 하나님은 한 인간이 되셨다. 그리고 이 '성육신하신 하나님', 예수 그리스도와의 인격적 관계 안에서 우리는 하나님을 안다. '상호 관련적 특성'은 하나님을 아는 지식과 자신을 아는 지식 사이의 밀접한 관련성을 가리킨다. 이 하나님을 아는 지식과 자신을 아는 지식 사이의 상호 관련성과 불분리성은 앎에 있어서 객관적인 그 무엇을 넘어서는 명백한 인격적 측면이 있다는 것을 암시한다. 도우위는 칼빈이 하나님과 인간들 사이의 '관계'라는 관점에서 '앎'이라는 용어를 썼다고 말한다.

> 칼빈에게 있어서 하나님은 하나의 추상적으로 인식된 인류와 관련된 하나의 추상이 아니고 오히려 '우리 인간을 향하여' 그의 얼굴을 돌리시고 그의 이름과 성품과 뜻이 인간에게 알려지신, 인간의 하나님이시다. 그리고 이에 상응하여 인간도 언제나 이 알려지신 하나님과의 관계라는 견지에서 묘사된다. '하나님에 의해 창조된' '하나님으로부터 분리된' 또는 '하나님에 의해 구속된' 등등으로 말이다. 그리하여 모든 신학적 진술은 그 인간학적 상관 진술을 갖고 그리고 모든 인간학적 진술은 그 신학적 상관 진술을 갖는다.[36]

칼빈의 신학에 있어서 하나님을 아는 지식은 절대로 인간의 실존으로부터 분리되지 않는다. 칼빈에게 있어서는 예배와 순종 없이는 우리

---

36) Dowey, *The Knowledge of God in Calvin's Theology*, 20.

가 하나님을 알 수 없다. "왜냐하면 그에게 예배드리는 것 없이는 우리의 정신(mind)이 하나님을 생각할 수 없기 때문이다."[37] 칼빈에게 있어서 "실존적인 반응은 하나님을 아는 지식에 부가되거나 부가될 수 있는 어떤 것이 아니라 바로 그 정의의 한 부분이다."[38] 즉, 하나님을 아는 지식은 아는 자가 알려지는 대상에게 헌신하고 참여할 것을 요청하고 있다. 칼빈에게 있어서 지식은 가치 중립적인 것이 아니다. 오히려 칼빈은 하나님에 대한 중립적인 지식을 비판한다. 그러므로 칼빈의 신학에서 '하나님 알기'는 인격적이고 참여적인 성격을 지니는 것이 분명하다. 그러므로 이러한 하나님 알기는 '하나님에 관해서(about) 아는 것'과는 매우 다르다.

빅터 셰퍼드(Victor A. Shepherd)는 그의 책 『칼빈의 신학에서 신앙의 본질과 기능』에서 칼빈의 신학에 있어서 신앙 지식의 몇 가지 특징들을 열거하고 있다.[39] 첫째로, 신앙 지식은 감각 지식(sense-knowledge)과는 다르다. 즉, 인간은 신앙을 가질 수 있는 자연적 능력을 지닌 것이 아니다. 둘째로, 신앙 지식은 의견(opinion)과는 달리 확실한 것이다. "신앙 지식은 참다운 지식으로서 의견이나 생각으로 감환(reduction)될 수 없다." 셋째, 사색이나 합리적인 진술이 신앙 지식을 가능케 하지 못한다. 넷째, 교리적인 내용을 이해하는 것은 신앙 지식과 같은 종류가 아니다. 다섯째, 신앙 지식은 믿는 자들에게 그것이 지식임을 증명하기 위해서 그 자체 외의 아무것도 요구하지 않는다. 이 지식은 진술 가능한 증명에 의해서 지원되는 것보다 훨씬 더 큰 확실성을 갖는

---

37) Calvin, 1.2.1.
38) Dowey, 26.
39) Victor A. Shepherd, *The Nature and Function of Faith in the Theology of John Calvin* (Macon, GA. : Mercer University Press, 1983), 18-20.

다. 여섯째, 이 지식은 추론이나 신학적 추상개념과는 혼돈되어서는 안 된다. 요컨대, 칼빈의 신학에 있어서 신앙을 구성하는 것은 사변적인 것이 아니다. '하나님을 아는 지식'은 '확신(assurance)'이다.

결론적으로, 칼빈은 신앙을 '하나님 알기'로 이해한다. 브라이언 게리쉬(B. A. Gerrish)는 칼빈 신학에 있어서 '하나님을 아는 지식'의 특성을 다음과 같이 잘 요약하고 있다. "그것이 지식이지만 제안된 진리에 대한 단지 지적인 동의가 아니다. 신앙의 동의는 두뇌(brain)의 것이라기보다는 마음(heart)의 것이며, 이해(understanding)의 것이라기보다는 성향(disposition)의 것이다. 그것은 정확하게는 경건한 경향(pious inclination, *pia affectione*) 안에 존재한다."[40] 이 지식은 실험적 관찰(empirical observation)이 아니라 인격적 앎(personal acquaintance)이다.[41] 이 앎은 어떤 의견들을 지니는 것이나 명제들에 대한 지적인 동의가 아니라 참다운 깨달음(recognition, *agnitio*)이다. 이로 볼 때 칼빈의 신앙 개념인 '하나님 알기'에 있어서 앎은 객관주의적이거나 과학적인 것이 아니라 '인격적'이며 '참여적'인 것이다.

2. 바르트의 신앙 이해

칼 바르트(Karl Barth)도 칼빈처럼 기독교 신앙을 '하나님을 아는 지식'으로 이해한다. 바르트에게 있어서 "기독교 신앙은 비합리적이거나 반합리적인 것이 아니라 초합리적이면서도 적절한 의미에서 합리적인

---

40) B. A. Gerrish, *Grace & Gratitude : The Eucharistic Theology of John Calvin* (Minneapolis : Fortress, 1993), 68.
41) B. A. Gerrish, *Saving and Secular Faith* (Minneapolis : Fortress, 1999), 12.

것이다."[42] 바르트는 "신앙(pistis)은 올바르게 이해될 때 지식(gnosis)이며, 올바로 이해되어진 신앙의 행위는 또한 지식의 행위다."라고 말했다. 그러나 하나님은 인간 지식의 힘을 통해서 알려질 수는 없다. 오직 하나님만이 하나님 자신을 계시할 수 있다.[43] 하나님 홀로 언제, 어디서, 그리고 어떻게 하나님 자신을 드러낼지 결정하신다. 하나님은 자신이 인간에게 알려지는 바로 그 조건들을 결정하신다.

바르트는 『교회 교의학』(Church Dogmatics)에서 신앙은 각성(acknowledgement)이요 인식(recognition)이고 고백(confession)이며, 따라서 그것은 하나의 지식(knowledge)이라고 말한다.

왜 하나의 지식인가? 우리가 보아온 대로 그 밑에는 하나의 창조적 사건의 전제가 있다. 그것은 성령의 능력 안에서 인간을 각성시켜 신앙으로 인도하는 예수 그리스도의 생애와 사역이다. 이것에 기초한 인간 행동의 사건으로서 신앙은 하나의 인지적 사건이다. 신앙은 그 앞서 가는 예수 그리스도의 존재와 사역을 인정하는 하나의 인지적인 사건이다. 그러나 우리는 무슨 자동적 반사작용을 다루고 있는 것은 아니다. 우리는 불에 의해 불붙여진 나무토막 같은, 바람에 의해 날아가는 나뭇잎 같은 것을 다루고 있는 것이 아니다. 우리는 사람을 다루고 있다. 그러므로 신앙은 자연 발생적이며, 자율적이며, 적극적인 사건이다. 이 적극적인 측면은

---

42) Karl Barth, *Dogmatics in Outline*, trans. G. T. Thomson (New York : Harper & Row, 1959), 23.
43) 이 점에 있어서 바르트는 다음과 같이 명백히 진술하고 있다. "하나님은 다른 어떤 것을 계시함으로써 자신을 우리들에게 알리신 것이 아니라 하나님의 자기 계시를 통해서 우리들에게 알리신다."[Karl Barth, *The Knowledge of God and the Service of God According to the Teaching of the Reformation* (London : Hodder and Stoughton, 1938), 21.]

다음의 세 용어로 표현된다 - 각성, 인식, 고백.[44]

바르트는 긱성의 우선순위를 강조한다. 바르트에게 있어서 각성이란 순종적이며 순응적인 인지다. 기독교 신앙은 위의 세 가지 개념을 모두 포함하는 것이지만 각성이 가장 중요하다고 할 수 있다. 다른 지식에서와는 달리 신앙에서는 각성이 인식보다 앞선다.

각성 앞에 인식이나 고백 같은 어떤 다른 종류의 지식도 선행되지 않는다. 믿음의 인식이나 고백은 그것들이 본래적으로 그리고 적절하게 각성, 즉 순종의 자연스런 행위라는 사실로부터 따라 나온다.[45]

이러한 '하나님의 지식'은 객관주의적이지 않다. 바르트는 'sapientia'를 'scientia'와 구별하는데 'sapientia'는 전체 인간 존재를 포용하는 개념이다. 바르트에 의하면 'scientia'라는 개념은 하나님의 지식을 묘사하는 데에는 불충분하다. 하나님의 지식에 대한 적절한 개념은 라틴어로 'sapientia'인 것이다. 바르트는 'sapientia'는 "실천적인 지식이요 인간의 존재 전체를 포용하는 지식"이라고 주장한다.[46] 'sapientia'로서의 하나님의 지식은 그 지식으로 우리가 실제적으로 살고 실천적으로 사는 그러한 지식을 의미한다. 그러므로 바르트의 신학에 있어서 앎은 추상적인 생각이나 교리에 대한 동의와는 구별되어야만 한다. 바르트에게 있어서 기독교 신앙의 진정한 각성(acknowl-

---

44) Karl Barth, *Church Dogmatics*, trans. G. W. Bromiley (Edinburgh : T & T Clark, 1956), 4/1 : 758.
45) *Ibid.*
46) Barth, *Dogmatics in Outline*, 25.

edgment)은 어떤 교리나 이론, 신학과 동일시될 수 없는 것이다.

바르트의 앎에 대한 이해는 참여적인 성격을 지닌 '순종'을 내포한다. 순종은 가장 원초적이고 기본적이며 결정적인 신앙 행위의 특성이다. 바르트에게 있어서 하나님의 지식은 하나님에 대한 순종과 결코 분리될 수 없다.

> 하나님에 대한 지식은 하나님에 대한 순종이다. 믿음의 지식으로서의 하나님에 대한 지식은 본래적으로 그리고 본질적 필요상 순종(obedience)이다. 그것은 하나님의 결단의 행동에 대응하는 인간의 결단의 행동이다. 정확히 말해서 그리고 오직 이 순종의 행위로서의 하나님 지식만이 믿음의 지식이며, 그리하여 참 하나님 지식이다.[47]

바르트는 모든 참된 하나님의 지식은 순종으로부터 나온다는 칼빈의 주장에 동의한다. 이 순종은 지식이 없는 순종도 아니요, 통찰이나 이해가 없는 맹종도 아니다. 바르트에 의하면 순종의 기본적인 행위 안에 '인식'이 존재한다. 또한 바르트는 순종의 대상은 성경이 증거하고 교회가 성경의 선포를 따라 가르치는 살아 계신 예수 그리스도 그분이지 다른 분이 아님을 강조한다.

또한 바르트는 하나님 알기로서의 신앙의 인격적인 특성을 강조한다. 바르트에게 있어서 "신앙은 그의 말씀 안에서 알려지도록 그 자신을 내 주신 하나님에 대한 인간의 전적으로 긍정적인 관계다."[48] 즉, 신앙의 지식은 근본적으로 인간의 하나님과의 연합이라고 할 수 있다. 바

---

47) Karl Barth, *Church Dogmatics*, eds. G. W. Bromiley and T. F. Torrance, trans. T. H. L. Parker et al. (Edinburgh : T & T Clark, 1957), 2/1 : 26.
48) *Ibid.*, 2/1 : 12.

르트에 의하면 계시의 지식은 추상적인 인간을 대하시는 하나님에 대한 추상적인 지식이 아니다. 오히려 한 인간 한 인간을 찾으시고 구체적인 상황 속에서 그를 만나시는 그 하나님(the God)을 구체적으로 아는 지식을 의미한다. 그러나 이것은 바르트가 신앙에 있어서 오직 개인을 강조한다는 것을 의미하는 것은 아니다. 바르트는 기독교 신앙이 공동체적임을 강조한다. 바르트는 "사적이고 개체적인 신앙은 기독교 신앙이 아니다."라고 주장한다.[49] 바르트에게 있어서 인간은 하나님의 계시를 독립된 개인들로서가 아니라 그리스도의 몸인 교회 안에서 깨달을 수 있다. 기독교 신앙은 공동체 안에서 발현되고 자라나는 것이다.

결론적으로 바르트의 신앙 이해는 '하나님 알기'와 동일시될 수 있다. 또한 하나님 알기에서의 바르트의 앎에 대한 이해는 객관주의적이지 않다. 오히려 그의 앎에 대한 이해는 인격적이고 참여적이며 공동체적 특성들을 지니고 있다.

3. 브루너의 신앙 이해

브루너는 그의 책 『교회론, 신앙론, 그리고 종말론』(The Christian Doctrine of the Church, Faith, and the Consummation)에서 "신앙은 지식인가?"라는 질문에 답하고 있다.[50] 브루너에게 있어서 신앙은 지식이다. 그런데 이 지식은 '객관적 지식'이 아니라 '만남으로서의 지식

---

49) Barth, Church Dogmatics, 4/1 : 678.
50) Emil Brunner, The Christian Doctrine of the Church, Faith, and the Consummation, vol. 3, trans. David Cairns (Philadelphia : Westminster Press, 1962), 251-261.

(knowledge as encounter)'이다. 신적 계시의 수용으로서의 신앙은 단지 교리가 아니고 자신을 계시하시는 하나님과의 만남이다. 즉, 브루너에게 있어서 신앙은 예수 그리스도 안에서 인격적으로 우리를 만나시는 하나님과의 인격적 만남으로 정의될 수 있다. 계시는 만남의 두 주체인 신(the divine)과 인간(the human)의 만남으로 구성된다. 신앙은 하나님께서 자신을 의사소통하는 계시를 받아들이는 행위인데 이것이 인간 안에서 이루어진다. 브루너는 신앙은 지식의 행위임을 강조한다. 신앙은 자신을 계시하시는 하나님을 아는 것이다. 신앙은 신적인 '당신(Thou)', 즉 하나님에 의해 우리에게 주어지신 예수를 인격적인 관계에서 아는 것이다. 진리는 비인격적인 개념이 아니다. 진리는 오직 '나와 너(I-Thou)'의 형식으로만이 적절하게 표현되어질 수 있다. 하나님을 비인격적인 개념으로 묘사하는 모든 표현들은 부적절한 것이다.

브루너는 '계시적 지식(knowledge of revelation)'과 '일상적 지식(ordinary knowledge)'을 대비한다. 계시의 지식은 무언가(something)에 대한 지식이 아니라 조건화될 수 없는 존재와 조건적인 존재의 만남이라고 할 수 있다. 일상적인 지식 안에서는 '나(I)'라는 존재가 주체이지만 계시의 지식에서의 '나'는 하나님에 의해서 소유되어진다. 일상적인 지식은 인간에게 교양을 더해 주지만, 계시의 지식은 인간을 변형(transform)시킨다.[51]

브루너는 주체와 객체를 대조적인 관점에서 바라보는 '주객 대조주의'에 의해 지배당해 온 전체 서구 철학과 과학을 비판한다. 이러한 주객 대조주의는 신앙의 진실을 이해하는 데 있어서 심각한 오류를 낳게

---

51) Emil Brunner, *Revelation and Reason : The Christian Doctrine of Faith and Knowledge* (Philadelphia : Westminster Press, 1946), 27.

한다. 브루너에 의하면 진리에 대한 성경적 이해는 주객 대조주의에 의해서는 깨달아질 수 없다. 신앙의 참된 형태에서 주체와 객체 사이의 대조는 사라지고 그것은 말씀하시는 하나님과 응답하는 인간 사이의 순수하게 인격적인 만남에 의해서 대치되어진다.

브루너에 의하면 성경이 말하는 신앙은 마음(heart)과 관련된다. 마음은 감정의 자리를 의미하는 것이 아니고 전체로서의 인격의 중심을 의미한다.

> 인간의 이성적 능력이 인간의 결정적 특성이기는 해도 이성은 전인 자체는 아니다. 사고, 감정, 의지의 연합체로서의 전인은 - 그의 굴복의 태도 안에서 보여지는 그의 전 본성을 가진 사람으로서의 전인은 - '마음'이다. 우리가 '마음으로부터' 그 무엇을 할 수 있는 장소에서만이 우리는 우리의 전인으로서 그것을 하고 있는 것이다.[52]

이처럼 브루너는 신앙은 인간의 인격의 중심과 관련된다고 주장한다. 신앙은 인간의 중심을 변화되지 않은 채 남겨 놓는 지식이 아니고, 반대로 인간의 중심을 변화시키는 지식을 의미한다. 그러므로 살아 있는 신앙은 '지적 신념(intellectual belief)'이 아니고 '마음으로 느껴지는 신앙(heartfelt faith)'인데 이것은 하나님과의 인격적인 만남이라고 할 수 있다. 결국 브루너의 하나님 알기에 있어서 앎에 대한 이해는 관계적이요 인격적이다.

브루너는 칼빈이나 바르트처럼 신앙이 순종임을 강조한다. 브루너에 의하면 신앙의 행위는 인식의 행위요 동시에 순종의 행위다. 신앙에 있

---

[52] Ibid., 427-428.

어서 지식은 순종보다 앞서지 않고 순종이 지식보다 앞서지도 않는다. 브루너는 "지적인 행위를 의지적인 행위 앞에 놓는 신앙의 과정에 대한 합리적인 분석은 이러한 신앙 인식 행위의 독특성을 설명하는 데에 실패하고 만다."고 주장한다.[53] 이것은 브루너가 특별히 앎의 참여적 성격을 강조하고 있음을 보여 준다.

또한 브루너는 '계시의 지식'의 공동체적 특성을 강조한다. 브루너에게 있어서 일상적인 지식, 즉 객체적인 지식은 개인주의적이다. 그런데 계시의 지식으로서의 신앙 안에서는 그 반대 경우가 일어난다. "하나님이 그 자신을 나에게 알게 하시기 때문에 나는 더 이상 고독하지 않다. 하나님 지식은 공동체를 창조하고 진실된 공동체야말로 신적 계시의 목적이다."[54] 그러므로 교회(ecclesia)와 신앙의 삶(life of faith)은 분리될 수 없다. 사람들은 오직 교회를 통해서 신앙으로 나아온다. 그러나 이것은 오직 신앙을 통해서 교회로 나아온다는 말과 상치되지 않는다.[55] 달리 말해서 신앙은 예수에 대한 역사적 사실에 대해 개인적으로 동의하는 것이 아니라 오히려 신앙 공동체가 이러한 예수에 관해 증언하는 것에 대해 믿음으로 응답하는 것이다.

결론적으로, 브루너의 신앙 이해 역시 '하나님 알기'와 동일시될 수 있다. 브루너에게 있어서 하나님 알기에서의 앎은 객관주의적 앎과는 구별되어야 한다. 오히려 브루너의 앎에 대한 이해는 '인격적'이요 '참여적'이요 '공동체적'인 특성을 지니고 있다.

---

53) *Ibid.*, 35.
54) *Ibid.*
55) J. Edward Humphrey, *Emil Brunner* (Waco, Tex. : Word Books, 1976), 122.

4. 니버의 신앙 이해

리처드 니버(H. Richard Niebuhr)는 신앙을 "가치의 근원이고 충성심의 대상이 되는 어떤 실체에 대한 태도와 확신의 행위, 그리고 충성"으로 정의하고 있다.[56] 그에게 있어서 신앙은 자신을 가치의 중심에 헌신하는 것을 의미한다. 기독교인들에게 있어서 가치의 중심은 하나님이다. 신앙 안에는 두 가지 운동(movement)이 있는데 하나는 '신뢰(trust in)'이고 다른 하나는 '충성(loyalty to)'이다. 신앙은 자신에게 가치를 주는 대상에 대한 신뢰이며 동시에 자신이 가치 있게 여기는 대상에 대한 충성이다. 즉, 신앙은 진리에 대한 지적 동의가 아니라 인격적인 관계다. 비록 니버가 신앙은 인간 보편적인 것이라고 주장하기는 하지만, 존 갓세이(John D. Godsey)가 지적한 대로 니버의 중심적인 관심은 '신성에 대한 자연적인 지식'이 아니라 "어떻게 자연적인 지식에서부터 계시된 지식으로 움직여 가는가"에 있다.[57] 니버에게 있어서 계시된 하나님의 지식은 객관적 지식과 다르다. 니버는 객관적인 탐구로서의 하나님에 대한 자연적 지식으로부터 그리스도 안에서 하나님 자신을 계시하시는 하나님의 지식으로의 움직임에는 연속성이 없다고 주장한다.

---

56) H. Richard Niebuhr, *Radical Monotheism and Western Culture* (New York : Harper & Row, 1960), 16.
57) John D. Godsey, *The Promise of H. Richard Niebuhr* (New York : Lippincott, 1970), 31. 비록 니버가 신앙을 명백하게 '하나님을 아는 지식'이라고 정의 내리고 있지는 않지만, 니버는 "하나님을 아는 지식이 신앙 안에 현존하고 있다."고 이해한다[H. Richard Niebuhr, *Faith on Earth : An Inquiry into the Structure of Human Faith*, ed. Richard R. Niebuhr (New Haven : Yale Univ. Press, 1989), 42.].

니버의 '계시된 하나님의 지식'이라는 표현에서 지식에 대한 이해는 몇 가지 특징을 지니고 있다. 첫째로, 니버는 브루너처럼 신앙의 인격적인 특성을 강조한다. 적절하게 이해되어진다면 신앙은 'fides'가 아니라 'fiducia'이다. 그의 책 『급진적 단일신론과 서구 문화』(Radical Monotheism and Western Culture)에서 니버는 개신교의 신앙은 어떤 명제에 대한 지적 동의가 아니라 하나님에 대한 인격적이고 실천적인 신뢰이며 하나님을 의지하는 것이라고 주장한다.[58] 니버는 순수 객관적인 지식이란 존재하지 않고 모든 지식은 아는 주체의 관점에 의해서, 그리고 어떤 관계에 의해서 조건되어진다고 말한다.

> 하나의 객체는 하나의 주체로부터 독립적이지만 그러나 그 자체로는 접근 할 수 없는 대상이다. 그래서 접근 가능하고 알 수 있는 그 무엇은 오직 어떤 관점에서부터이며 어떤 관계 안에서이다.[59]

그러므로 니버의 앎에 대한 이해는 객관주의적이지도 비인격적이지도 않고, 간주관적(inter-subjective)이며 인격적이다.

둘째로, 니버의 신앙(또는 계시) 이해는 공동체적이다. 니버는 신앙에 대한 기독교적 관점은 기독교 공동체에 뿌리박혀 있다고 주장한다. 신앙은 개인 안에 존재하는 그 무엇이 아니다. 성경 자체가 신앙의 공동체적 특성을 보여 주고 있다. 초대 교회의 선포는 하나님의 존재에 대한 지적 주장이 아니라 제자 공동체에 일어난 사건에 대한 공동체적 고

---

58) Niebuhr, *Radical Monotheism and Western Culture*, 116.
59) H. Richard Niebuhr, *The Purpose of the Church and Its Ministry : Reflection on the Aims of Theological Education* (New York : Harper & Row, 1977), 20.

백이다. 특별히 니버가 말하는 신앙(또는 앎)에 대한 삼중적 구조는 신앙의 공동체적 측면의 중요성을 보여 준다.

> 모든 앎은 이러한 삼각 관계 - 적어도 두 주체와 한 객체로 이루어진 - 를 수반하기에, 모든 앎은 다른 인지자들(knowers)의 인정을 수반한다. 이러한 다른 사람들의 인정은 하나의 피할 수 없는 사실이다. 그것 없이 나는 어떤 것에 대한 아무 지식도 가지지 않는다.[60]

니버는 특별히 인간이 그들 자신과 이웃에 대한 관계 없이는 하나님을 알 수 없음을 강조하고 있다. 신학적 사고의 대상은 하나님으로서 하나님이 아니라 "자신과 이웃과의 관계 안에 있는 하나님이며, 하나님과의 관계에 있는 자신과 이웃"이다. 그러므로 니버의 신앙 이해는 공동체적이라고 할 수 있다. 그의 책 『땅 위의 신앙』(Faith on Earth)에서 니버는 신앙의 사회적, 공동체적 특성을 강조하면서 "논리학자들과 인식론자들, 그리고 많은 종교가들이 앎과 믿음의 사회적 성격을 무시하는 경향이 있다."고 지적한다. 신뢰와 앎은 고립된 상황 안에 위치하는 것이 아니라 "그 안에서 다른 사람들과 관계를 맺으며 더불어 공통의 대상을 다루는 사회적 상황" 안에 위치한다는 것이다.[61] 즉, 신뢰와 앎은 오직 대인 관계적 사회 안에서 일어나는 사건이며, 그 안에서 우리는 '함께 아는 자들(co-knowers)'이 있음을 알게 된다. 지식이 말로써 진술되는 한, 모든 지식은 사회적이다. 왜냐하면 언어 그 자체가 사회적이기 때문이다. 즉, "우리가 사용하는 모든 단어들과 그 단어들로

---

60) *Ibid.*, 40.
61) Niebuhr, *Faith on Earth*, 34.

구성되어 있는 개념들은 함께 아는 자들의 진술에 대한 신뢰를 받아들이는 것을 의미한다."는 것이다.[62]

셋째, 니버는 계시의 상상적인 측면을 강조한다. 그에게 있어서 계시는 그것으로 인해 나머지 역사를 깨닫게 해 주며 그 자체로 이해되어지는 내적 역사의 부분이다. 니버는 비유를 통해 이를 설명한다.

> 우리가 어떤 어려운 책을 읽는 도중 때때로 우리는 우리가 그곳으로부터 앞으로 갔다 뒤로 갔다 하면서 전체에 대한 어떤 이해를 얻게 되는 하나의 명쾌한 문장을 맞닥뜨릴 때가 있다. 계시는 이와 같다.[63]

니버는 상상을 이성으로부터 분리하지 않는다. 그에게 있어서 중요한 것은 이성과 상상 사이에서의 선택이 아니다. 중요한 것은 "적절한 이미지의 기초에 대한 이유와 악한 상상을 주는 생각 사이의" 선택이다.[64] 니버에게 있어서 계시 없는 이성은 잘못된 것이며, 이성 없는 계시는 단지 그 자체만을 조명할 뿐이다. 그러므로 니버는 '하나님 알기'에서의 '앎'을 실증주의적인 것이 아니라 상상적인 것으로 이해하고 있다고 보는 것이 타당하다.

끝으로, 니버는 앎의 참여적 성격을 강조하고 있다. 니버에게 있어서 신앙은 고백적이다. 우리는 단지 우리가 역사적이고 특수한 사회에 참여할 때에 하나님을 알 수 있다. 그의 '내적 역사로서 계시'는 보여진(seen, 관찰된) 역사보다는 살아진(lived, 참여적) 역사를 의미한다. 그에

---

62) Ibid., 36.
63) H. Richard Niebuhr, *The Meaning of Revelation* (New York : Macmillan, 1940), 93.
64) Ibid., 108.

게 있어서 계시는 비참여적인 관점으로 알려진 역사가 아니다. 니버는 "내적 역사와 내적 신앙은 함께 가며, 자아의 존재와 자아가 그것을 위해 사는 헌신의 대상이 결코 분리될 수 없다."고 주장한다.[65] 니버는 신앙의 도약을 통해서 인간이 관찰로부터 참여로, 관찰되는 역사로부터 진정한 삶의 역사로 옮겨갈 수 있다고 주장한다. 기독교인들이 믿는 하나님은 단지 '역사적 예수'가 아니고 주님으로서 드러나는 인격적인 '신앙의 그리스도'인 것이다.[66]

결론적으로, 니버는 기독교 신앙을 '하나님 알기'로 이해하는데 이 앎은 객관주의적 앎과는 다르다. 이것은 '인격적' '공동체적' '상상적' '참여적'인 앎이다.

위에서 살펴본 대로, 개혁 신학자들의 신앙 이해는 '하나님 알기'로서 요약될 수 있다.[67] 칼빈에게 있어서 신앙은 '하나님을 아는 지식'이고, 바르트에게 있어서 신앙은 '각성, 인식, 그리고 고백으로 구성된 지식'이다. 브루너에게 있어서 신앙은 '신-인 만남으로부터 발현되는 지식'이며, 리처드 니버에게 있어서 신앙은 '삼중적 관계 안에서 계시된 하나님의 지식'이라고 할 수 있다.[68] 비록 그들의 신앙에 대한 정의

---

65) *Ibid.*, 78.
66) Niebuhr, *Faith on Earth*, 87.
67) 엄밀한 의미에서 '하나님 알기(knowing God)'와 '하나님을 아는 지식(knowledge of God)'은 '알기'가 '지식'보다는 더 생동적이고 관계적이라는 점에서 구별된다. '알기'는 과정을 중시하는 반면, '지식'은 내용을 강조하는 경향이 있다. 그러나 개혁 신학에서 말하는 '하나님을 아는 지식'이 '하나님에 관한 지식(knowledge about God)'과 다르다는 점에서 오히려 '하나님 알기'와 동일시 될 수 있다.
68) 이러한 개혁 신학자들처럼 다익스트라(Craig Dykstra)도 신앙을 '하나님 알기'로서 정의하고 있다. "신앙은 질적으로 다른 궁극적으로 독특한 종류의 앎이다. 그것은

가 다르지만 개혁적인 전통에서 신앙을 '하나님을 아는 지식'으로 이해하는 경향이 있어 왔음이 분명하다. 이러한 '하나님 알기'에 있어서 앎에 대한 개혁 신학적 이해는 전통적인 서구 근대 인식론에서의 객관적인 앎의 성격과는 다른데, 우리는 다음 장에서 이것을 보다 상세히 다룰 것이다.

요 약

2장에서 우리는 개혁 신학의 관점에서 신앙을 이해할 때 신앙이 다름 아닌 '하나님 알기'임을 밝혔다. 특히 신앙을 '하나님 알기'로서 명백하게 정의하는 칼빈을 비롯하여 바르트, 브루너, 그리고 리처드 니버 등과 같은 개혁 신학자들의 신앙 이해를 탐구하였다.

'하나님 알기'인데 하나님 자신을 아는 것이고 하나님께서 내면적으로 우리와 함께 하시는 현존하신 인격적 실재로서 경험하는 것이다. 이런 종류의 앎은 인격적 앎인데 우리 자신의 모든 차원을 포함하고 영향을 준다." 다익스트라에 의하면 신앙은 하나님의 은혜에 대한 깊은 지식인데, 이 지식은 사실을 아는 것과는 다른 지식이다. 그는 신앙은 단지 메시지를 아는 것이 아니고, 메신저(Messenger)를 아는 것이라고 주장한다[Craig Dykstra, *Growing in the Life of Faith : Education and Christian Practices* (Louisville : Geneva Press, 1999), 21-22.].

제 3 장
'하나님 알기'에서 앎의 특성

신앙을 하나님 알기로 이해하는 개혁 신학적인 이해 안에서의 '앎'은 네 가지 특성을 지니는데 그것은 인격적, 공동체적, 상상적, 참여적인 성격이다. 비록 개혁 신학자들이 이 네 가지 특성들을 같은 비중으로 강조하는 것은 아니지만 이 네 가지 특성들은 '하나님 알기'로서의 개혁 신학적 신앙 이해 안에서 발견된다. 이 장에서 우리는 그 각각의 특성을 좀더 선명하게 부각시킬 것이다.

1. 인격적 앎(Personal Knowing)

'하나님 알기'로서 신앙에서의 '앎'은 인격적이다. 이러한 이해는 칼빈, 바르트, 브루너, 그리고 니버에게 있어서 공통적이다. 하나님 알기에 있어서 앎은 명제적이거나 객관적 또는 과학적이지 않다. 이것은

'무엇인가(사물)'를 아는 것이 아니라 인간과 하나님 사이의 인격적인 관계다. 브루너가 강조하듯이 앎은 나와 그것(I-it)의 3인칭 관계보다는 나와 너(I Thou)의 2인칭으로서 더 잘 표현되어지는 만남(encounter)이며 인격과의 관계로서의 앎이다.

인격적 앎으로서의 개혁 신학적 신앙 이해는 윌리엄 세션즈(William Lad Sessions)에 의해 잘 설명되어진다.[69] 그의 '인격적 관계 모델'에 의하면 신앙은 두 인격 사이의 인격적 관계다.

> 인격적 관계는 실제 사람들과 사람들 사이의 실재적이고 계속되는 관계다. 인격적 관계는 필수적으로 인격들 간의 관계여야 하는데, 신앙의 주체인 S와 신앙의 객체인 A 모두가 인격이어야 한다. 더욱이 이 둘은 서로에 대해서 인격적인 방식으로 관계를 맺어야 하는데, 이를 통해 이들은 서로 관련을 맺게 된다.[70]

신앙에 있어서 한 인격은 다른 인격을 신뢰한다. 이러한 신뢰는 세 가지 분리될 수 없는 특징을 지니는데, 수용, 충성, 그리고 사랑이다. 개혁 신학 전통의 하나님 알기로서의 신앙 이해는 그 세 가지 특징들을 포함한다. 그들 가운데 사랑은 인격적인 관계의 가장 중요한 특징이다. '하나님 알기'는 '하나님 사랑하기'로부터 분리될 수 없다. 사랑은 "다른 사람과의 인격적인 관계에 대한 강하고 깊고 계속적인 열

---

69) 세션즈는 신앙을 여섯 가지 모델로 분류하고 있는데, 인격적 관계 모델(personal relationship model), 신념 모델(belief model), 태도 모델(attitude model), 확신 모델(confidence model), 헌신 모델(devotional model), 그리고 소망 모델(hope model)이다(Sessions, *The Concept of Faith*, 25-128.).
70) Sessions, *The Concept of Faith*, 26-27.

망"이다.[71] 그것은 관계의 가치에 대해 인식할 뿐만 아니라 관계를 깊이 원하며 그것에 대해 깊이 느끼는 것을 의미한다. 하나님 알기로서의 신앙은 하나님을 사랑하는 것이며 하나님과의 인격적인 관계를 갖는 것을 말한다.

2. 공동체적 앎(Communal Knowing)

'하나님 알기' 로서의 신앙에서 앎은 공동체적이다. 바르트는 기독교 신앙이 공동체 안에서 발현되며 자라난다고 주장한다. 브루너는 신앙과 교회는 분리될 수 없다고 말한다. 니버는 신앙의 공동체적 특성을 가장 강하게 강조하고 있다. 니버의 신앙의 삼중적 구조에 대한 이해는 신앙의 공동체적, 또는 사회적 측면을 드러내 주고 있다. 니버에 있어서 믿기와 알기는 오직 공동체 안에서 일어난다. 모든 앎은 함께 아는 자들의 존재를 전제한다. 니버가 『계시의 의미』(*The Meaning of Revelation*)에서 지적하고 있듯이 기독교 신앙은 한 개인 안에 존재하는 것이 아니라 기독교 공동체에 뿌리박혀 있다. 니버에게 있어서 내적 역사는 오직 공동체에 의해서 고백되어질 수 있다. 그러므로 '하나님 알기' 로서 신앙은 기독교 공동체에서 태어나고 자라나며, 신앙은 '공동체적 앎' 이다.

3. 상상적 앎(Imaginative Knowing)

'하나님 알기' 로서 신앙에서의 앎은 상상적이다. 니버는 앎의 상상

---

71) *Ibid.*, 33.

적 특성을 강조한다. 니버에게 있어서 계시는 상상과 관련된다. 그는 이성과 상상은 서로에게 있어서 모두 필수적이라고 주장한다. 니버에 의하면, 마음은 이미지를 통해 이해에 이른다. 이 이미지는 기독교인들이 계시라고 부르는 것이다. 다른 말로 하면 계시된 하나님의 지식은 상상적 특성을 지닌다.

칼빈, 바르트, 브루너는 앎의 상상적인 특성을 직접적으로 강조하지는 않는다. 그러나 신앙이 마음과 관련된다는 사실은 하나님 알기에 있어서 앎이 상상적이라는 것을 보여 주는 단서가 될 수 있다. 개혁 신학 전통에 있어서 앎은 추상적인 사고를 의미하지 않는다. 개혁 신학적인 앎의 이해는 앎의 자리가 두뇌라기보다는 마음임을 강조하고 있다. 마음은 "개인의 삶의 가장 깊은 샘과 같고 모든 육체적, 지적, 감정적, 의지적 에너지의 근원이며 그것을 통해서 무엇인가를 성취하는 인간의 부분인데 이 마음이 하나님과 접촉하게 되는 것이다."[72] 인간의 중심에 마음이 있으며, 그 마음이 하나님께 말하고 하나님을 신뢰하며 그 곳으로부터 신앙이 발현되는 것이다. 마음과 상상은 몇 가지 특질을 공유한다. 두 가지 모두 지적이면서 감정적인 기능의 자리에 있다. 또한 둘 다 진리일 수도 있지만 거짓일 수도 있다. 이런 맥락에서 개혁 신학자들의 마음에 대한 강조는 상상과 분명히 관련된다.

4. 참여적 앎(Participatory Knowing)

'하나님 알기'로서의 신앙에 있어서 앎은 참여적이다. 이것은 우리

---

[72] *The Interpreter's Dictionary of the Bible*, 1962 ed., s.v. "heart," by R. C. Dentan, 549.

가 하나님과의 관계 안에 참여할 때만이 하나님을 알 수 있음을 의미한다. 이런 종류의 앎은 공연을 보는 관객으로서의 앎과는 다르다. 하나님과의 관계를 떠나서는 하나님을 알 수 없다. '하나님 알기'는 하나님과 인간의 상호 참여를 전제한다. 개혁 신학자들 가운데 칼빈, 바르트, 브루너, 니버는 앎의 참여적 특성을 분명하게 강조한다. 칼빈의 하나님 알기에 있어서 실존적 특성에 대한 강조는 참여의 중요성을 보여 준다. 기독교 신앙은 고백적이고 결단을 요구한다는 바르트의 주장은 그의 하나님 알기의 개념이 참여적임을 드러내 준다. 신앙은 하나님의 역사적 본성과 행위에 대한 인간의 응답이기에 신앙은 역사적이며 사건적이며 참여적이다. 브루너에게 있어서 신앙은 신-인의 만남인데 이것은 '자기 헌신'을 전제하며 자기를 내어드리는 행위를 포함하고 있다. 브루너에게 있어서 하나님을 아는 것은 단지 진리를 아는 것(to know)만이 아니라 진리 안에 있는 것(to be)을 의미한다. 니버는 신앙을 신뢰와 충성의 이중의 움직임으로 이해한다. 신뢰가 신앙 관계의 소극적 측면이라면, 충성은 적극적인 측면인데 이러한 헌신, 결단, 참여는 인간의 행위들인 것이다. 더 나아가 니버의 신앙의 역사성에 대한 강조는 하나님 알기의 참여적 성격을 보여 주고 있다.

하나님 알기에서의 앎의 참여적 성격을 가장 분명하게 보여 주는 특징 가운데 하나는 순종이다. 순종은 지식의 한 형태이다. 칼빈, 바르트, 브루너 역시 순종을 하나님 알기의 한 특성으로 강조하는데, 이러한 앎은 객관주의적 앎과는 전혀 다른 앎의 방식이다. 니버는 '누구를 향한 충성(loyalty to)' '누구를 의지함(reliance on)' 등의 개념들을 사용함으로써 순종의 중요성을 강조하고 있다. 이러한 개혁 신학자들에게 있어서 순종은 신앙을 갖기 위한 선제 조건이라고 할 수 있다. 하나님에 대한 순종 없이는 신앙이 있을 수가 없다.

요 약

3장에서 우리는 신앙을 '하나님 알기'로 이해할 때, 그 앎의 특성이 무엇인지를 논의하였다. '하나님 알기'는 '하나님에 관해서 아는 것'과는 구별되어야 하며, '하나님 알기'에서의 앎은 인격적, 공동체적, 상상적, 참여적 성격을 지닌다. 신앙을 그 중심 관심으로 삼고 있는 기독교 교육과정은 이러한 네 가지 앎의 특성을 포함하는 것이어야 한다.

기독교 교육과정의 기초로서 인식론 탐구

제2부

- 서구 근대 인식론으로부터 새로운 인식론으로의 전환

우리는 앞의 제1부에서 개혁 신학적 관점에서 신앙이 '하나님 알기'로 이해될 수 있음을 논의하였고 그 앎의 성격을 탐구하였다. 이러한 신앙 이해 위에서 이제부터 우리는 '하나님 알기'로서 신앙을 위한 인식론을 탐구하려고 한다. 즉, 신앙은 '앎'이기에 인식론적 접근이 필요한 것이다. 기독교 교육이 '신앙'을 위한 것이고 '하나님 알기'를 위한 것이라면 이러한 기독교 교육을 가능케 하는 인식론은 어떤 특성을 지니는가? 우리는 먼저 기독교 교육과정과 인식론의 관계를 살피고, 다음으로 전통적인 서구 근대 인식론을 비판적으로 성찰할 것이다. 그리고 그 대안적 인식론으로 새로운 인식론을 제시하고, 새 인식론에 영향받은 20세기 기독교 교육 이론들을 살펴봄으로써 이 새로운 인식론이 어떻게 기독교 교육을 위해 적합한 인식론으로서의 성격을 지니는지를 탐구할 것이다.

제 4 장

기독교 교육과정을 위한 새로운 인식론

우리는 이미 앞의 제1부에서 신앙 이해를 탐구하면서 내용적으로는 이미 신앙과 인식론과의 연결을 살펴보았다. 여기에서는 체계적으로 이를 다시 정리하면서 우리가 기독교 교육과정을 탐구하면서 왜 이렇게 깊이 있는 인식론 논의를 해야 하는지 그 이유를 확인하고, 전통적 서구 근대 인식론의 특성은 무엇이며, 그것이 신앙 이해에서의 '앎'의 성격과 얼마나 괴리되어 있는지를 살펴보기로 한다. 그리고 20세기 후반에 새롭게 등장한 새로운 인식론이 '하나님 알기'에서의 앎의 성격을 설명하는 데 얼마나 큰 통찰을 주고 있는지를 밝히고자 한다.

1. 인식론과 기독교 교육과정의 관계

기독교 교육의 중심 관심은 신념(belief)이 아니라 신앙(faith)이다.

개혁 신학의 신앙 이해는 '하나님 알기'로 잘 요약되는데, 이는 기독교 교육에 있어서 '신앙'과 '인식론'의 관계를 잘 나타내 주는 정의다. 그 대표적인 예로 칼빈은 '하나님을 앎'이라는 주제로 『기독교 강요』를 시작하면서 신앙을 "우리 정신(minds)에 계시되고 우리 마음(hearts)에 인쳐진 하나의 견고하고도 확실한 앎"으로 정의하고 있다.[73]

이렇게 신앙을 '하나님 알기'로 이해할 때, 신앙은 불가분 인식론(epistemology)과 관련을 맺게 된다. 인식론은 지식의 본질을 탐구하는 철학의 한 영역이다.[74] 기독교 교육이 '하나님 알기'와 '사람들로 하여금 하나님을 알게 하는 것'과 관련되는 한, 다음과 같은 인식론적인 질문들은 기독교 교육의 중심에 위치할 수밖에 없다. '하나님 알기'에서의 '앎'은 무엇을 의미하는가? 어떻게 우리가 하나님을 알 수 있는가? 우리가 다른 사람들에게 하나님을 알도록 돕는 것이 가능한가? 가능하다면 어떻게 가능한가? 사실 무엇을 '믿는다'는 것은 인간 '인식'의 변화를 의미한다. 예수를 믿는다는 것은 예수를 그리스도로 확신하는 것을 의미하는데 이는 인식 차원에서의 변화를 내포하고 있다. 그렇다면 '하나님 알기'에서의 앎은 어떤 성격의 앎인가?

'하나님 알기'에서의 앎은 과학적, 분석적, 객관적 앎과는 다른 성격의 앎이다. 일반 교육에서 통용되는 인식론으로서는 파악되지 않는 앎이다. '하나님 알기'는 단순한 인지적 동의를 의미하는 것이 아닌, 즉 앎(knowing)과 삶(living or being)이 분리되는 앎이 아니라 삶과 실천을 내포하는 확신적 앎을 의미한다.

---

73) Calvin, *Institutes of the Christian Religion*, 3.2.7.
74) *The Encyclopedia of Philosophy*, 1967 ed., s.v. "epistemology, history of," by D. W. Hamlyn, 8-9.

"모든 교육이 본질상 어떤 종류의 앎을 증진시키려는 의도를 지니고 있기 때문에" 인식론은 교육자들의 중요한 관심사 중의 하나다.[75] 서구의 역사를 살펴볼 때, 계몽주의 이래 교육에서 강조된 인식의 방식은 소위 객관주의적 인식론(objectivistic epistemology)이다. 이 인식론은 앎의 주체(아는 자)는 앎의 객체(알려지는 것)로부터 분리될 수 있다고 가정한다. 이 인식론에서는 자아와 세계, 정신과 물질, 주체와 객체, 아는 자와 알려지는 것, 앎과 삶 사이에 이원론이 존재한다.

그러나 '하나님 알기'에서의 앎은 체험적인 앎이요 관계적인 앎이다. 그러므로 이러한 앎을 가능케 하는 앎의 방식(way of knowing)으로서 인식론의 탐구가 필요하다. 그런데 이 새 인식론은 기존의 근대 서구의 객관주의적 인식론과는 질적으로 다른 것이다. 이러한 신앙을 위한 인식론, 하나님 알기를 위한 인식론은 기독교 교육의 가장 중요한 기초가 된다. 왜냐하면 기독교 교육의 목적인 '신앙' 자체가 '앎'이고, 이 '앎'의 성격을 규정하는 것이 인식론이기 때문이다.

기독교 교육과정(Christian education curriculum)은 '하나님 알기'로서의 신앙과 이러한 앎을 가능케 하는 인식론의 토대 위에서 이루어진다. 신앙이 무엇인지가 기독교 교육과정의 성격을 규정하게 되고, '하나님 알기'의 앎의 차원과 특성은 바로 기독교 교육과정의 차원과 특성을 의미하게 된다. 그런데 안타깝게도 이러한 앎을 가능케 하기에 적합하지 않은 인식론이 이제까지의 기독교 교육과정의 기초가 되는 인식론으로 채택되어 지속적으로 영향을 미쳐 왔다. 이것이 기독교 교육으로 하여금 진정한 신앙 교육이 되지 못한 채 지식 교육에 머무는

---

75) Thomas Groome, *Christian Religious Education : Sharing Our Story and Vision* (San Francisco : HarperSan Francisco, 1980), 139.

한 요인이 되었다고 할 수 있다. 왜냐하면 전통적인 교육과정의 기초를 형성한 이러한 서구 근대 인식론에서의 앎은 비인격적, 개인주의적, 실증주의적, 그리고 관객주의적 특성을 지니고 있기 때문이다. 이러한 객관주의적 인식론으로는 인격적, 공동체적, 상상적, 참여적 성격을 지닌 '하나님 알기'에서의 앎을 제대로 설명할 수 없다.

기독교 교육의 중심 관심이 '신앙'이고 그 신앙이 '하나님 알기'로 이해될 수 있다면, 기독교 교육과정은 이러한 앎을 가능케 하는 기독교 교육 인식론에 기초되어야 한다. 만일 기독교 교육이라는 외현적 활동이 이루어지더라도 그것이 하나님 알기에 적합하지 않은 인식론에 기초한 교육과정에 의해서 실천되어진다면, 거기에서 기독교 교육적인 신앙의 변화, 즉 삶의 중심적인 변화를 기대할 수 없는 것이다. 기독교 교육과정에서 가장 중요한 것은 그것이 어떤 이론이나 누구의 모델에 근거한 것인가의 문제가 아니라 그 교육과정이 어떤 인식론에 근거해 있느냐, '하나님 알기'로서 신앙의 변화를 가능케 하는 인식론에 기초한 것인가에 달려 있는 것이다.

2. 전통적인 서구 근대 인식론 비판

계몽주의와 함께 시작된 전통적인 서구 근대 인식론은 지난 400년 동안 서구 사상에 영향을 끼쳐 왔다. 위르겐 하버마스(Jürgen Habermas)에 의해 '계몽주의 프로젝트(Enlightenment Project)'라고 이름 붙여진 이러한 사상적 경향[76]은 "인간의 이익을 위해 자연을 정복

---

76) Jürgen Habermas, "Modernity : An Unfinished Project," in *The Post-Modern Reader*, ed. Charles Jencks (New York : St. Martin's Press, 1992), 162-163.

하고 더 좋은 세계를 건설하기 위해 우주의 신비를 벗기려는 인간의 지적 추구"[77]라고 할 수 있다. 이러한 계몽주의 사상에 근거한 서구 근대 인식론은 "지식이 확실하며, 객관적이며, 유용하다."[78]고 전제한다. 첫째, 근대 인식론의 관점은 인간 이성에 대한 절대적인 신앙에 기초하고 있다. 둘째, 근대 인식론은 세계를 가치 중립적인 관점에서 관찰할 수 있음을 전제한다. 셋째, 근대 인식론은 지식의 발견이 항상 유용하다는 낙관적인 관점을 지니고 있다.[79]

전통적인 서구 근대 인식론의 한계성을 좀 더 깊이 이해하기 위해서 이 절에서는 전통적인 서구 근대 인식론의 대표적인 철학자라고 할 수 있는 데카르트, 로크, 칸트의 인식론을 살펴보기로 하자.

1) 데카르트 인식론 비판

근대 철학의 아버지라고 할 수 있는 르네 데카르트(René Descartes, 1596-1650)는 생각하는 자아의 존재야말로 근본적인 진리임을 주장한다. 데카르트에게 있어서 부인될 수 없는 하나의 전제가 있는데, 그것이 "나는 생각한다. 고로 나는 존재한다."[80]이다. 그는 인간을 생각하는 주체요 자율적인 존재로 정의한다. 그는 인간 정신을 사고의 한복판에 위치시킨다.

데카르트의 인식론은, 정신은 구별된 존재이며 육체와는 다르다는 생각에 기초하고 있는데 정신은 그 자체의 활동을 지니며 이를 통해 인

---

77) Grenz, *A Primer On Postmodernism*, 3.
78) *Ibid.*, 4.
79) *Ibid.*
80) René Descartes, *Discourse on the Method*, trans. Laurence J. Lafleur (Indianapolis : Bobbs-Merrill, 1960), 24.

간이 추상적, 수학적 지식을 가질 수 있다고 본다. 이 점에서 데카르트가 정신과 육체, 주체와 객체, 이성과 감각, 아는 자와 알려지는 것 사이가 분리될 수 있음을 가정하고 있음이 확실하다.

데카르트의 인식론의 몇 가지 특징들이 전통적인 서구 근대 인식론의 형성에 공헌하고 있다. 첫째, 데카르트의 인식론은 앎에 있어서 '육체'의 가치를 무시하는 경향이 있다. 이러한 정신과 육체 사이의 수직적 이원론은 감각, 육체적 경험, 감정, 상상을 합리성으로부터 제외시키려는 경향을 지니고 있다. 데카르트의 인식론은 정신의 능력을 오직 이성으로만 제한시키며 합리성을 추상적, 수학적 사고로 국한시키고 있다.

둘째, 데카르트의 인식론에 있어서 앎의 주체는 앎의 객체로부터 분리된다. 데카르트는 앎에 있어서 인간 정신의 중심성을 확립시켰다. 그에게 있어서는 자율적인 합리적 주체로서의 자아와 그 자아의 바깥에 존재하는 세계 사이에 간격이 존재한다. 이리하여 데카르트는 앎의 객체(알려지는 것) 안에 이미 앎의 주체(아는 자)가 관여되어 있음을 인식하지 못한다.

셋째, 데카르트의 인식론에 있어서 앎은 개인주의적이다. 그에게 있어서 정신은 일반적인 정신(general mind)을 의미하는 것이 아니고 개인적인 정신(individual mind)을 의미한다. 그는 개인적인 정신이 자율적인 합리적 주체임을 강조한다. 그의 인식론 안에서 지식이란 개인의 독특한 관점으로부터 나올 뿐이다. 데카르트의 방법론을 받아들이는 근대 철학자들은 "계속적인 자아 중심적인 지적 곤경의 문제, 즉 내가 어떻게 알게 되는가? 그리고 나의 경험 밖에 존재하는 세계를 내가 알고 있다는 것을 어떻게 알 수 있는가?"[81]를 해결하기 위해 그들의 에너

---

81) Grenz, 65.

지를 소모했다. 이렇듯 데카르트의 인식론은 앎에 있어서 공동체적인 측면들의 중요성을 무시하는 경향이 있다.

2) 로크의 경험주의 인식론 비판

존 로크(John Locke, 1632-1704)는 영국 경험주의의 대표적인 철학자로서 합리주의에 반대하는 입장을 취한다. 로크는 선험적인 관념의 선재성(pre-existence)을 전제하는 선험 이론을 거절한다. 로크에게 있어서 지식의 기원은 인간 감각을 통한 경험이다. 그는 인간 개개인의 정신은 백지와 같아서 그 위에 경험이 지식을 계속해서 써 내려갈 수 있다고 주장한다.

> 마음(the mind)이 말하자면 흰 종이-아무 생각도 없고 모든 특성들이 배제된-라고 가정해 보자. 그러면 마음은 어떻게 그 내부가 갖춰질까? 분주하고 끝이 없는 인류의 생각들이, 거의 끝없는 다양성으로 그 위에 색칠을 하는 그 거대한 저장소에 어떻게 갖춰질까? 모든 이성과 지식의 재료들을 어떻게 가질까? 이 질문에 대하여 한 단어로 대답한다면 그것은 '경험'으로부터다. 그 안에서 우리의 모든 지식은 기초되고, 그것으로부터 우리 모든 지식은 그 자신을 이끌어 낸다.[82]

로크에게 있어서 모든 지식은 감각과 감각에 대한 반사로부터 나온다. 근본적으로 감각으로부터 우리가 외부적 대상을 인식한다. 지식의 다른 근원인 반사는 정신의 작용으로부터 나오는데, 정신은 감각에 의

---

82) John Locke, *An Essay Concerning Human Understanding*, ed. Roger Woolhouse (London : Penguin Books, 1997), 109.

해서 형성된 생각들을 주목함으로써 개념들을 제공한다.[83] 로크는 단순한 개념과 복잡한 개념을 구분 짓는다. 단순한 개념은 감각을 통해서 수동적으로 받아들여지는 개념인 반면, 복잡한 개념은 단순한 개념들이 모여져서 형성된 개념이다. 결국 로크의 인식론에서는 일반적인 인식(perception)은 감각을 지니는 것과 동일시될 수 있고, 이것은 그의 '인식의 인과 이론(causal theory of perception)'으로 설명될 수 있다. 그에 의하면 모든 일반적인 개념은 감각에 의해서 생산되고 형성된다. 앎의 과정에서 정신은 수동적이며 경험에 의존되어 있는 것이다.

전통적인 서구 근대 인식론의 한 부분이라고 할 수 있는 근대 실증주의 인식론은 로크의 경험주의에 뿌리박혀 있다. 로크의 인식론은 앎의 몇 가지 특성들을 내포하고 있다. 첫째, 로크의 인식론은 객관적 실재가 존재한다는 것을 가정한다. 그렇기 때문에 관찰이 실재를 경험하는 도구가 된다. 이 점에서 앎은 '관객 조망적(spectator-like)'이며 '관객자 의식(onlooker consciousness)'[84]이라고 할 수 있다.

둘째, 로크의 인식론에서 인식자의 정신은 앎에 있어서 중심적인 역할을 수행하지 않는다. 인식자의 정신은 앎에 대한 선천적인 능력을 지니고 있지 못하다. 인식자는 단지 앎에 있어서 수동적인 기능을 가질 뿐이다. 로크의 인식론은 인식자의 독특한 개인적 정신의 역할을 제외함으로 순수한 객관성을 가정한다. 그러므로 로크의 인식론은 앎에 있어서 상상, 통찰, 직관의 중요성을 무시하는 경향성을 지닌다.

셋째, 로크의 인식론은 데카르트의 인식론처럼 개인주의적이고 비역사적이다. 로크의 인식론은 앎에 대한 사회적 영향과 지식에 대한 공동

---

83) *Ibid.*, 110.
84) Sloan, *Insight-Imagination*, 6.

체적 측면을 무시하는 경향이 있다. 로크는 개념과 실재 사이에 정확한 상응이 있음을 가정한다. 로크에게 있어서 지식은 인격적이기보다는 객관주의적이다.

3) 칸트주의 인식론 비판

임마누엘 칸트(Immanuel Kant, 1724 - 1804)는, 모든 지식은 경험으로부터 나오고 우리의 경험을 떠나서는 어떤 실재에 대한 지식도 가질 수 없다는 로크의 관점을 거부한다. 칸트는 정신을 그것이 경험하는 대상과 더불어 무언가 역할을 수행하는 적극적인 실체로 보았다. 칸트는 사고란 단지 우리의 감각을 통해 인상을 수용하는 것을 내포할 뿐만 아니라 우리가 경험하는 것에 관한 판단을 내포한다. 감각은 '원 자료(raw data)'를 제공하는 반면, 정신은 그것을 종합한다. 우리가 사물을 경험할 때 우리는 필연적으로 우리의 '선험적 인식(a priori cognition)'이라는 렌즈를 통해 그것을 인식하게 된다.[85] 이것은 인간 정신이 대상을 창조한다는 것을 의미하는 것도 아니고, 인간 정신이 선천적으로 개념들을 지니고 있다는 것을 의미하는 것도 아니다. 칸트는 인간 정신이 '순수한 이해의 선험적 개념'을 정신이 경험하는 대상에게로 가져온다고 주장한다.[86] 즉, 앎은 우리의 감각을 통해 인상을 받아들이는 것뿐만 아니라 우리가 경험하는 것에 대해 판단하는 것을 포함한다. 칸트도 로크처럼 앎에 있어서 객관성의 중요성을 강조하지만 '객관성'의 기준이 로크의 경험주의에서 말하는 객관성과는 다르다.

---

85) Immanuel Kant, *Prolegomena to Any Future Metaphysics*, trans. Paul Carus (Indianapolis : Hackett, 1977), 11.
86) *Ibid.*, 44.

이것은 모든 감지의 대상의 경우인데 경험의 판단들이 그들의 객관적 타당성을 얻는 것은 그 객체의 즉각적인 인지(이것은 불가능하다)로부터 오는 것이 아니고 실험적 판단의 보편적 타당성의 조건으로부터인데, 이것은 이미 말한 바와 같이 결코 실험적 또는 감각적인 조건들에 의존하지 않고, 이해의 순수한 개념에 의존한다. 객체 그 자체로는 언제나 알려지지 않은 채 남아 있다. 그러나 그 이해의 개념에 의해 그 객체에 의해 우리의 감수성에 주어진 그 객체의 진술들의 연결이 보편적으로 타당한 것으로 판명되어질 때 그 객체는 바로 이 관계에 의해 결정되어지는 것이며, 그 판단은 객관적인 것이다.[87]

그러나 칸트의 인식론은 현상(phenomena)과 본체(noumena) 사이를 구분하는 이원론의 한계를 극복할 수 없다. 현상적 실재는 우리가 경험하는 세계를 의미하고, 본체적 실재는 순수하게 인식할 수 있는 비감각적 실재인 물자체(things-in-itself)를 의미한다. 즉, 칸트는 우리와는 독립적으로 존재하는 우리 외부의 실재가 있음을 전제한다. 그는 주관적으로 아는 것과 객관적으로 알려지는 것 사이의 상호 작용적 관계를 제안하지만 현상과 본체, 이론과 실제, 그리고 과학과 윤리 사이의 이원론을 극복하지 못한다.

더 나아가 칸트의 인식론은 개인주의적 특성을 갖는다. "칸트가 앎의 과정과 책임적 삶에 있어서 결정적 지배인으로서 '적극적인 정신'을 강조한 것은 후대의 철학자들로 하여금 그들의 관심을 개인적 자아에 초점을 맞추도록 격려하였다."[88] 칸트는 앎에 있어서 공동체의 역할에 대해 많은 주의를 기울이지 않았다. 요컨대 칸트는 감각을 개념으로

---

87) *Ibid.*, 42.
88) Grenz, 78-79.

환원시키는 합리주의와 개념을 감각으로 환원시키는 경험주의를 통합하려고 시도한 것처럼 보인다.[89] 그러나 칸트는 객관성과 주관성 사이의 이원론의 한계를 극복하지 못하고 있는 것이다.

4) 전통적인 서구 근대 인식론의 한계성

데카르트와 로크, 칸트의 인식론으로 대표되는 전통적인 서구 근대 인식론의 특성과 그 한계성은 다음과 같이 요약될 수 있다.

첫째, 전통적인 서구 근대 인식론은 '객관주의적(objectivistic)'이다. 이러한 인식론은 인식자로부터 분리된 '순수 객관적 실재'의 존재를 전제한다. 레이코프(George Lakoff)와 존슨(Mark Johnson)이 그들의 공저인 『비유와 삶』(Metaphors We Live By)에서 이러한 인식론의 경향을 '객관주의의 신화'라고 부른다.[90] 이 객관주의적 인식론은 모든 지식은 실재에 상응한다고 가정한다. 데카르트, 로크, 그리고 칸트의 인식론의 그 상이성에도 불구하고 '상응으로서 진리'와 '대상의 정확한 표현으로서 지식'을 전제하고 있다는 공통점을 지닌다.[91]

둘째, 전통적인 서구 근대 인식론은 '개인주의적'(individualistic)이다. 데카르트, 로크, 그리고 칸트의 인식론의 또 하나의 공통점은 앎의 '공동체적' 측면을 무시하는 경향을 지닌다는 것이다. 이들은 지식이

---

89) Richard Rorty, *Philosophy and the Mirror of Nature* (New Jersey : Princeton University Press, 1979), 148.

90) 레이코프(George Lakoff)와 존슨(Mark Johnson)에 의하면 합리주의와 경험주의는 공통점을 지니는데 그것은 객관성의 신화(the myth of objectivity)다. 이들은 이 두 사상이 단지 "어떻게 우리가 그러한 절대적 진리에 도달하느냐"에 있어서만 차이가 날 뿐이라고 주장한다[George Lakoff and Mark Johnson, *Metaphors We Live By* (Chicago : University of Chicago Press, 1980), 195.]

91) Rorty, 166.

사회적 상황과 관련되며, 공동체에 뿌리박혀 있다는 사실을 인식하지 못한다. 특별히 데카르트는 개인적 정신을 앎의 중심에 두고 있으며, 칸트는 앎에 있어서 자율적 자아의 중심성을 강조하고 있다. 전통적인 서구 근대 인식론의 표상 중의 하나는 개인을 고양시키는 것이다.[92]

셋째, 전통적인 서구 근대 인식론은 플라톤이 '상상'을 가장 낮은 수준의 인식으로 간주한 이래 앎에 있어서 상상의 중요성을 무시하는 경향이 있다.[93] 데카르트는 지식을 오직 합리적 확실성과 동일시함으로써 지식으로부터 상상을 제외시킨다. 로크의 인식론에서 지식은 우리가 경험하는 대상에 의해서 생산되어지는 개념들로 제한된다. 로크가 '거기 바깥에(out there)' 순수 객관적 실재가 존재하고 지식은 그것과 상응해야 한다고 믿기 때문에 앎에 있어서 상상의 역할은 무시될 수밖에 없는 것이다. 칸트가 앎에 있어서 상상의 역할을 인식하고 있기는 하지만, 존슨이 지적하는 것처럼 칸트의 상상에 대한 관점은 두 가지 논리적인 문제를 지닌다. 첫째, 칸트가 상상을 개념화와 감각 사이의 중간 지점에 위치시키지만 어떻게 상상이 이러한 두 가지 본성을 지닐 수 있는지가 분명하지 않다. 둘째 문제는, 상상이 어떤 때는 규칙에 의해 통제되고 다른 때는 그러한 제약으로부터 자유롭게 나타나는 것을 설명하는 것에 난점을 지닌다는 것이다.[94] 칸트는 여전히 인간의 감각과 정서와 관련된 육체적 존재의 영역과 이성과 이해의 영역 사이에 어떤 형이상학적인 분리가 존재한다고 가정하기 때문에 이러한 문제가

---

92) Grenz, 167.
93) Francis M. Cornford, ed. and trans. *The Republic of Plato* (London : Oxford University Press, 1941), 226.
94) Mark Johnson, *The Body in the Mind : The Bodily Basis of Meaning, Imagination, and Reason* (Chicago : University of Chicago Press, 1987), 166.

일어나는 것이다.[95]

 마지막으로, 전통적인 서구 근대 인식론에서의 앎은 '관객 조망적 (spectator-like)'이다. 이러한 관점에서의 앎은 '참여적'이지 않다. 데카르트, 로크, 칸트의 인식론에서는 자아가 세상으로부터 분리되어 있다. 지식은 가치 중립적일 뿐이다. 이들은 인식자의 의도와 인식자의 역사적 상황이 앎의 과정에 내포되지 않는다고 가정한다.

 전통적인 서구 근대 인식론에서의 앎은 이와 같이 '객관주의적' '개인주의적' '실증주의적' 그리고 '관객주의적' 특성을 지닌다. 이러한 인식론은 개혁 신학적 전통에서 말하는 '하나님 알기'에서의 앎의 특성을 설명하는 데에 적합하지 못한데, 그 이유는 '하나님 알기'에서의 앎은 이와는 달리 인격적, 공동체적, 상상적, 참여적이기 때문이다.

3. 새로운 인식론의 경향들

 20세기 후반에 앞에서 논의한 전통적인 서구 근대 인식론을 비판하는 새로운 인식론의 조류가 등장하게 되었다. 물론 이러한 새로운 조류 이전에도 몇몇 철학자들이 앎의 객관주의적, 개인주의적, 실증주의적, 관객주의적 특성을 부분적으로 비판하기도 하였다. 그 예로는 데카르트의 철학을 비판하는 실존주의 철학, 로크의 경험주의 철학을 비판하는 헤겔 철학, 칸트의 철학에 반대하는 키르케고르의 철학 등을 들 수 있다. 그러나 20세기 후반에 새롭게 등장한 인식론은 전통적인 서구 근대 인식론을 보다 더 철저하게 비판하면서 앎의 인격적, 공동체적, 상상적, 참여적 성격을 드러내고 있다. 이러한 새로운 인식론은 '하나

---

95) *Ibid.*, 167.

님 알기'에서의 앎의 성격을 설명하는 데 중요한 통찰력을 주고 있다.

여기에서는 전통적인 서구 근대 인식론의 대안으로서 새로운 인식론의 경향을 논의하려고 한다. 특별히 세 가지 인식론에 초점을 맞추려고 하는데, 마이클 폴라니(Michael Polanyi)의 '인격적 지식론', 마크 존슨(Mark Johnson)의 '육화된 상상 이론', 더글러스 슬로언(Douglas Sloan)의 '통찰-상상 이론'이다. 이 이론들 각각은 전통적인 서구 근대 인식론을 나름대로 비판하면서 그들의 이론을 펼치고 있다.

1) 폴라니의 인격적 지식론

(1) 전통적인 서구 근대 인식론 비판

마이클 폴라니는 지식에 대한 근대 객관주의적 관점, 즉 주체와 객체, 자아와 세계, 육체와 정신을 분리시키는 인식론을 비판한다. 관찰을 통해 순수 객관적인 지식을 획득할 수 있다고 생각하는 근대 과학자들과 대조적으로 폴라니는 지식의 주체와 객체를 분리하는 것은 불가능하다고 주장한다. 지식에 대한 객관주의적 관점은 환상이요 잘못된 이상에 불과하며,[96] 이 관점은 우리가 알지만 증명할 수 없는 지식의 중요성을 무시해 왔다고 폴라니는 비판한다.

이 점에서 폴라니의 인식론적 입장은 객관주의적 관점과는 대조된다. 객관주의적 인식론은 주관적(인격적)인 요소를 지식으로부터 제거하고 순수하고 비인격적인 객관성을 추구하는데, 폴라니는 이러한 객관적 확실성의 이상을 '근대적 우상(modern idolatry)'으로 간주한다. 객관석 확실성의 이상은 통계로 인격적 판단을 내치하고 명백한 논리

---

96) Polanyi, *Personal Knowledge*, 18.

로 책임적인 헌신을 대치하는 경향이 있다.[97] 그러나 폴라니는 육체와 정신, 주체와 객체, 자아와 세계 사이를 분리시키는 이원론의 한계를 극복하려고 시도한다.

폴라니의 '인격적 지식론'은 육체와 정신을 분리시키는 데카르트의 이원론뿐만 아니라 본질과 현상을 분리시키는 칸트의 이원론을 극복하고 있다. 폴라니는 칸트의 지식에 대한 관점이 정신을 적극적인 원리로 보고 지식을 앎의 주체의 창조적인 성취로 보고 있기는 하지만, 칸트의 인식론은 비참여적 인식론으로서 정신을 실제 세계로부터 분리된 존재로 본다고 비판한다.[98]

이렇게 폴라니는 그의 전통적인 서구 근대 인식론에 대한 비판에 근거해서 그 대안으로 '인격적 지식' 이론을 제안하고 있다. 아는 자와 알려지는 것, 앎의 주체와 앎의 객체, 자아와 세계, 정신과 육체, 이론과 경험의 일체성을 강조하면서 폴라니는 아는 것(knowing)과 존재하는 것(being)은 하나의 역동적인 과정의 부분임을 보여 주고 있다.

(2) 폴라니의 인격적 지식론의 새로운 통찰

폴라니는 그의 책 『인격적 지식론』(Personal Knowledge)에서 '인격적'이라는 단어와 '지식'이라는 단어가 지니는 의미를 설명하고 있다. 이 두 가지 단어는 객관주의적 인식론의 관점에서 보면 상호 모순되는 것처럼 보인다. 왜냐하면 객관주의적 인식론에서는 참된 지식은 비인격적이요 보편적으로 확립된 것이며, 객관적이기 때문이다. 그러나 이

---

97) Joan Crewdson, *Christian Doctrine in the Light of Michael Polanyi's Theory of Personal Knowledge : A Personal Theology* (Lewiston, NY : Edwin Mellen Press, 1994), 60.
98) Ibid., 29.

러한 모순은 앎의 개념을 새롭게 이해할 때 해결된다.[99] 폴라니는 지식에 대한 객관주의적 관점에 대한 대안을 제시하는데, 그것은 주관적인 것이 아니라 "인격적인 것과 객관적인 것이 융화되어 있는 것"이다.[100] 폴라니는 모든 앎의 행위 안에는 "알려지는 것을 아는 인간의 열정적인 헌신"이 존재하며,[101] 이러한 인격적인 특성이 인간의 지식에 있어서 중요한 요소임을 주장한다. 폴라니의 인격적 지식론은 다음과 같은 몇 가지 중요한 개념들을 통해 설명될 수 있는데 그것은 '암묵적 차원' '열정' '신념' '헌신' '내주' '상상' '인격적' '공동체적' 등이다.

• **암묵적 차원**

폴라니는 지식의 암묵적 차원을 드러냄으로써 지식의 인격적 측면을 설명한다. 그는 모든 지식은 암묵적 차원을 지닌다고 주장한다. 그는 "우리는 우리가 말할 수 있는 것보다 더 많은 것을 알고 있다."[102]고 말한다. 그는 지식의 암묵적 차원을 설명하기 위해 숙련된 행동을 예로 드는데, 다음과 같은 망치와 못의 예화를 통해 지식의 암묵적 차원을 설명한다.

못을 박으려고 망치를 사용할 때 우리는 못과 망치 모두에 주의를 기울이지만 그 방식은 다르다…차이는 후자(손가락과 손바닥)가 못처럼 우리의 주의의 대상이 아니라 그 도구라는 데 있다. 그것들은 그 자체로 주목받지 못한다. 우리는 그것들을 강하게 인지하면서 다른 것에 주목한다.

---

99) Polanyi, *Personal Knowledge*, vii.
100) *Ibid.*, viii.
101) *Ibid.*
102) Polanyi, *Tacit Dimension*, 4.

나는 못을 박고 있는 일차적 인지(focal awareness)에 녹아들어 있는 손바닥의 느낌에 대한 부차적 인지(subsidiary awareness)를 갖는다.[103]

이때 폴라니는 두 종류의 인식을 구분한다. 하나는 초점적 인식(focal awareness)이고 다른 하나는 보조적 인식(subsidiary awareness)이다. 사람이 못을 박을 때, 못에 대한 그 사람의 인식은 초점적 인식인 반면, 그는 그 못을 잡은 손의 느낌은 의식하지 못하지만 손에 대한 인식은 보조적 인식으로서 작용한다. 이와 같이 모든 앎은 초점적 인식만이 아니라 암묵적 인식을 포함함에도 불구하고 객관주의적 과학자들은 앎에 있어서 암묵적 차원과 인격적 차원의 중요성을 무시한다고 폴라니는 지적한다.

> 선포된 근대 과학의 목표는 하나의 엄격히 분리된 객관적 지식을 수립하는 것이다. 그러나 암묵적 사고가 모든 지식의 없어서는 안 될 부분을 형성한다고 하면, 지식의 모든 인격적 요소들을 제거한다는 근대 과학 이상은 사실상 모든 지식의 파괴를 목표로 하는 것이다. 정확한 과학의 이상은 근본적으로 인간을 오도하는 것이며 어쩌면 황폐케 하는 오류의 근원인 것으로 판명될 것이다.[104]

폴라니에 의하면 모든 암묵적 앎을 배제하는 수학적 이론의 이상은 자기 모순적이며 논리적으로도 온전치 못하다.[105] 이러한 암묵적 차원

---

103) Michael Polanyi, *Personal Knowledge*, 표재명 · 김봉미 역, 『개인적 지식』(서울 : 아카넷, 2001), 96(원서 p. 55).
104) Michael Polanyi, *Tacit Dimension* (Garden City : Doubleday & Company, 1966), 20.
105) 폴라니는 사실상 암묵적 앎이 과학적 발견에도 중요하다고 주장한다. 암묵적 앎은 문

과 보조적 인식이 존재한다는 사실은 순수 객관적 지식이 더 이상 존재하지 않음을 보여 주고 있다.

• 열 정

폴라니는 객관주의적 인식론자들과는 달리 과학적 발견에 있어서 지적 '열정'의 역할이 중요하다고 주장한다. 과학적 열정은 단지 심리적 부산물이 아니라 과학에는 불가결한 요소로 공헌하는 논리적인 기능을 갖는다는 것이다.[106] 과학자가 연구의 대상을 선택하고 연구의 결과를 해석하고 다른 사람을 설득할 때 과학자의 열정은 이미 그 과정에 개입되어 있다. 무엇보다 과학자에게 있어서 연구 문제를 선택하는 것은 무엇인가 발견될 것이 있다는 확신에 헌신하는 행위다. 과학자의 문제 선택은 그가 그 문제의 해결책을 찾으려는 의도가 있음을 암시하고 있다.[107] 연구 문제는 단지 순수하게 객관적으로 선택된 것이 아니고, 과학자가 명시적으로 그 선택을 인식하고 있지 않은 인격적 요소가 그 속에 존재하는 것이다.

폴라니는 과학적 열정은 과학자가 무엇에 더 관심이 있고 덜 관심이 있는지를 평가하는 데 있어서 어떤 역할을 한다고 주장한다.[108] 그는 과학적 열정을 '과학적 아름다움의 느낌'과 연결시키는데, 그 느낌을 통해 과학자는 연구의 적절성을 이해한다는 것이다.

제에 대한 타당한 지식이 무엇인지를 발견하는 데 공헌하고, 그 문제를 해결하기 위해 과학자가 어떻게 접근하는지에 관련되며, 마침내 발견에 도달하게 되는 암시를 얻도록 도와준다는 것이다.

106) Polanyi, *Personal Knowledge*, 134.
107) Polanyi, *The Tacit Dimension*, 21.
108) Polanyi, *Personal Knowledge*, 135.

과학적 미(美)라는 우리의 감각이 반응하는 바 실재에 대한 우리의 비전은 무엇을 탐구하는 것이 일리가 있는지, 그리고 흥미로운 것인지에 관한 질문들을 우리에게 반드시 제기하게 된다. … 사실 실재에 대한 비전에 기초한 관심이나 추정 가능성 없이는 과학에 가치 있는 어떤 것도 발견할 수 없다. 감각의 증거에 반응하는, 과학적 미에 대한 우리의 파악만이 이런 비전을 이끌어 낼 수 있다.[109]

폴라니는 과학적 탐구의 모든 단계는 과학자의 지적 열정에 의해서 인도된다고 주장한다. 과학자의 인격적 요소의 개입 없는 순수 객관적 연구는 존재하지 않는다는 것이다.

• 신념과 헌신

폴라니는 과학에 있어서 신념의 역할이 결정적임을 드러내고 있다. 과학은 이제까지 순수한 객관적인 지식으로 이해되어져 왔지만 폴라니는 과학을 신념 체계로 보고 있다.

> 과학은 우리가 헌신되어 있는 신념들의 체계이다. 그러한 체계는 한 다른 체계 안에서 보여진 것으로서의 경험으로부터도, 또는 어떤 경험도 수반하지 않는 이성을 통해서도 설명될 수 없다. … 과학은 우리가 헌신하고 있는 신념의 체계이며, 그러므로 신념은 헌신과는 무관한 용어들로는 표현될 수 없다.[110]

폴라니는 신념은 지식이 발생하는 자리(context)라고 주장한다. 모든

---

109) Polanyi, 『개인적 지식』, 211(원서 p. 135).
110) Ibid., 265-266(원서 p. 171).

앎은 아는 사람이 무언가 알려지는 것이 있음을 믿고 있음을 전제한다는 것이다. 그리고 폴라니는 모든 지성의 행위는 헌신과 관련되어 있음을 강조한다.

> 이러한 의존은 모든 지적 행위에 수반되는 인격적 헌신(personal commitment)인데, 우리는 이 인격적 헌신을 통해 어떤 것을 우리의 초점적 주의에 부차적으로 통합시킨다.[111]

폴라니는 어떠한 과학자도 무엇인가 발견될 만한 것이 있다고 믿는 신념 없이 과학적 탐구를 추구할 수 없다고 주장한다. 이러한 점에서 모든 지식은 신념과 헌신에 기초해 있다. 이것이 폴라니가 그의 인격적 지식론을 '신탁 프로그램(fiduciary programme)'이라고 부르는 이유이다. 우리는 오직 '알려지기를 기다리는 실재가 있음을 믿음으로' 지식을 얻을 수 있다.[112] 그러므로 아는 자의 헌신은 어떤 앎의 행위에서나 필수적이다.

• 내 주

내주의 의미를 파악하기 위해 폴라니의 '인격적 지식'의 관점을 이해하는 것이 중요하다. 폴라니는 주체가 객체에 내주하면 동시에 객체가 주체에 내주한다고 이해한다. 무언가를 이해하기 위해서는 사람이 그 자신을 앎의 대상에 헌신할 필요가 있다는 것이다. 인식의 보조적 수준에서 앎의 주체는 이미 지식의 대상 속에 참여해 있고, 그는 이미

---

111) *Ibid.*, 104(원서 p. 61).
112) Crewdson, 14.

그가 아는 것의 한 부분이다. 이것은 모든 지식을 어느 정도는 참여적인 성격을 지니게 만든다.[113] 폴라니는 내주의 모델을 사용함으로서 지식에 대한 객관주의적 관점을 인격적, 참여적 관점으로 대치시킨다.[114] 아는 자와 알려지는 것의 관계는 일종의 상호 참여적 관계이다. 이 관계는 '나와 그것'의 관계보다는 '나와 너'의 관계에 비유될 수 있다.[115] 상호 참여 속에서 "앎은 존재로 확장되고, 확장된 존재는 상호 헌신과 이해 안에서 성숙함으로 타자의 삶 속에 더 깊이 더 온전히 참여하게 된다."[116]

• 상 상

폴라니는 그의 '인격적 지식'의 관점을 상상과 연결시킨다. 그는 인문학만이 아니라 과학도 상상을 적극적으로 사용하고 있다고 주장한다.[117] 대부분의 근대 사상가들은 과학을 확증하는 논리적, 객관적 사실로서 간주하지만 상상은 근본적으로 인문학이나 예술에 있어서만이 아니라 자연과학에도 개입된다는 것이다. 폴라니는 그의 책 『암묵적 차원』(Tacit Dimension)에서 "과학자의 작업은 발견을 추구하는 상상의 산물"[118]이라고 말한다. 폴라니는 과학자의 상상은 과학자의 신념과 열정과 관련된다고 본다. 그는 기대되는 발견의 아름다움과 그것을 성취

---

113) Ibid., 13.
114) Ibid., 23.
115) Michael Polanyi, Knowing and Being, ed. Marjorie Grene (Chicago : University of Chicago Press, 1969), 149.
116) Crewdson, 25.
117) Michael Polanyi & Harry Prosch, Meaning (Chicago : University of Chicago Press, 1975), 64.
118) Polanyi, Tacit Dimension, 79.

할 때의 흥분이 우선 상상의 창조적 추구에 공헌한다고 주장한다.[119] 구체적으로 폴라니는 상상을 직관으로부터 구분하는데, 과학적 발견에 있어서 상상은 단서들을 탐구하는 것과 관련되고, 직관은 단서들을 하나의 체계적인 유형으로 통합시키는 것과 관련된다. 그래서 "상상과 직관의 연결로 말미암아 정신은 단서들의 집합을 새로운 실재나 의미로 볼 수 있게 된다."[120] 이러한 상상과 직관에 대한 관점은 객관주의적 인식론과는 분명히 대조적이다.

• 인격적 : 객관주의적이지 않고 주관적이지 않음

폴라니의 '인격적 지식'은 '객관주의적 지식'과 근본적으로 다르지만 그렇다고 해서 '인격적 지식'은 '주관적 지식'과도 동일시될 수 없다. 폴라니는 인격적인 것을 객관적인 것과 주관적인 것 모두로부터 구분한다.

> 인격적인 것이 그 자신으로부터 독립된 것으로서 그 자신에 의해 인정된 조건들에 부합되는 한, 그것은 주관적이지 않다. 그러나 그것이 개인적 정열에 따라 인도된 행위인 한, 객관적인 것도 아니다. 그것은 주관적인 것과 객관적인 것 사이에 있는 분리를 넘어선다.[121]

폴라니는 헌신(commitment)이야말로 인격적 지식을 단지 주관적인 지식이 되지 않도록 하는 단서라고 주장한다. 폴라니는 헌신이라는 맥락 안에서 인격적인 것과 보편적인 것은 상호 관계성을 갖는다고 본

---

119) *Ibid.*
120) Crewdson, 58.
121) Polanyi, 「개인적 지식」, 457(원서 p. 300).

다.[122)] 이러한 점에서 헌신은 보편적으로 타당한 것을 접근하는 유일한 방식이다. 헌신은 지적 열정이 사적(private)이지 않고 공적(public)이며, 인격적 지식이 욕망과 다른 이유를 말해 준다. 욕망은 사적인 만족의 기준에 의해서 이끌려지지만, 정신적 탁월성에 대한 열정은 그 자체로 보편적 당위성을 충족시키는 것이다.[123)]

폴라니는 '왜곡된 객관성'을 추구하기보다는 '참된 객관성'을 추구한다. 폴라니는 이해는 인위적 행위나 수동적 경험이 아니고 보편적 타당성을 선포하는 책임적 행위라고 주장한다. 인격적 앎은 주관적이 아니고 그것이 '숨겨진 실재와의 접촉'[124)]을 확립한다는 점에서 객관적인 앎은 파악할 수 없는 '진정으로 객관적'인 것이라는 것이다. 이런 점에서 그의 객관성에 대한 관점은 객관주의적 객관성이라기보다는 '실재론적 객관성(realistic objectivity)'이라고 불려질 수 있다.

• 공동체적

폴라니는 앎의 공동체적 측면을 강조하면서 이를 '상호 통제의 원리'라고 부른다. 과학자들은 서로의 결과에 의존해 있고 서로를 지원하고 있다는 것이다.[125)] 이러한 과학자 사회 안에서의 상호 통제는 과학자들 사이의 중재된 합의를 형성한다.[126)] 폴라니는 지적 열정에 의해서 확립된 가치를 존중하는 '사회의 지원'의 중요성을 강조한다. 지적 열정을 촉진하고 만족시키는 체제는 오직 '탐구자의 사회'의 지원을

---

122) *Ibid.*, 302.
123) *Ibid.*, 174.
124) *Ibid.*, vii.
125) Polanyi, *Tacit Dimension*, 72.
126) *Ibid.*, 73.

통해서만 존재할 수 있다는 것이다. 폴라니는 이러한 체제를 "암묵적 상호 작용의 총체적 네트워크"[127]라고 부른다. 의사 소통은 오직 말하는 자(송신자)와 듣는 자(수신자)가 같은 '암묵적 요소들'을 공유할 때만이 가능하다.[128] 모든 상징, 비유, 그리고 언어는 이러한 '암묵적 요소들'에 의존되어 있다. 또한 지식은 오직 이러한 암묵적 요소들의 네트웍에 의해서 전달된다. 이런 점에서 지식은 공동체적 성격을 지닌다.

위에서 논의한 폴라니의 인식론을 한마디로 요약하면, 앎에는 아는 자의 인격적 요소가 개입되어 있다는 것이다. '암묵적 차원'과 '내주'를 비롯한 그의 주요 개념들은 모든 지식은 '인격적 지식'임을 나타낸다. 그리고 폴라니의 인식론에서 인격적 지식은 단지 인격적 성격만을 갖는 것이 아니라 공동체적, 상상적, 참여적 성격을 지닌다.

2) 존슨의 육화된 상상 이론

(1) 전통적인 서구 근대인식론에 대한 비판

마크 존슨(Mark Johnson)은 그의 책 『정신 안의 육체』(*The Body in the Mind*)에서 마이클 폴라니처럼 객관주의적 인식론을 비판한다. '객관주의'는 서구 철학만이 아니라 서구인들의 삶 속에 깊이 뿌리박혀 있다는 것이 그의 주장인데, 그는 객관주의의 일반적인 형태를 다음과 같이 묘사한다.

> 세계는 여러 특성들을 가지고 인간 이해와는 독립된 여러 관계들 안에

---

127) Polanyi, *Personal Knowledge*, 203.
128) *Ibid.*, 204.

있는 객체들로 구성되어 있다. 세계는 어떤 사람이 그것에 대해 어떠하다고 믿게 되는 그 무엇과는 무관하게 있는 그대로의 그 무엇이다. 세계가 정말 무엇과 같은지에 관하여 절대적인 관점이 있다. 다른 말로 하면, 실재에는 어떤 특정한 사람들의 신념과는 무관한 합리적인 구조가 있고, 올바른 이성은 이 합리적 구조를 반영한다.[129]

이러한 객관주의적 관점에 의하면, 아는 사람의 입장과는 독립적으로 존재하는 순수 객관적 실재가 있다.[130] 객관주의자는 가치 중립적이고 실재와 상응하는 초역사적인 진리가 존재한다고 믿는다.

강력한 의미에서 객관주의는 그러한 하나의 시각의 존재에 명백히 위임되어 있다. 왜냐하면, 객관주의는 정신과 독립적인 실재에 대한 객관적인 관계를 전제하기 때문이다. … 또한, 의미에 대한 객관주의적 관점을 가지고 보면, 합리성은 본질적으로 추상화된다. 다시 말해, 합리성은 순수한 추상적, 논리적 관계들과 그리고 주관적 과정들과는 독립된 작업들로 합리적 사고를 하는 사람의 마음에서 구성된다.[131]

존슨은, 객관주의적 인식론은 이원론적으로서 "인지적, 개념적, 형식적, 합리적 측면과 육체적, 감각적, 물질적, 감성적 측면 사이의 간

---

129) Johnson, *The Body in the Mind*, x.
130) 존슨은 그의 책 *Moral Imagination*에서 객관주의적 자아의 개념이 지니는 여섯 가지 특성들을 열거한다. 1) 근본적, 합리적 자아 2) 비역사적 자아 3) 우주적 자아 4) 이성과 욕망으로 분리된 자아 5) 개체적, 개인적 자아 6) 행위로부터 분리된 자아 [Mark Johnson, *Moral Imagination : Implications of Cognitive Science for Ethics* (Chicago : University of Chicago Press, 1993), 128-131.]
131) Johnson, *The Body in the Mind*, xxiv.

격"이 있다고 비판한다.[132]

존슨의 전통적인 서구 철학에 대한 비판은 데카르트와 칸트의 이원론 비판에 초점을 맞추고 있다. 첫째로, 그는 정신과 육체 사이의 데카르트주의적 이원론의 두 가지 논점을 분명하게 묘사하고 있다. 하나는 정신이 비육화(disembodied)되어 있다는 것이다. 데카르트주의에서 "정신은 정신적 본질로 구성되어 있는 반면 몸은 육체적 본질로 구성되어 있다."[133] 다른 하나는 인간의 근본은 이성을 사용하는 능력이라는 것이다. 이러한 두 가지 논점에 근거하면, 데카르트의 인식론은 "상상은 인간 본성에 있어서 근본적이지 않다."[134]는 결론을 이끈다. 다시 말하면 데카르트의 인식론은 상상은 인간 본성의 한 부분이 아니며, 또한 육체의 어떤 측면도 인간 본성의 부분이 아니라고 전제한다.[135]

둘째, 존슨은 개념과 지성을 포함하는 형상과, 인식과 감각을 포함하는 질료 사이에서 보여지는 칸트적 이원론의 문제를 들추어내고 있다. 존슨은 칸트의 이원론은 데카르트의 이원론의 연속선상에 있다고 지적한다.

> 지식에 대한 칸트의 영향력 있는 설명에서 형식적 구성 요소(formal component)가 우리의 이해의 자발적 조직 활동들로 구성되는 반면 물질적 구성 요소는 신체적 과정들과 동일시된다. 그래서 칸트의 이분법에는 데카르트의 실체적인 정신에 대한 아무런 위탁이 없음에도 불구하고

---

132) Ibid., xxv.
133) George Lakoff and Mark Johnson, *Philosophy in the Flesh : The Embodied Mind and Its Challenge to Western Thought* (New York : Basic Books, 1999), 403.
134) Ibid.
135) Ibid.

인간 본성의 존재론적으로 다른 두 면 - 육체와 이성 - 사이에는 근본적인 데카르트적 긴장이 있다.[136]

특별히 존슨은 엄격한 형상/질료 이원론은 칸트의 상상 이해에 문제를 야기한다고 지적한다. 칸트는 상상을 "개념과 감각 인상 사이를 중재하는 능력"[137]으로 이해한다. 존슨은 칸트가 절대로 상상의 활동을 적절하게 설명할 수 없다고 비판하는데, 왜냐하면 칸트는 상상을 형상적, 개념적 능력(이해와 연결된)으로 보는 것과 상상을 물질적, 감각적 능력(감각과 연결된)으로 보는 것 사이에서 머뭇거리기 때문이다.[138] 즉, 칸트가 비록 합리주의와 경험주의를 종합하려고 했지만, 그는 이성과 육체적 경험 사이의 이원론을 극복할 수 없었다는 것이다.[139]

위와 같이 존슨은 데카르트주의와 칸트주의를 비판하는데, 이는 이 두 사상이 서구 철학 안에서 존재론과 인식론 사이의 이원론을 강화해 왔기 때문이며, 그들이 상상의 역할을 제대로 이해하는 데에 장애물이 되어 왔기 때문이다.

(2) 존슨의 육화된 상상 이론의 새로운 통찰

존슨은 상상이 인간의 사물 이해에 있어서 중심적인 역할을 한다고 강조하면서, 그의 책 『정신 안에 있는 육체』에서 인간 상상의 중요성을 다음과 같이 선언한다.

---

136) Johnson, *The Body in the Mind*, xxvii.
137) Ibid., xxviii.
138) Ibid., xxix.
139) Lakoff & Johnson, *Metaphors We Live By*, 195.

상상이 없이는 세상에 있는 아무것도 의미를 갖지 못할 것이다. 상상이 없이는 우리는 결코 우리의 경험을 이해할 수 없을 것이다. 상상이 없이는 우리는 실재에의 지식을 향하여 아무것도 추리할 수 없을 것이다.[140]

'상상', 특별히 앎에 있어서 '육화된 상상'의 중요성을 강조하기 위해서 존슨은 플라톤 철학부터 칸트의 철학까지 상상의 역사를 간략히 살펴보고 있다.

• 플라톤부터 칸트까지의 상상 이해

존슨은 플라톤의 인식론은 상상을 지식의 한 형태로 간주하지 않는다고 비판한다.[141] 플라톤의 '분리된 선(Divided Line)'의 비유는 분명하게 상상이 인식의 가장 낮은 형태임을 보여 주고 있다.[142] 플라톤에 의하면 참된 지식을 붙들기 위해서는 모든 감각과 상상을 극복해야 한다. 이에 대해 존슨은 "상상에 대한 플라톤적 전통의 편견은 어떠한 지식도 감각적 경험, 더 나아가 사물의 이미지에 의존되지 않는다는 주장에 기인하고 있다."고 간파한다.[143]

아리스토텔레스는 상상을 감각과 사고 사이를 중재하는 능력으로 간주한다고 존슨은 이해한다. 플라톤과는 대조적으로 아리스토텔레스는 상상을 "불가피하고 보편적인 조작으로서 그로 인해 감각적 인식이 이

---

140) Johnson, *The Body in the Mind*, ix.
141) *Ibid.*, 142.
142) 플라톤은 마음의 네 가지 차원을 말하고 있는데, **첫째는** 가장 고상한 차원으로 지성(intelligence)이며, 그 다음이 사고(thinking)이며, 세 번째가 신념(belief)이고, 마지막으로 상상(imagining)을 들고 있다(Cornford, The Republic of Plato, 226.).
143) Johnson, *The Body in the Mind*, 143.

미지로서 회상되고, 또한 추론적인 사고를 물질적인 세계에 대한 우리의 지식의 내용들로 여길 수 있도록 하는 것"[144]으로 보았다. 플라톤에게 상상은 이론적 인식을 위해서는 적절치 않은 가장 낮은 상태의 정신으로 여겨진 반면, 아리스토텔레스에게 상상은 긴요한 것으로 간주되는데 특별히 창조적이기보다는 어떤 종류의 경험을 연결시키는 데 필요한 과정으로 여겨진다.[145]

마지막으로 존슨은 칸트의 상상의 이해를 분석하면서 그것이 지니는 문제점은 한쪽으로는 육체와 감각과 감정의 영역을, 다른 한 쪽으로는 이해와 이성의 영역을 설정하고 이를 분리시키는 것으로 본다. 존슨은 칸트의 상상 이해가 발전하는 데에는 네 가지 단계가 있다고 분석하는데, 그것은 재생산적 상상, 생산적 상상, 구조로서의 상상, 사고적 판단에 있어서 상상의 창조적 활동 등이다. 첫째 단계에서 칸트는 상상은 질료적 요소와 형상적 요소를 종합하여 재생산하는 기능을 갖는다고 생각한다. 이 관점에서 상상은 "단일화된 이미지를 형성하거나 과거의 이미지를 회상하는, 그래서 단일화된 경험을 구성하는 능력"[146]이다. 두 번째 단계에서 칸트는 상상이 종합하는 활동임을 강조하는데, 객관적 경험의 일반적인 구조를 생산하는 기능을 수행한다고 보았다. 이 구조는 초월적인데, 왜냐하면 그것은 우리의 경험으로부터 오는 것도 아니고 의식의 구조로부터 오는 것도 아니기 때문이다. 그러므로 칸트는 "상상 없이 의미 있는 경험이 있을 수 없다."[147]고 말한다. 셋째 단계에

---

144) *Ibid.*
145) *Ibid.*, 145.
146) *Ibid.*, 149.
147) *Ibid.*, 151.

서 칸트는 상상을 "일련의 표상에 대한 구조화 행위"[148]로 이해하는데, 여기서 상상은 개념과 이미지 사이를 연결시키는 다리를 제공한다. 마지막 단계에서 칸트는 "정신은 어떤 개념 하에서 감각이 받아들이는 것을 조직하는 그런 고정된 개념의 축적과 더불어 함께 가는 것이 아니다."[149]라고 주장하면서 상상의 창조적 활동을 강조한다. 즉, 정신은 표상에 대한 창조적인 반성의 행위를 포함한다. 그러나 존슨은 칸트에게서는 '상상에 대한 완전히 일관된 이론'[150]을 발견할 수 없다고 주장한다. 칸트의 인식론에서는 창조적인 기능과 생산적, 재생산적, 구조화 기능 사이가 분리되며, 칸트는 이 간격을 연결시킬 수 없다는 것이다. 즉, 칸트는 "창조적 상상의 작용을 묘사하면서도 그것을 설명하지 못한다."[151]

칸트주의를 넘어서 존슨은 나름대로의 상상의 이론을 제안하는데, 거기에서는 형상적인 것과 질료적인 것, 합리적인 것과 육체적인 것, 이 두 가지 영역이 분리되지 않는다. 존슨은 만약 우리가 이원론을 극복한다면, 상상은 합리성의 한 부분이 될 수 있다고 주장한다.[152]

• 육화된 상상 : 정신 안에 있는 육체

존슨은 상상과 의미, 이해의 육화된 특성을 강조한다. 존슨은 객관주의의 가장 심각한 문제점은 그것이 인간 육체와 인간 이해의 육체적 측면을 무시하는 것이라고 주장한다. 그의 책의 제목 『정신 안에 있는 육

---

148) Ibid., 153.
149) Ibid., 157.
150) Ibid., 166.
151) Ibid.
152) Ibid., 169.

체』(The Body in the Mind)는 바로 그가 인간 이해의 육화된 상상적 구조를 의도적으로 강조하고 있는 것이다.[153]

나의 시도를 "육체를 정신의 영역 안으로 제자리에 돌려놓는 일"이라 명명할 수 있을 것 같다. 상상적 투사는 그에 의해서 육체(즉, 신체적 경험과 그 구조들)가 정신(즉, 정신적 활동들) 안으로 그의 길을 만들어 가는 중요한 수단이다. '육체'라는 용어를 사용함을 통해 나는 의미와 합리성의 비명제적, 경험적, 비유적 차원들을 강조하기 원한다.[154]

존슨은 의미와 이성을 적절히 다루기 위한 하나의 열쇠로서 인간의 '육화'를 강조하는 '상상과 이해에 대한 이론'을 개발하려는 의도를 갖고서[155] '육화된 상상'이 '낭만적 상상'과 구별되어야 함을 주장한다.

이 연구들에서 밝혀진 이런 종류의 상상적 조직화는 우리의 육체들에 의한 족쇄가 벗겨지고 우리의 육체를 초월하는 환상의 낭만적 비약을 수반하지 않는다. 오히려 그것은 우리의 이해에 기여하고 우리의 추리를 지도하면서 우리의 육체적 경험으로부터 자라 온 상상의 형태이다.[156]

존슨의 '이미지 구조(image schemata)'의 개념은 육체적 경험의 중요성을 강조한다. 이미지 구조는 우리의 육체적 경험으로부터 우러나오는 것이기 때문에 비명제적이다. 이미지 구조는 개념과 명제로 감환

---

153) Ibid., xvi.
154) Ibid., xxxvi - xxxvii.
155) Ibid., xxi.
156) Ibid., xiv.

(reduction)될 수 없다. 존슨은 셰마(구조)를 "우리의 경험에 윤곽과 구조를 제공하는 인식적 상호 작용의 역동적인 형태"로 정의한다.[157] 그는 이러한 형태는 우리의 육체적 경험에 뿌리박혀 있고 또한 그로부터 도출되어 나온다고 주장한다.

존슨은 이미지 구조의 예로서 '수직적 구조'를 예로 든다. 수직적 구조는 수직적 경험들로부터 도출되어 나오는 것이다.

> 우리는 우리가 매일 경험하는 수천의 지각들과 활동들 안에서 반복적으로 이 수직성의 구조를 알아챈다. 예를 들면 한 나무를 지각하는 것, 우리가 똑바로 서 있다는 것을 느끼는 것, 계단을 오르는 활동, 깃대에 대한 이미지를 형성하는 것, 아이들의 키를 재는 것 그리고 욕조에 차 오르는 수면의 높이를 경험하는 것 등이다.[158]

존슨은 또한 이미지 구조처럼 비유도 우리의 육체적 경험에 뿌리박혀 있다고 주장한다. 그는 비유는 "단지 예술적이거나 수사적인 목적을 위해 사용되어지는 언어적 표현(또는 단어의 형태)이 아니라" 오히려 일상적인 삶에 근거한 것이라고 주장한다.[159] 우리는 오직 비유에 의해서 의미 있는 이해를 성취할 수 있는데 이러한 비유는 우리의 육체적, 문화적 경험들로부터 나오는 것이다.

• 상상의 공동체적 측면

존슨은 상상의 공동체적 측면을 강조하면서 상상을 "우리가 서로 이

---

157) *Ibid.*
158) *Ibid.*, xiv.
159) Lakoff and Johnson, *Metaphors We Live By*, 3.

해할 때 공유하고 있는 것으로서 공동체 안에서 커뮤니케이션할 수 있는 것"[160]으로 본다. 그의 이미지 구조 개념은 공동체적 특성을 갖는다.

존슨과 레이코프는 상상과 비유는 단지 육체적 경험만이 아니라 특수한 문화적 상황과 사회적 정황에 뿌리박혀 있다고 주장한다. 그들에 의하면 모든 경험은 문화적인데 "우리는 우리의 세계를 우리의 문화가 이미 그 경험 안에서 드러나고 있는 방식으로 경험할 뿐이다."[161] 상상이 그 안에 뿌리박혀 있는 육체적 경험은 경험의 의미가 공유되는 공동체와 분리될 수 없다. 이 점에서 상상은 두 가지, 육체적 근거와 문화적 근거를 지니는 것이다.

존슨은 인간의 대상 인식에 있어서 상상이 중심적인 역할을 한다는 것이 상대주의로 이끌어 가는 것은 아니라고 주장한다. 그에게 있어서 상상은 객관주의에서 말하는 객관성과는 다른 의미에서 객관적이라고 할 수 있다. 그는 객관성에 대한 객관주의적인 기준을 '객관주의의 지나친 단순화'로 간주하는데, 이와는 다른 객관성에 대한 비객관주의적 이해가 있을 수 있다는 것을 그는 다음과 같이 설명한다.

> 이 객관주의자들의 지나친 단순화와는 대조적으로, 그것은 우리가 합리성의 어떤 중립적이고 비역사적인 기반을 발견한다거나 상대적인 무정부주의에 뛰어드는 경우가 아니다. 객관주의자들의 가정들에 의존하지 않는 과학의 객관성과 도덕들을 설명할 수 있는 다른 길들이 있다.[162]

객관주의적 관점 대신에 존슨은 폴라니처럼 더 적절한 객관성의 모델

---

160) Johnson, *The Body in the Mind*, 172.
161) Lakoff and Johnson, *Metaphors We Live By*, 57.
162) Johnson, *The Body in the Mind*, 200.

을 제시하고 있다. 즉, 존슨은 '육화된 상상 이해'라고 하는 중간 영역을 제안함으로써 근본주의와 상대주의 양 극단을 극복하려고 시도한다.

> 어떤 철학자에게는 이것이 마치 어떤 절대적 기준들이 있어야 한다든 가 또는 전혀 아무 기준도 없어야 한다는 것같이 보일지도 모른다. 그러나 우리는 두 극단 사이에 정말로 중간 지대가 있다는 것을 보아 왔다. 우리가 절대적 관점으로 세계를 볼 수 없다는 것은 정말로 중요하지 않다. 왜냐하면 우리는 우리가 가진 구상물, 우리의 역사, 우리의 문화, 우리의 언어, 우리의 기관들 등등 우리에게 주어진 공적 시각을 통해 세계를 볼 수 있기 때문이다. 그리하여 그것이 맥락적(정황적)으로 자리 매김 되어 있는 한, 우리는 여전히 일치로서의 진리의 개념을 보유할 수 있다. 결국, 우리는 여전히 '객관성'의 합리적인 개념을 가질 수 있다.[163]

여기서의 '실제적인' 객관성은 "적절히 공공적인, 공유된 이해나 관점을 채택하는 것"을 의미한다.[164] 이는 육화된 상상 이해를 통해서 실재와 연합되는 것이다. 요컨대 객관성은 육화된 상상의 공동체적 본질에 의해서 비로소 가능하다는 것이다.

3) 슬로언의 통찰-상상 이론

(1) 전통적인 서구 근대 인식론 비판

더글러스 슬로언(Douglas Sloan)은 그의 책 『통찰-상상 : 사상의 해방과 근대 세계』(Insight-Imagination : The Emancipation of

---

163) Ibid., 211.
164) Ibid., 212.

Thought and the Modern World)에서 근대적 객관주의적 인식론이 '지식에 대한 수량적, 물질주의적, 기능주의적 관점'이라고 비판한다.[165] 슬로언은 400년 전의 과학 혁명 이래 사람들이 과학을 "오직 유일한 앎의 타당한 방식이요 참된 지식의 유일한 자원"[166]이라고 생각하는 경향이 있어 왔다고 주장한다. 그리고 그는 19세기 실증주의를 과학주의의 대표적인 사례로 간주하며, 실증주의의 몇 가지 특성을 다음과 같이 설명한다.

> 그리하여 실증주의는 그 어떤 다양성(과학적 물질주의, 과학적 자연주의, 논리적 실증주의) 속에서도 전체를 포괄하는 다음의 세 가지 주장을 한다.
> (a) 과학은 우리의 유일한 앎의 방법과 세계에 대한 진정한 지식의 유일한 원천을 제공한다.
> (b) 과학은 세계에서의 인간의 위치를 이해할 유일한 방법을 제공한다.
> (c) 과학은 세계의 전체 모습에 대해서, 유일하게 신뢰할 만한 데이터를 제공한다 - 소위 과학적, 기술적 세계관.[167]

실증주의는 상상과 통찰, 느낌과 가치를 지식으로부터 배제시키는 경향이 있고, 이러한 요소들을 비합리적이거나 의미 없는 것으로 간주하는 경향이 있다. 슬로언은 과학주의나 실증주의로 동일시될 수 있는 '근대 서구 정신 체계(the modern Western mind set)'[168]의 다섯 가지

---

165) Sloan, Insight-Imagination, x.
166) Ibid., 3.
167) Sloan, Insight-Imagination, 6-7.
168) 슬로언에 의하면 Huston Smith가 이 개념을 처음 사용하였다. 스미스는 근대 과학

특징을 열거하고 있는데 그것은 수량화, 편협한 이성관, 기술 공학의 지배, 공동체의 와해, 인간의 소외 등이다.[169]

첫째, 과학주의는 알려지는 실재를 양적인 것, 즉 계수될 수 있고, 측정될 수 있으며, 잴 수 있는 것으로 간주해 왔다.

> 지난 400년간의 경향은 과학 - 양적인 것 - 에 의해 다루어질 수 있는 것들만이 객관적이고 실제적이라고 간주한 것이었다. 그리고 다른 모든 것 - 실질적인 것 - 은 순수하게 주관적인 것으로, 그래서 궁극적으로는 존재하지 않는 것으로 여겨 왔다.[170]

이런 점에서 과학주의는 일종의 감환주의(reductionism)라고 할 수 있는데, 우주는 "하나의 물리적 인과관계"로 이해된다.[171] 감환주의에 따르면 전체는 부분들로 감환될 수 있는데, 부분들이 전체에 선행하며, 궁극적으로 부분들이 더 실재적이라는 것이다.[172] 그러나 슬로언은 "전체 없이는, 의미의 선재적 구조 없이는 부분 자체 - 특수한 관찰과 수치들 - 만으로는 실재하지 않는 세부적인 것들의 무질서한 집합체에 불과

은 규범적이고 내면적인 가치(normative and intrinsic values), 목적(purpose), 지구적이고 실존적인 의미(global and existential meanings), 그리고 질(qualities)을 다루지 않는다고 지적한다.

169) 슬로언은 근대 정신의 다섯 가지 전제를 또 다른 방식으로 열거하고 있는데 1) 조망적 의식(onlooker consciousness) 2) 칸트주의(Kantianism) 3) 기술공학적 가정 (mechanistic assumption) 4) 도구적 이성주의(instrumental rationalism) 5) 획일주의(uniformitarianism) 등이다(Douglas Sloan, "Imagination, Education, and Our Postmodern Possibilities," *Revision* 15, No. 2, 1992, 43.).

170) Sloan, *Insight - Imagination*, 10.

171) *Ibid.*, 13.

172) *Ibid.*, 14.

하다."고 주장한다.[173]

둘째, 근대 서구 정신은 참된 지식은 오직 인간의 관찰로부터 말미암는다고 간주하는 경향이 있다. 이러한 편협한 이성관은 합리성으로부터 상상과 통찰, 가치를 배제시킨다. 더 나아가 이성을 오직 감각 경험과 관찰된 현상 사이의 논리적 관계로만 한정시키는 것은 실재에 있어서 어떤 비실험적 차원과 구조에 대해서 설명할 수 없는 한계점을 지닌다.[174] 이러한 제한된 이성을 통해서는 인간 합리성에 있어서 상상의 중심적인 역할을 이해하는 것은 불가능하다.

셋째, 근대 서구 정신은 '기술 공학주의(technicism)'에 사로잡혀 있다. 기술 공학주의는 "실제적인 상황이나 상황적 요구에 관계없이 모든 삶의 문제에 대한 기술공학적 해결책을 추구하는 정신"인데[175] 근대의 기술 공학주의적 경향은 프레드릭 페레(Frederick Ferre)가 말하는 '기술 우상화(technolatry)'로 불릴 수 있는 바 우리 문화의 지배적인 종교적 실재가 되고 있다.[176] 슬로언은 이러한 기술 공학주의는 자연 환경에 대한 돌이킬 수 없는 손상을 입힐 위험을 내포하고 있다고 지적한다.

넷째, 서구 근대 정신은 공동체의 와해를 가져왔다. 공동체의 와해는 공의로운 사회로 이끄는 공공의 가치의 중요성을 무시하는 경향을 지닌다.[177] 슬로언은 근대 자아는 다른 사람들로부터 분리되어 있고 또한 자연으로부터 분리되어 있다고 주장한다.[178] 특별히 슬로언은 전체주

---

173) Ibid.
174) Ibid., 16.
175) Ibid., 25.
176) Ibid., 29.
177) Ibid., 38.
178) Ibid., 78.

의(totalitarianism)는 살아 있는 통일성으로서 전체성(wholeness)을 성취할 수 없다고 지적한다. 슬로언은 순수하게 수량적이고 기계적인 개념으로 이해되는 개인주의는 결국 권위주의를 향하여 나아갈 수밖에 없다고 경고한다.[179]

마지막으로, 근대 서구 정신의 문제는 인간의 소외를 가져왔다. 질과 의미, 가치의 세계는 인격적인 세계인 반면, 수량의 세계는 비인격적인 세계이다. 비인격적인 세계는 지식을 상상, 통찰, 사랑, 아름다움으로부터 분리하는 경향이 있다. 슬로언은 이를 다음과 같이 설명한다.

> 실증주의적이며 과학적인 세계관 안에서 인간의 가치들과 관심들은 중요한 것으로 여겨질 수는 있다. 그러나 그것들은 그러한 세계관 안에서는 지식과는 관련 없는 것으로 여겨지기 때문에 기껏해야 신념의 문제로서 주장될 수 있을 뿐이다.[180]

이러한 실증주의적 관점에 의하면 인간의 가치는 지식의 진보로부터 소외되어 있다. 즉, 이것은 물리적 과학과 인간의 의미 사이에 강한 이원론이 존재함을 의미한다.

위와 같이 슬로언은 근대 서구 정신은 '조망적 의식(onlooker consciousness)'으로 묘사될 수 있다고 주장한다. 이런 정신 속에서는 아는 자가 대상과 세계로부터 분리되어 있다. 이러한 서구 근대 정신에서 앎이란 객관주의적이고, 측정적이고, 수량적이고, 감환적이고, 실증주의적이고, 실험적이고, 비인격적이고, 개인적이고, 그리고 관객 조망적 특성을 지닌다.

---

179) *Ibid.*, 37.
180) *Ibid.*, 40.

(2) 슬로언의 통찰-상상 이론의 새로운 통찰

슬로언의 인식론의 중심 주제는 모든 앎의 기초로서 '상상'의 중요성을 확인하는 것이다. 그에게 있어서 상상이란 인식의 행위에 전인이 참여하는 것이다.[181] 슬로언은 상상을 허구적이고 허상적인 환상과 구별한다. 슬로언은 상상이 개인의 의식과 살아 있는 의미의 세계 사이를 연결하는 다리라고 생각한다.[182] 우리는 오직 상상을 통해서 지식을 가질 수 있다. 슬로언은 '상상'과 '통찰'이 앎에 있어서 중요한 역할을 지님을 강조하는 데이비드 봄(David Bhom)과 오웬 바필드(Owen Barfield)에 동의하면서, 상상이 세계에 대한 우리의 일상의 인식을 형성해 준다고 주장한다. 왜냐하면 어떠한 인식도 해석과 분리될 수 없기 때문이라는 것이다.[183] 슬로언에게 있어서 상상은 이미지를 만드는 정신의 힘이며, 오직 그 상상을 통해서 우리는 세상을 이해할 수 있다.

• **상상의 전체성**

슬로언은 그의 인식론에서 상상의 전체성을 강조한다. 슬로언에게 있어서 상상은 사고, 감정, 의지, 가치를 포함하며, 그 각각은 다른 것들과 분리될 수 없다. 첫째, 감정은 사고와 분리될 수 없다. 이것은 우리의 앎이 감정에 의해 영향 받을 뿐 아니라 감정이 앎의 방식이 될 수 있음을 의미한다.[184] 그러므로 슬로언은 "중요한 것은 이성과 감정을 분리하는 것이 아니고, 지식에 이르게 하는 감정과 지식을 왜곡하거나 방해하는 편파적이고 잘못 방향 지어진 열정-미움, 분노, 질투, 야망

---

181) Ibid., 69.
182) Ibid., 86.
183) Ibid., 140.
184) Ibid., 160.

등 - 을 구분하는 법을 배우는 것"[185]이라고 주장한다. 슬로언은 사랑, 동정, 신뢰를 포함하는 감정은 지식으로 인도하는데, 그러므로 이러한 감정들은 '인식의 기관'이라고 불려질 수 있다고 생각한다.

또한 슬로언에게 있어서 의지는 상상의 근본적인 측면이다.[186] 그는 상상에 있어서 의지의 중요성을 '의도성'이라는 개념을 사용하여 설명하였다. 의도성은 앎에 기꺼이 참여하는 것을 의미하는데 모든 앎에 필수적이라고 할 수 있다. 슬로언은 이러한 의도성 안에서 사고는 의지와 결합될 수 있다고 지적한다.[187]

슬로언은 전체성의 회복은 오직 상상을 제대로 이해하는 것을 통해 가능하다고 주장하는데 상상은 앎에 사고, 감정, 의지, 가치를 포함하는 전인이 개입되는 것을 의미한다.[188]

• 앎의 참여적 측면

마이클 폴라니처럼 슬로언은 앎의 참여적 성격을 강조한다. 슬로언은 아는 자는 알려지는 것으로부터 분리될 수 없다고 주장한다. 한 예로, 최첨단 분자물리학에서조차도 세계로부터 분리되어 존재하는 순수하게 객관적인 관찰자가 없다. 슬로언은 물리학자 존 휠러(John Wheeler)의 다음과 같은 말을 인용하고 있다.

> 양자 이론은 우주가 안전하게 '저기에' 자리 잡고 있다고 이전부터 믿어 왔던 우주관을 허물었다. 우리는 저 오래된 용어 '관찰자'를 지워야

---

185) *Ibid.*, 23.
186) *Ibid.*, 167.
187) *Ibid.*, 171-173.
188) *Ibid.*, xiii.

하고, 그 대신 그것을 새로운 용어 '참여자'로 대치해야 한다. 어떤 이상한 의미에서 양자 이론 원리는 우리가 하나의 참여적 우주를 다루고 있다고 우리에게 말해 준다.[189]

심지어 자연과학의 지식도 순수 객관적 지식이 아니라는 것이다. 더 이상 정신과 물질, 주체와 객체, 아는 자와 알려지는 것 사이에 데카르트적인 이원론이 존재하지 않는다. 슬로언은 순수한 인식도 있을 수 없다고 주장한다. 슬로언은 "우리의 생각, 느낌, 신체적 상태, 개념 이 모두가 우리의 보고, 만지고, 듣는 감각과 결합되어 우리가 인식하는 대상 세계를 산출하게 된다."고 주장한다.[190] 즉, 진정한 지식은 참여적이어야 하며 아는 자와 알려지는 것의 상호 작용의 한 부분이다.

• **앎의 공동체적 측면**

슬로언은 지식의 공동체적 측면을 강조한다. 일상의 세계는 "우리 사회에서 모든 다른 사람들과 항상 공유하는 기억이나 제도에 의해서 공급되는 이미지와 개념의 빛 안에서만" 이해될 수 있다.[191] 슬로언은 세계에 대한 우리의 인식은 이미 집단적인 개념이나 이미지에 의해서 형성되는 것이라고 주장한다.[192] 근대 서구 정신의 중요한 특성 가운데 하나는 공동체보다 개인을 강조하는 것이다. 과학주의나 실증주의에서 자아는 다른 자아들로부터 그리고 자연으로부터 분리된다.[193] 슬로언

---

189) *Ibid.*, 97.
190) *Ibid.*, 98.
191) *Ibid.*, 170.
192) *Ibid.*
193) *Ibid.*, 79.

은 자아와 이성의 의미의 통합은 오직 그것들이 더 큰 차원인 공동체, 인류, 역사, 초월 등과 연결될 때만이 가능하다고 주장한다.[194] 공동체와 완전히 분리된 개인이란 존재하지 않으며, 공동체로부터 독립된 순수 객관적인 지식도 존재하지 않는다.

• 비객관주의적 객관성

슬로언은 폴라니와 마찬가지로 과학이 추구하는 것은 도덕적 헌신을 필요로 하는 인격적인 행위라고 주장한다.[195] 인간의 책임감 없이는 과학적 객관성은 불가능하다는 것이다. 슬로언의 객관성에 대한 이해는 객관주의에서 객관성을 이해하는 것과 매우 다르다. 객관주의는 순수 객관적 실재의 존재를 가정한다. 진정한 지식은 가치 중립적이고 아는 사람의 주관적 조건들은 배제되어야 한다. 그러나 슬로언은, 객관성은 아는 자와의 어떤 통합적 관계도 갖지 않는 세상에 대한 조망자의 그릇된 분리적 태도도 아니고 또한 가치 중립적인 탐구의 허상도 아니라고 주장한다.[196] 슬로언은 올바른 객관성에 대한 이해는 객관성에 대한 관점이라고 할 수 있는 '객관화(objectification)'와 구별된다고 말한다. 슬로언은 이 두 가지를 다음과 같이 대비시킨다.

> 객관화(objectification)는 정신과 지성과는 어떤 관계도 갖지 않는 분리되고 독립된 실재의 개념을 세우는 잘못된 추론이다. 이와는 대조적으로 객관성(objectivity)은 긍정적인 의미에서 한 사람의 내면의 삶과 이미지들 안에서 순수하게 개인적인 것과 일단 개인적이지만 동시에 그 자

---

194) *Ibid.*, 78.
195) *Ibid.*, 92.
196) *Ibid.*, 93.

신을 넘어서 보다 넓은 아마도 우주적 중대성까지도 가지는 그 무엇을 가리키는 것 사이에 있는 차이들을 차별화 하는 능력이다.[197]

요컨대 객관적 지식은 수량적, 측정적이어야 한다는 것은 사실이 아니다. 우리는 모든 지식이 인격적인 것을 부인할 수 없다.

슬로언에게 있어서 새로운 인식론의 관점은 근대 객관주의적 인식론을 완전히 부정하는 것을 의미하는 것은 아니다. 또한 과학 이전이나 기술 공학 이전의 시대로 돌아가는 것을 의미하는 것도 아니다.[198] 슬로언은 상상과 논리적 사고의 균형을 강조한다.

또한 슬로언은 조망적 의식(onlooker consciousness)은 더 큰 참여적 의식에 포함될 수 있음을 지적한다. 조망적 의식은 모든 앎에 대한 유일의 형태나 결정적인 형태가 아니라 더 큰 참여적 의식의 한 제한되고 특수한 표현으로 인식될 수 있다.[199] 슬로언의 입장은 '이것이나 저것이냐' 라기보다는 '이것과 저것 모두' 라고 할 수 있다. 그의 통찰 - 상상 이론은 사고, 감정, 의지, 가치를 포함하는 지식의 전체성을 추구한다.

- **상상의 교육**

슬로언은 그의 상상에 대한 이해를 교육과 연결시킨다. 근대 교육이 인식의 범위를 협소화시키고 '언어적, 논리 수학적 기술'에만 초점을 맞추는 경향이 있음을 지적하면서, 슬로언은 '상상의 교육'을 교육의 적절한 개념으로 이해한다. 슬로언의 상상의 교육은 의지, 감정, 가치,

---

197) *Ibid.*, 183.
198) *Ibid.*, 56.
199) *Ibid.*, 236.

사고를 지닌 전인의 참여로부터 우러나오는 앎의 방식을 강조하는데, 이러한 앎의 방식이 인간의 삶이 진정으로 가능하고 가치 있도록 만드는 삶의 지혜로 인도한다는 것이다.[200] 슬로언은 교육의 과제는 이성과 결별(repudiation)하는 것이 아니고 이성을 구속(redemption)하는 것이라고 말한다. 그는 참여적 앎을 통한 교육의 전체성을 추구한다.[201] 그는 상상의 교육을 위해 세 가지 고려해야 할 것들을 제안하는데, 첫째는 사고, 감정, 의지의 단일성이고, 둘째는 앎에 있어서 리듬과 조화를 확립하는 것, 셋째는 앎에 있어서 인간성을 강조하는 것이다. 첫째는 앎의 '상상적' 특성과 관련 있고, 둘째는 앎의 '공동체적' 성격, 셋째는 앎의 '인격적'이고 '참여적'인 성격과 관련이 있다.

4. '하나님 알기'로서 신앙을 위한 새로운 인식론

우리는 이제까지의 논의를 통해 마이클 폴라니의 인격적 지식론, 마크 존슨의 육화된 상상 이론, 그리고 더글러스 슬로언의 통찰-상상 이론의 공통점을 발견할 수 있다. 먼저 이 세 가지 이론들은 모두 객관주의적 인식론이라고 불릴 수 있는 전통적인 서구 근대 인식론을 비판한다. 그 비판들을 정리해 보면 첫째, 객관주의적 인식론은 이원론적이다. 객관주의적 인식론 안에는 주체와 객체, 자아와 세계, 정신과 육체, 아는 자와 알려지는 것 사이에 분리가 존재한다. 아는 자는 알려지는 것으로부터 분리되어 있다. 둘째, 객관주의적 인식론은 순수 객관적 실재가 존재한다고 가정한다. 따라서 객관주의적 인식론은 상상, 통찰,

---

200) *Ibid.*, 193.
201) *Ibid.*, 202.

감정, 그리고 가치를 포함하는 인격적 요소를 앎으로부터 배제시킨다. 이러한 객관주의적 관점에서는 앎이 가치 중립적이며 초역사적 진리이다. 즉, 상징과 개념이 실재와 상응한다고 보는 것이다. 그러므로 과학은 실증주의적이며 지식은 수량적이고 측정할 수 있는 것이며 비인격적인 무엇이다. 셋째, 객관주의적 인식론에서의 지식은 비참여적이다. 객관주의적 인식론은 모든 지식이 뿌리박혀 있는 '육체적 경험'을 무시하는 경향이 있다.

한편 우리는 폴라니, 존슨, 슬로언의 인식론 사이에 많은 유사성이 있음을 볼 수 있는데, 비록 각각의 인식론의 강조점이 다르기는 하지만 그들의 대안적 인식론에서도 공통점을 찾을 수 있다. 이러한 공통점은 새로운 인식론의 몇 가지 특징들을 드러내 주고 있다.

첫째, 객관주의적 인식론과는 달리 이들은 아는 자와 알려지는 것, 주체와 객체, 자아와 세계, 정신과 육체의 '하나 됨'을 강조한다. 아는 자는 알려지는 것으로부터 분리될 수 없다.

둘째, 이들은 앎을 '존재'로부터 분리시키지 않는다. 다른 말로 하면 인식론은 존재론과 분리될 수 없다는 것이다. 토마스 그룸(Thomas Groome)이 묘사하듯이, 새로운 인식론은 '인식론적 존재론(Epistemic Ontology)'이라고 불릴 수 있다.[202]

셋째, 이들은 앎에 있어서 '육체'의 중요성을 강조한다. 특별히 폴라니의 암묵적 차원이라는 개념과 존슨의 육체적 경험에 대한 강조는 앎

---

202) 필자는 기본적으로 토마스 그룸이 사용한 개념인 '인식론적 존재론'이 인식론과 존재론의 일치를 추구한다는 점에서 타당하다고 생각한다. 그러나 새로운 인식론은 존재론이 아니라 여전히 인식론이라는 점에서 '인식론적 존재론(Epistemic Ontology)' 보다는 '존재론적 인식론(Ontological Epistemology)'이라는 용어가 더 적합하다고 생각한다.

의 육화적(embodied) 성격을 보여 주고 있다.

넷째, 이들은 앎의 '인격적' 요소를 강조한다. 위의 세 인식론자들은 지식으로부터 모든 인격적인 요소를 제거하는 순수 객관적 지식이란 존재하지 않는다고 주장한다. 특히 폴라니는 과학적 발견에서조차도 과학자의 열정, 의도 또는 신념이 중요한 역할을 수행함을 보여 준다.

다섯째, 이들은 모든 앎이 '참여적' 차원을 지님을 주장한다. 이들 모두 앎에 있어서 아는 자와 알려지는 것 사이의 상호 참여를 강조한다. 폴라니는 주체와 객체가 서로에게 상호 내주해 있다고 말함으로서 이러한 상호 참여를 묘사하고 있다. 존슨은 합리성의 경험적, 비명제적 차원을 강조한다. 앎에 있어서 참여에 대한 이러한 강조는 지식에 대한 아는 자의 헌신이 결정적인 역할을 수행함을 보여 준다. 앎의 과정에 있어서 '의도성'을 강조하는 슬로언의 견해도 참여적 차원과 연결을 가지는 것이다.

여섯째, 이들은 '상상'을 지식의 기초로 간주한다. 폴라니는 과학자의 상상이야말로 '발견의 아름다움'이라고 말한다. 존슨은 육체적 경험에 뿌리박혀 있는 '육화된 상상'의 중요성을 강조한다. 특히 슬로언은 앎에 있어서 사고, 감정, 의지, 가치를 포함하는 전인의 개입을 의미하는 상상의 전체성을 강조한다.

일곱째, 이들은 비객관주의적 객관성을 '객관주의적 객관성'의 대안으로 제시한다. 순수 객관적 실재가 있다는 객관주의적 전제를 반대하면서 폴라니는 인격적 앎이야말로 진정으로 객관적이라고 주장한다. 존슨은 실재적인 객관성을 제안한다. 슬로언은 객관화와 구별되는 객관성에 대한 적절한 이해를 강조한다. 이들은 '간주관성(intersubjectivity)'으로서 객관성의 새로운 가능성을 탐색함으로 객관주의와 주관주의 모두의 한계를 극복하려고 시도한다.[203]

마지막으로, 이들은 앎에 있어서 '공동체적' 특성을 강조한다. 이들에게 지식은 공동체 안에서 공유되는 상징, 이미지, 비유에 의존되어 있다. 폴라니는 지식은 "암묵적 상호 작용의 전체 체계"에 의존되어 있다고 말한다.[204] 존슨은 상상이 문화적 경험에 뿌리박혀 있다고 주장한다. 슬로언은 앎에 있어서 집단적인 개념과 이미지의 중요성을 강조한다.

이러한 새로운 인식론의 특성들은 전통적인 서구 근대 인식론의 특성들과 대조된다. 다음의 도표는 이 두 종류 인식론의 차이점들을 보여주고 있다.

[표 1] 객관주의 인식론과 새로운 인식론 비교

전통적(객관주의) 인식론	새로운 인식론
1. 아는 자와 알려지는 것, 주체와 객체, 자아와 세계, 정신과 육체 사이의 이원론	1. 아는 자와 알려지는 것, 주체와 객체, 자아와 세계, 정신과 육체 사이의 통합
2. 앎과 삶의 분리 : 인식론과 존재론의 분리	2. 앎과 삶의 통합 : 존재론적 인식론

---

203) 리차드 로티는 '객관성(objectivity)'과 '주관성(subjectivity)'이라는 개념에 대한 오해를 지적한다. 전통적인 인식론에서는 객관성이 바깥 어디엔가 존재하는 실재에 상응하는 소위 '거울로 비춰 주는 것(mirroring)'을 의미하고, 주관성은 감정적이거나 환상적인 것을 의미하는 것으로 이해되어 왔다. 로티는 객관성을 '거울로 비춰 주는 것'이라기보다는 '동의(agreement)'로 이해함으로써 이러한 객관주의와 주관주의의 한계를 극복하려고 한다. 로티는 철학의 중요 과제는 진리를 발견하는 것이 아니라 계속적인 대화이고, 이를 통해 상대주의에 빠지지 않게 된다고 말한다.

204) Polanyi, *Personal Knowledge*, 203.

3. 육화에 대한 무시	3. 육화에 대한 강조

4. 순수 객관적 지식
  : 인격적 요소 배제
  – 실증적, 양적, 측정 가능한 지식
	4. 인격적 지식
	  : 앎에 있어서 열정, 의도, 신념의 역할 강조

5. 비참여적 앎 : 조망적 의식	5. 참여적 앎 : 주체와 객체의 상호 내주
6. 비합리적인 것으로서 상상	6. 앎의 기초로서 상상
7. 객관주의적 객관성	7. 간주관성
8. 개인주의적, 비역사적 지식 : 공동체와 분리된 자율적 자아	8. 공동체적 앎 : 지식의 사회적, 문화적 구성

이러한 새로운 인식론의 특성들을 살펴보면, 우리가 본서에서 탐구하고 있는 신앙과 인식론, 기독교 교육과정을 꿰뚫어 연결시켜 주는 '앎'의 몇 가지 특성이 드러난다. 이것을 네 가지로 정리하여 보면, 그것은 '인격적' '공동체적' '상상적' '참여적' 특성이다. 그러면 이제, 이들 새로운 인식론의 네 가지 특성이 어떻게 '하나님 알기'에서의 앎의 네 가지 특성과 연결되는지 살펴보기로 하자.

• 인격적

첫째, 새로운 인식론에서의 앎은 인격적이다. 전통적인 서구 근대 인식론과는 대조적으로 새로운 인식론은 앎에 있어서 인격적인 요소의 역할을 강조한다. 앞에서 살펴본 새로운 인식론의 여덟 가지 특성 중 첫째와 둘째 특성, 그리고 넷째 특성은 바로 앎의 인격적 측면과 관련이 있다. 주체와 객체, 아는 자와 알려지는 것이 하나라고 하는 것은 지식의 인격적 차원을 보여 주고 있고, 앎이 존재로부터 분리될 수 없다는 주장은 모든 앎이 '인격적 지식'임을 의미하는 것이다. 이 점에서 새로운 인식론에서의 앎은 '나와 그것'의 관계가 아니라 '나와 너'의 관계이다. 순수 객관적인 지식은 존재하지 않는다.

이러한 새로운 인식론에서의 앎의 이해는 개혁 신앙의 신앙 이해인 '하나님 알기'에서의 '앎'을 설명하는 데에 적절하다. 이 앎은 인격적 행위이며, 이 앎에서 '알려지는 분'으로서 하나님으로부터 완전히 분리될 수 있는 '아는 자'를 전제하는 것은 불가능하다. '하나님 알기'에서 우리의 앎은 우리의 존재로부터 분리될 수 없다. 우리는 하나님과의 인격적인 관계 없이는 하나님을 알 수 없다. 그러므로 '하나님 알기(knowing God)'는 '하나님에 관해서 아는 것(knowing about God)'과는 전혀 다른 '인격적인 앎'이어야만 한다.

• 공동체적

둘째, 새로운 인식론에서 앎은 공동체적이다. 앎의 주체가 자율적 개인임을 강조하는 객관주의적 인식론과는 달리, 새로운 인식론은 앎의 공동체적 측면을 강조한다. 앎은 사회 문화적 상황으로부터 분리될 수 없다. 우리가 무언가를 알게 될 때는 상징, 비유, 언어를 통하게 되는데, 이것들은 사회 문화적으로 구성된 것들이다. 비객관주의적 객관성에 대한 새로운 인식론의 강조는 앎의 이러한 공동체적 특성과 관련된다. 인격적 지식이 주관주의적이지 않은 이유가 바로 인격적 지식이 공동체 안에서 공유되고 있기 때문이다. 모든 앎은 함께 아는 자가 있음을 전제한다.

'하나님 알기'에서의 앎은 공동체적이다. 하나님을 알 때에는 하나님을 '함께 아는 자들(co-knowers)'이 있다. '하나님 알기'는 단지 개인적인 고백만이 아니라 공동체의 고백이다. 기독교 신앙은 기독교 공동체 안에 뿌리박혀 있는 것이다. 공동체를 떠난 신앙과 '하나님 알기'

는 가능하지 않다.

• **상상적**

셋째, 새로운 인식론에서 앎은 상상적이다. 앎의 과정에서 상상을 배제하는 객관주의적 인식론과는 대조적으로, 새로운 인식론은 상상을 앎의 근본으로 인식한다. 우리는 오직 상상을 통해서만 우리의 경험을 인식할 수 있다. 상상 없이는 우리는 알 수도, 믿을 수도 없다. 상상이 사고, 감정, 의지, 가치를 포용하기 때문에 앎은 단지 '인지(cognition)'와 동일시될 수 없다. 앎은 전인을 포함하는 행위이다. 육화에 대한 강조 역시 상상적인 앎과 관련이 있다. 존슨에 의하면 육체적 경험으로부터 우러나오는 상상은 육체와 정신을 연결시켜 준다. 이러한 육화된 상상은 환상이나 낭만적 상상과는 구별되어야 한다. 육화된 상상은 문화적 상황과 공동체의 전통에 근거되어 있다.

우리가 하나님의 이미지를 통해서 하나님을 알 수 있다는 점에서 '하나님 알기'에서의 앎은 상상적이다. 하나님을 아버지, 왕 중 왕, 목자, 재판관, 연인 등으로 비유하는 것은 우리의 문화적 경험으로부터 나오게 되는데, 이들이 우리가 하나님을 아는 통로가 되는 것이다. 하나님의 개념 자체가 하나의 이미지이다. 이런 점에서 리처드 니버가 지적하듯이 그것을 통해 하나님이 알려지는 '계시'는 상상적이다.

• **참여적**

마지막으로 새로운 인식론에서 앎은 참여적이다. 앎에 있어서 조망적 의식을 강조하는 객관주의적 인식론과는 대조적으로 새로운 인식론은 알려지는 것에 대한 아는 자의 참여의 중요성을 강조한다. 알려지는 것에 대한 아는 자의 헌신이야말로 앎에 있어서 결정적인 역할을 한다.

더 나아가 헌신 없이는 아무것도 알 수 없다고 말할 수 있다. 모든 앎은 아는 자의 알려지는 것에 대한 헌신과 참여를 전제한다. 폴라니의 '암묵적 차원'의 개념과 존슨의 육화에 대한 강조, 슬로언의 앎에 있어서 의지와 의도성의 역할에 대한 강조는 앎의 참여적 성격을 분명하게 보여 주고 있다.

우리는 하나님과의 관계에 참여할 때만 하나님을 알 수 있기 때문에, 하나님 알기에 있어서 앎은 참여적이다. 우리 자신을 하나님께 헌신하지 않고서는 하나님을 알 수 없다. 이것이 개혁 신학의 전통에서 주장되는 바 하나님을 알기 위해서는 하나님에 대한 순종이 전제되어야 하는 이유이다.

요 약

4장에서 우리는 전통적인 서구 근대 인식론을 비판하고, 그 대안으로서 새로운 인식론의 경향이라고 할 수 있는 폴라니의 인격적 지식론, 존슨의 육화된 상상 이론, 슬로언의 통찰-상상 이론을 살펴보았다. 전통적 서구 근대 인식론은 객관주의적, 개인주의적, 실증주의적, 관객주의적인 반면, 새로운 인식론은 인격적, 공동체적, 상상적, 참여적 성격을 지닌다. 그러므로 서구 근대 인식론인 객관주의 인식론보다는 새로운 인식론이 '하나님 알기'에서의 앎의 이해에 적합하며, 새로운 인식론에 기초한 기독교 교육과정이 서구 근대 인식론에 기초한 교육과정보다 '신앙을 위한 기독교 교육'에 더 적절하다.[205] 더 나아가 새로운

---

205) 필자는 새로운 인식론이 '하나님 알기'에서의 앎의 특성들을 이해하는 데 통찰을 준다고 제안하지만 이것이 필자가 이들 인식론자들, 즉 폴라니, 존슨, 슬로언의 신학적

인식론은 전통적인 서구 근대 인식론에 뿌리박혀 있는 타일러식 커리큘럼 모델을 비판하는 데에 유용한 도구가 될 수 있으며, '하나님 알기'로서 신앙을 위한 새로운 기독교 교육 커리큘럼 모델을 제안하는 데에도 뛰어난 통찰을 제공한다.

전제들에 대해 동의하는 것을 의미하는 것은 아니다. 이들은 신학자들이 아니고, 이들 개개 이론이 암묵적으로 가정하고 있는 신학적 전제는 개혁 신학의 전통과 다를 수 있다. 그러나 이러한 인식론이 전통적인 서구 근대 인식론이 설명하지 못하는 '하나님 알기'에서의 앎의 특성을 이해하는 데에 도움을 주고 있음이 분명하다.

제  장

새로운 인식론의 영향을 받은 20세기 기독교 교육 이론들

이 장에서는 앞에서 논의한 새로운 인식론이 기독교 교육에 얼마나 큰 유익을 줄 수 있는지를, 이미 이러한 인식론에 근거하고 있는 세 종류의 기독교 교육 이론들을 검토해 봄으로써 알아보고자 한다. 그 세 가지 기독교 교육 이론은 파커 팔머(Parker Palmer)의 이론, 제임스 로더(James Loder)의 이론, 마리아 해리스(Maria Harris)의 이론이다. 이 중에서 팔머와 로더의 이론은 폴라니의 '인격적 지식론'의 영향을 받았고, 해리스의 이론은 앎의 상상적인 특성을 강조하는 예술적 인식론에 뿌리박고 있다. 이 세 기독교 교육 이론들은 '하나님 알기'로서의 신앙을 위한 새로운 기독교 교육 커리큘럼 모델을 고안하는 데에 상당한 통찰력을 준다.

이 장에서는 각 이론을 논의함에 있어서 먼저 각 기독교 교육 이론에 미친 새로운 인식론의 영향을 분석하고, 두 번째로 각각의 기독교

교육 이론에 나타난 앎과 가르침의 특성들을 살펴보고, 세 번째로 이러한 각 이론들이 기존의 전통적인 기독교 교육 커리큘럼의 대안으로 모색될 새로운 기독교 교육 커리큘럼 모델에 주는 시사점들을 찾아보고자 한다.

1. 팔머의 이론과 기독교 교육 인식론

1) 팔머의 이론에 대한 새로운 인식론의 영향

파커 팔머는 그의 책 『가르침과 배움의 영성』(*To Know As We Are Known*)에서 객관주의적 교육을 비판하고 새로운 인식론에 기초하여 대안적인 교육 모델을 제안하고 있다. 팔머의 앎에 대한 이해는 근본적으로 마이클 폴라니의 인식론에 뿌리박혀 있다고 할 수 있다. 팔머는 폴라니를 따라 지식은 심지어 과학적 지식마저도 객관주의적이고 개인주의적이기보다는 인격적이고 공동체적이라고 주장한다.

> 우리는 마이클 폴라니(Michael Polanyi)에게서 객관주의가 가장 면밀하게 폭로되는 것을 본다. 그는 모든 과학적 사실의 발견에는 과학자 개인과 과학자 공동체가 주관적으로 관여되어 있음을 보여 준다. 폴라니는 과학 실험의 데이터는 단순히 추상적 이론의 틀 내에서만 논리적 상관관계를 맺고 있는 것이 아님을 보여 준다. 데이터들은 과학자의 인격 안에서도 심리학적으로, 심지어 생물학적으로 상관관계를 맺고 있다. 우리의 감각과 이성뿐 아니라 신체와 개인적 역사도 포함하는 과정 속에서 상관 관계를 맺고 있는 것이다.[206]

---

206) Parker J. Palmer, *To Know as We Are Known*, 『가르침과 배움의 영성』(서울 : 한국기독학생회출판부, 2000), 55(원서 p. 28).

폴라니처럼 팔머도 과학적 지식조차도 "연구 대상인 물질 세계에 대한 과학자들의 인격적 내주(a personal indwelling)"에 기초하고 있다고 단언한다.[207] 폴라니와 팔머는 공히 앎의 주체와 객체 사이의 엄격한 분리를 전제하고 있는 객관주의를 비판한다. 객관주의는 앎에 있어서 인격적, 주관적, 직관적 요소들을 무시하는 경향이 있다는 것이다.

> 객관론의 경우 인식하는 자와 인식 대상 사이의 주관적 관계는 원시적인 것, 신뢰할 수 없는 것, 심지어 위험한 것으로 간주된다. 직관적인 것은 비합리적인 것으로 조롱되고, 진정한 느낌은 감상적인 것으로 매도되고, 이야기하기(storytelling)는 개인적이거나 무의미한 것으로 치부된다. 바로 이런 이유 때문에 음악, 미술, 무용은 학문적 서열에서 맨 밑바닥에 있고, '객관적' 과학은 맨 꼭대기에 있는 것이다.[208]

폴라니의 인식론에 기초하여 팔머는 서구 사회에서의 교육적 실천이 객관주의적이라고 비판받을 수 있음을 지적한다. 서구 전통적 교육은 '사실' '이론' '목표' '실재'와 같은 단어들을 강조하는 경향이 있다는 것이다. 이에 반해 팔머는 그러한 단어들 대신에 '진리'라는 단어에 초점을 맞추고 있다. 팔머에게 있어서 "진리 속에서 안다는 것은 우리가 인식하는 대상의 삶 속으로 들어가는 것이고 또한 그것으로 하여금 우리의 삶 속으로 들어오도록 허락하는 것이다."[209]

---

207) Ibid., 29.
208) Parker J. Palmer, The Courage To Teach : Exploring the Inner Landscape of a Teacher's Life (San Francisco : Jossey-Bass Publishers, 1998), 52.
209) Palmer, To Know as We Are Known, 31.

그에게 있어서 진리는 인격적인 것이다. 진리로 가득 찬 앎에 있어서 앎의 주체는 앎의 객체로부터 분리될 수 없다.

> 진정한 앎에서 우리는 (전근대적인 인식이 그러했듯이) 세계에 우리의 주관성을 주입하지 않으며 (근대적 인식이 그러하듯이) 세계를 우리로부터 멀찍이 떼어놓고 우리의 필요를 위해 조작하지도 않는다. 진정한 앎에서 인식 주체는 다른 인격, 피조물, 사물 - 우리의 지식이 우리로 하여금 알게 하는 모든 것 - 과의 충실한 관계의 공동체 안에서 공동의 참여자가 된다.[210]

객관주의와는 대조적으로 팔머는 '아는 것'은 '사랑하는 것'이라고 주장한다. 그는 앎의 기원에 대한 탐구를 통해 지식에는 두 가지 종류가 있음을 밝혀 내고 있다. 하나는 호기심과 통제를 기원으로 하는 것이고, 다른 하나는 연민과 사랑을 기원으로 하는 것이다. 그는 사랑하는 것으로서의 앎의 특징들을 다음과 같이 설명하고 있다.

> 사랑으로부터 발원하는 지식의 목표는 깨어진 자아와 세계의 재결합과 재구축이다.…여기서 앎의 행위는 곧 사랑의 행위이며, 타자의 실재 속으로 들어가 그것을 포용하는 행위, 타자로 하여금 자신의 실재 속으로 들어와 그것을 포용하도록 허락하는 행위다. 이러한 앎에서는, 우리는 하나된 공동체의 지체들로서 남을 알고 나를 알리며, 우리의 앎은 공동체의 유대를 다시 엮어 주는 방식이 된다.[211]

---

210) Palmer, 『가르침과 배움의 영성』, 60(원서 p. 32).
211) Ibid., 30(원서 p. 8).

그러나 팔머의 인식론은 지식에 대한 객관주의적인 접근을 전적으로 거부하는 것은 아니다. 그는 정신(mind)의 눈과 마음(heart)의 눈을 통합하는 '통전적인 시각(wholesight)'을 강조한다.[212] 그는 서구의 '이것이 아니면 저것이라는 사고방식(either-or thinking)'이 문제라고 지적한다. 그에 의하면 서구 이원론은 전체성을 파괴함으로 우리에게 실재에 대한 파편적인 느낌만 줄 뿐이다. 팔머는 진리는 통전적이라고 주장한다. 그에게 있어서 "진리는 세계를 이것 아니면 저것 식으로 분리시킴을 통해 발견되는 것이 아니라 세계를 이것과 저것 모두의 방식으로 포용함을 통해 발견되는 것이다."[213] 팔머의 통전적 시각으로 볼 때에 머리와 마음, 사실과 느낌, 이론과 실제, 가르침과 배움이 분리되지 않는다.[214]

2) 팔머의 이론에서의 앎의 특성

팔머의 이론에서의 앎의 특성은 그의 진리에 대한 이해에 잘 나타나 있다. 팔머의 진리(또는 지식)에 대한 이해는 앎의 인격적, 공동체적, 참여적 성격을 강조한다. 이는 팔머의 앎의 이해가 새로운 인식론에서의 앎의 네 가지 특성 중 앎의 '상상적' 특성을 배제하고 있다는 말은 아니다. 넓은 의미에서 팔머의 '공간' '침묵' '기도'에 대한 강조는 상상과 관련이 있다. 그러나 팔머는 '상상'이라는 개념을 직접적으로 사용하지 않으며 앎의 상상적 성격보다는 상대적으로 보다 강하게 앎의 인격적, 공동체적, 참여적 성격을 강조하고 있는 것이다.

---

212) *Ibid.*, xxiii.
213) Palmer, *The Courage to Teach*, 62-63.
214) *Ibid.*, 66.

• 인격적

팔머는 진리의 인격적 성격을 강조하고 있다. 팔머는 내가 곧 진리 (요 14 : 6)라고 하신 예수님의 말씀을 인용하면서 진리가 인격적임을 주장한다. 팔머는 "기독교적 이해에 있어서 진리는 인간 바깥 '그 어디에' 존재하는 대상이 아니며, 또 그런 대상에 대한 명제도 아니다."[215] 라고 주장한다. 그는 진리는 인격적이며, 인격적인 관계 안에서만 알려질 수 있다고 주장한다.

그리고 팔머는 알려지는 대상 안에 이미 아는 사람인 앎의 주체가 인격적으로 참여하고 있을 뿐만 아니라 앎의 주체 안에 알려지는 대상이 참여하고 있음도 동시에 강조한다. 이 점에서 팔머는 진리의 인격적 특성에 대한 그의 강조가 폴라니의 주장과는 구별될 수 있다고 주장한다.

> 폴라니의 이러한 통찰은 분명 "진리는 인격적이다."라는 견해와 유사하다. 그러나 기독교적 이해에 따르면 우리는 한 걸음 더 나아가야만 한다. 그리고 이것이 결정적인 걸음이다. 기독교적 이해에 따르면, 내가 진리와 진리를 향한 추구에 나 자신의 인격성을 투여할 뿐만 아니라 또한 진리가 나와 나를 향한 추구에 그 자신을 인격적으로 투여한다. 즉, "진리는 인격적이다."라는 말은 단순히 인식 주체의 인격이 인식 등식의 일부가 된다는 의미일 뿐 아니라, 인식 대상의 인격성도 관계로 들어간다는 의미이기도 하다. 내가 대상을 알기를 추구할 때, 또한 그 대상이 나를 알기를 추구한다. 바로 그것이 사랑의 논리다.[216]

즉, 팔머는 앎에 있어서 '쌍방의 움직임'을 강조한다. 그의 책 『가르

---

215) Palmer, *To Know as We Are Known*, 48.
216) Palmer, 『가르침과 배움의 영성』, 94(원서 pp. 58-59).

침과 배움의 영성』은 이러한 인격적 앎의 특성을 보여 주고 있다. 그러나 팔머의 인격성에 대한 강조는 그가 주관주의(subjectivism)를 지지하는 것을 의미하는 것은 아니다. 팔머는 객관주의처럼 주관주의도 위험한 것임을 지적하고 있다. 팔머에 의하면 실재는 '바깥에(out there)'에 있는 것(객관주의)이 아니고, 마찬가지로 '안에(in there)' 있는 것(주관주의)도 아니다. 팔머에게 있어서 진리는 '관계 안에(in relationship)' 존재하며 아는 자와 알려지는 것 사이의 대화 안에서 발견되어진다. 이러한 대화에 대한 강조는 그의 이론이 주관주의의 오류에 빠지는 것을 막아 준다. 팔머는 "이러한 대화는 주관주의로부터 인격적 진리를 구해 주는데, 왜냐하면 진정한 대화는 나의 감각과 필요에 감환될 수 없는 타인 안에서 통합(integrity)을 깨달을 때에만 가능하기 때문"[217]이라고 주장한다. 이 점에서 팔머에게 있어서 진리는 사적이거나 개인주의적이기보다는 공동체적이다.

• **공동체적**

팔머는 진리는 공동체적이고 앎은 공동체적 행위임을 강조한다. 그는 객관주의는 앎의 개인주의적 특성을 강조하는 경향이 있음을 지적한다. 객관주의에 있어서 "앎은 단독자로서의 개인, 즉 바깥에 존재하는 지식의 대상을 이해하고 해석하는 한 사람의 앎의 주체의 행위인 것처럼 보여진다."[218] 이러한 지식에 대한 객관주의적 이해는 반 공동체적이다. 그러나 팔머는 앎이 공동체적임을 주장한다.

---

217) Palmer, *To Know as We Are Known*, 55-56.
218) *Ibid.*, xv.

고립된 자아에 의해 이해될 수 있는 것은 아무것도 없는데, 이는 자아
란 그 자체가 본질적으로 공동체적이기 때문이다. 우리는 무언가를 인식
하기 위해서, 우리가 뿌리를 두고 있는 공동체의 합의에 의존한다. 이는
너무도 깊이 뿌리 박힌 합의여서 우리는 종종 무의식적으로 이것에 의존
한다.[219]

팔머의 앎에 대한 공동체적 이해는 실재가 공동체적이라는 인식에
기초해 있다. 그에게 있어서 "실재(reality)란 공동체적 관계의 망(web)
이고, 우리는 오직 그것과 더불어 공동체 안에 존재함으로서 실재를 알
수 있다."[220]

진리의 공동체(community)를 이해하는 첫 번째 단계는, 공동체가 실
재(reality)의 본질적 형태 혹은 모든 존재의 원형이라고 보는 것이다. 그
다음 단계는 실재의 본질에서 이행하여 그 본질을 어떻게 인식하느냐인
데, 우리는 우리 자신이 실재와 하나의 공동체를 이룸으로써 실재를 인식
할 수 있다.[221]

사실 팔머는 가르침에 대한 그의 정의를 공동체적 측면을 강조하는
관점에서 수정해 가고 있다. 그의 책 『가르치는 용기』에서 가르침을
"진리의 공동체가 실천되어지는 공간을 창조하는 것"으로 정의 내리고
있는데, 이는 그의 초기의 책 『가르침과 배움의 영성』에서 "진리에 대

---

219) Palmer, 『가르침과 배움의 영성』, 187(원서 p. xv).
220) Palmer, *The Courage to Teach*, 95.
221) Parker J. Palmer, *The Courage to Teach*, 『가르칠 수 있는 용기』(서울 : 한문화,
    2000), 170(원서 p. 97).

한 순종이 실천되어지는 공간을 창조하는 것"이라는 정의와 비교해 볼 때 보다 공동체성이 강조되고 있는 것이다. 팔머에게 있어서 공동체는 다음 네 가지 이슈에 대해서 분명히 중심적 위치를 차지하고 있다 - 실재의 본질(존재론), 어떻게 실재를 알 것인가(인식론), 어떻게 가르치고 배울 것인가(교수론), 그리고 어떻게 교육이 세상 안에서 우리의 삶을 형성하고 변형시키는가(윤리론).[222]

팔머의 공동체에 대한 이해는 인간들 간의 연결로 제한되지 않는다. 팔머에게 있어서 공동체는 인간들과 인간이 아닌 존재들과의 연결도 포함한다.[223] 팔머는 "우리는 물질 세계, 식물, 동물, 그리고 하나님과도 더불어 함께하는 공동체 안에 있다."[224]고 주장한다. 팔머는 공동체를 '위대한 존재의 연결 고리'로 묘사하는데 이것이 우리를 "우리를 창조하신 하나님과 연결시키고 모든 피조물들이 살아가고 있는 땅과 연결시킨다."고 보았다.[225] 팔머는 모든 앎은 공동체적 실재 안에서 연결되어 있다고 주장한다.

- **참여적**

팔머는 폴라니처럼 앎의 참여적 성격을 강조한다. 팔머는 가르침을 "가르치는 것은 진리에 대한 순종이 실천되어지는 공간을 창조하는 것"[226]으로 정의내리는데, 여기서 순종과 실천의 개념은 참여의 중요성을 드러내 주고 있다. 팔머는 앎을 순종과 연계시킨다. 그는 앎과 순종

---

222) Palmer, *To Know as We Are Known*, xiii.
223) Palmer, *The Courage to Teach*, 99.
224) Palmer, *To Know as We Are Known*, 57.
225) *Ibid.*
226) *Ibid.*, 69.

은 성경 안에서 서로 연결되어 있음을 지적한다. 하나님께 대한 순종 없이는 하나님을 알 수 없다. 우리는 우리 자신을 하나님께 헌신할 때에만 하나님을 알 수 있다. 이러한 순종이나 헌신은 참여와 동일시될 수 있다. 폴라니가 참여를 내주(indwelling)라고 부른 것처럼, 아는 자는 알려지는 것 안에 참여할 때에만 알 수 있다. 이러한 팔머의 순종에 대한 강조는 팔머의 이론에 있어서 앎이 참여적 성격을 지니고 있음을 보여 준다.

팔머의 인식론에서는 이론과 실천이 분리될 수 없다. 실천은 앎 후에 행해지는 그 무엇이 아니다. 실천 없이는 우리가 알 수 없다. 팔머의 앎의 참여적 성격에 대한 강조는 진리를 성육신으로 이해하는 데에서 잘 드러난다. 기독교 전통에서 진리는 '뜻이 통하는' 하나의 개념이 아니라 살아 있는 성육신이다. 우리의 지식이 찾고 있는 말씀은 하나의 언어적 구조물이 아니라 역사와 육체 안에서의 실재다.[227]

그러므로 팔머의 인식론에서 앎은 관찰이나 분석에 의해서 성취될 수 없다. 그에게 있어서 앎은 인간과 비인간의 유기체적 공동체 안에 앎의 주체가 참여하는 것이요 진리라고 불리는 돌봄과 책무의 네트워크에 참여하는 것이다.[228] 팔머의 인식론은 객관주의적 인식론과는 대조적으로 공동체적 실재 안에의 참여 없이는 우리가 아무것도 알 수 없음을 단언한다.

3) 기독교 교육과정에 대한 함의

팔머는 구체적인 커리큘럼 이론이나 커리큘럼 작성의 원칙을 제시하

---

227) *Ibid.*, 14.
228) *Ibid.*, 53-54.

고 있지는 않다. 그러나 새로운 인식론에 뿌리를 내리고 있는 팔머의 생각은 기독교 교육과정에 많은 통찰을 주고 있다. 가르침과 배움에 대한 팔머의 새로운 접근, 즉 앎에 대한 인격적, 공동체적, 참여적 이해는 그 중심적 관심이 '하나님 알기로서의 신앙'인 기독교 교육 커리큘럼의 새로운 이미지를 우리에게 제공하고 있다.

• 공동체적 가르침과 배움

팔머는 가르침과 배움은 개인주의적이고 경쟁주의적이기보다는 공동체적이고 협동적이어야 한다고 주장한다. 실재 그 자체는 공동체적이기 때문에 교과 내용을 암기하는 것보다는 교사들, 학생들, 교재들 사이의 상호 작용이 교육에서 중요하다.

팔머는 전통적인 교실이 아는 자(학생)를 다른 아는 자들(학생들)과 교과로부터 분리하는 경향이 있음을 지적하고 있다. 교실에 모이는 것(gathering)만으로는 공동체가 되는 충분 조건이 아니다. 진리가 공동체적이요 가르침과 배움이 공동체적 과정임을 인식하는 것이 중요하다. 팔머는 "객관주의에서는 공동체에 대한 근거도 없고 알고 알려지는 것을 상호적, 상호 작용적으로 추구해야 하는 당위성도 없다."고 말한다.[229] 새로운 인식론에 기초해서 팔머는 공동체적 가르침과 배움이 촉진되는 교실을 창조할 필요가 있음을 주장한다. 공동체적 배움의 한 예로서 팔머는 '합의에 의한 학습'을 제안한다.

여기서 일어나고 있는 것은 무엇인가? 사람들은 합의를 통한 탐구를 통해 '진리에 대한 순종을 실천'함으로써 학습하고 있는 것이다. 즉, 그

---

229) *Ibid.*, 37.

들은 서로 및 당면 주제에 신실하게 귀 기울이고 응답함으로써 학습하고 있다. 그들은 개인주의적이거나 경쟁적이 아닌, 공동체적이고 협조적인 교육과정을 사용하고 있다. 그것은 실재 자체의 공동체적 본질을 반영하는 교육과정이다.[230]

이러한 합의 학습에서는 개인적 진리는 무시되는 것이 아니라 공동체적 진리에 의해서 확립되고 수정된다. 합의 학습을 통해 학생들은 사실들만을 배우는 것이 아니라 서로를 관련시키는 방식을 배운다. 이것은 개인적 사실들을 넘어서, 공동체들 사이에 존재하는 진리를 붙잡는 방식이다. 공동체적 가르침과 배움에 대한 팔머의 강조는 새로운 교수 방법만이 아니라 앎과 가르침의 공동체적 특성을 실현시키는 새로운 기독교 교육과정을 요청하고 있다.

• 잠재적 교육과정

팔머는 잠재적 교육과정의 중요성을 부각시키고 있다. 팔머에 의하면 전통적인 교육은 명시적 교육과정만을 강조하는 경향이 있어 왔다. 전통적으로 교육은 객관적으로 '바깥'에 존재하는 명백하고 객관적인 지식을 전수하는 것으로 간주되어 왔다. 동시에 전통적인 교육에서는 교실 내면에서, 그리고 교사와 학생 내면에서 이루어지는 삶의 실재는 중요하지 않은 것으로 여겨져 왔다.[231] 그동안 우리는 우리가 자연과 역사의 부분인 것을 간과해 왔다고 지적하면서, 팔머는 새로운 인식론에 근거하여 "진리는 실재에 대한 진술이 아니라 우리 자신과 세상 사이의

---

230) Palmer, 『가르침과 배움의 영성』, 138(원서 p. 94).
231) Ibid., 34.

살아 있는 관계임"²³²⁾을 주장한다. 그러므로 학생들, 교사들, 환경들 사이의 상호 작용은 커리큘럼의 일부분으로 인정되어야 한다. 순수 객관적인 지식이 기계적이고 가치 중립적이고 측정 가능한 방식으로 가르쳐질 수 있다는 주장은 더 이상 사실이 아니다. 오히려 "교실은 분리된 장소가 아니라 통합적이고 상호 작용적인 실재의 한 부분"로 간주되어야 한다.²³³⁾ 이런 맥락에서 팔머는 '바깥에 거기'와 '안에 여기'는 더 이상 분리될 수 없음을 지적한다.

전통적인 교육, 특히 타일러식 커리큘럼 모델과는 대조적으로, 팔머의 '교실 안에 숨겨진 실재'에 대한 강조는 앞으로 우리가 논의할 새로운 인식론에 기초한 새로운 기독교 교육과정이 명시적 교육과정만이 아니라 잠재적 교육과정도 포용하여야 함을 암시하고 있다. 교사와 학생들 사이, 학생들과 학생들, 학생들과 교과, 학생들과 환경 사이의 상호 작용은 기독교 교육의 새로운 커리큘럼 모델에서 중요한 요소들로 고려되어야 할 것이다.

• 공간을 창조하기

팔머의 공간 개념은 기독교 교육에 매우 중요한 통찰을 준다. 그에게 있어서 가르침은 학생들이 그 안에서 변형되어질 수 있는 공간을 창조하는 것이다. 공간은 그 안에서 성령께서 은혜로 충만히 역사하는 장소다. 이 공간은 물리적 공간이거나 개념적 공간이거나 또한 극적인 공간일 수 있다.²³⁴⁾ 팔머에 있어서 교실의 물리적 배치는 학습에 있어서 매

---

232) *Ibid.*, 35.
233) *Ibid.*
234) *Ibid.*, 75-79.

우 큰 영향력을 지닌다. 팔머는 학생들 사이에서 개방적인 공간을 창조하기 위해서는 의자들을 원형으로 배치할 것을 제안한다. 물리적인 공간을 창조하는 것은 교사, 학생, 교과 간의 상호 작용을 돕는다. 또한 팔머는, 교사는 말을 통해 개념적인 공간도 창조할 수 있음을 지적한다. 소위 '거룩한 독서(lectio divina)'라는 수도원에서의 읽기는 개념적 공간의 한 예다. 수도원 학교들에서 수도사들은 몇 시간, 며칠 동안 한 문장 또는 한 페이지의 내용에 잠기는 거룩한 독서법을 수행한다.[235] 이러한 독서는 그 안에서 수도사 학생들이 진리를 만나는 공간을 창조한다.

또한 팔머는 교사는 강의를 통해서도 개념적 공간을 창조할 수 있다고 말한다. 단순한 데이터를 제시하기보다는 대안적 이론들을 제시함으로써 학생들이 배움을 위한 도전을 받도록 공간을 개방할 수 있다.[236] 물리적, 개념적 공간 외에도 팔머는 우리가 극적인 공간을 창조할 수 있다고 말한다. 극적인 공간은 교사의 카리스마나 배우로서의 능력에 의해 창조되는 것이 아니다.[237] 오히려 팔머는 교사가 청중을 극적인 상황, 그 안에서 학생들이 뜻을 분별하고 상호 진리를 말하는 기술을 배울 수 있는 상황 속으로 인도함으로써 극적인 공간을 창조할 수 있다고 보았다.[238] 팔머에게 있어서 공간을 창조한다는 것은 가르치는 것 자체와 동일시될 수 있다.

팔머의 주장에 의하면, 공간을 창조하기 위해서는 교사가 학생들을 '환대(hospitality)' 하는 것은 중요하다. 그에게 있어서 환대는 개방성

---

235) *Ibid.*, 76.
236) *Ibid.*, 78.
237) *Ibid.*, 79.
238) *Ibid.*

과 돌봄을 지니고 서로를 받아들이고, 서로의 갈등과 새로운 아이디어를 받아들이는 것을 의미한다.[239] 환대는 그 안에서 배움의 공동체가 형성되는 그런 에토스를 창조한다. 팔머는 "환대는 단지 도덕적인 덕목이 아니라 인식론적 덕목"[240]이라고 주장한다. 왜냐하면 환대는 사람들이 진리를 향해 마음을 열고 그 진리를 알 수 있도록 돕는 에토스를 창조하기 때문이다.

팔머는 또한 감정을 위한 공간의 중요성을 강조한다. 팔머는 "우리의 느낌은 우리의 지성보다 진리를 더 잘 드러낼 수 있는데, 왜냐하면 우리의 지성은 사물을 분석하고 분할하지만 우리의 감정은 관계성에 도달하게 하기 때문이다."[241] 그러므로 교사는 감정이 일어나고 다루어지는 정서적 공간을 고려해야 한다.

팔머의 공간 창조, 환대, 감정에 대한 강조는 기독교 교육의 새로운 커리큘럼 모델은 인지적인 영역만이 아니라 감성적인 영역까지 포함해야 한다는 통찰을 준다. 더 나아가 가르침을 공간을 창조하는 것으로 보는 가르침에 대한 이해는, 기독교 교육이 지식을 전수하거나 정보를 저축하는 것이 아니고, 리처드 오스머(Richard Osmer)가 말하듯이 "그 안에서 신앙이 일깨워지고 지원되고 도전되는 상황(context)"을 창조하는 것임을 확인해 주고 있다.[242] 그리고 이러한 이해는 신앙을 위한 기독교 교육 커리큘럼의 모델이 가르침을 은혜의 통로로 인식할 것을 요청하고 있다.

---

239) *Ibid.*, 73.
240) *Ibid.*, 74.
241) *Ibid.*, 85.
242) Osmer, *Teaching for Faith*, 15.

• 침묵과 기도

『가르침과 배움의 영성』(To Know As We Are Known)의 부제인 '영적 여정으로서 교육(Education As a Spiritual Journey)'은 팔머가 교육의 영적 차원을 강조하고 있음을 보여 준다. 객관주의 인식론과는 대조적으로 새로운 인식론에 뿌리박혀 있는 팔머의 앎에 대한 이해는 침묵, 고독, 기도의 교육적 의미를 드러내 주고 있다. 팔머는 "말은 귀중한 선물이자 없어서는 안 될 도구이지만, 우리의 말은 너무도 자주 진리를 회피하는 수단이자 실재를 사욕대로 재구성하는 것을 도와주는 수단이 된다."[243]고 주장한다. 말은 너무 자주 우리를 분리시키지만 침묵은 통합시킨다. 팔머는 침묵의 중요성을 다음과 같이 강조하고 있다.

> 침묵 속에 있으면 이 과잉 분석된 세계의 저변에 놓여 있는 진리의 통일성과 우리와 다른 사람들 그리고 우리가 거하고 연구하는 이 세계 사이의 관계성을 더 잘 감지할 수 있게 된다….
> 그러나 나는 침묵을 통해서, 대답보다 질문을 하는 것이 좋을 때가 많다는 사실을 배웠다. 침묵이 우리에게 질문하기를 가르치는 것은 당연하다. 왜냐하면 침묵이 질문 자체이기 때문이다. 침묵 속에서 나는, 학생들이 교사의 권위 있는 말에 귀기울이는 것이 아니라 그들 자신의 경험, 상대방과 다루고 있는 주제에 귀 기울일 수 있는 공간을 열어 주는 질문들을 하는 법을 배웠다.[244]

엘리엇 아이즈너의 커리큘럼 분류에 의하면, 침묵은 영 커리큘럼(Null curriculum)의 부분으로 간주될 수 있다. 공식적인 학교에서는

---

243) Palmer, To Know as We Are Known, 80.
244) Palmer, 『가르침과 배움의 영성』, 122 - 123(원서 pp. 81 - 82).

침묵은 가르침의 방법으로 고려되어지지 않는다. 가르침은 강의를 포함한 말과 동일시되어 왔다. 그러나 교육에 있어서 공간의 중요성을 강조한 팔머는 침묵을 가르침의 중심에 위치시키고 있는 것이다.

팔머는 또한 기도를 앎의 한 모형으로 제안한다. 기도에 대한 그의 강조는 기도에 대한 신학적 이해와는 구별되어야 한다. 팔머는 기도가 그 안에서 "자아와 다른 사람, 인간과 비인간, 보이는 것과 보이지 않는 것이 내면적으로 서로 융합되는" 소중한 공간을 창조한다고 주장한다.[245] 또한 팔머는 "기도 안에서 내가 알 뿐만 아니라 알려진다는 것을 깨닫기 시작한다."[246]고 말하고 있다. 그는 기도가 우리에게 겸손한 마음을 준다고 믿는다. 기도 안에서 "세상을 분리하고 정복하고 파괴하는 우리의 교만한 지식이 겸손해진다."[247] 더 나아가 기도 안에서 우리는 '초월적 성령'과 접촉할 수 있는 '궁극적 공간'을 발견할 수 있다.[248]

팔머의 침묵과 기도에 대한 강조는 기독교 교육의 새로운 커리큘럼 모델이 영성 훈련의 중요성을 고려해야 함을 암시하고 있다. 그것은 교사, 학생, 교과 사이의 수평적 관계를 넘어선 초월적 차원을 인식할 것을 요청한다. 신앙을 위한 새로운 기독교 교육 커리큘럼 모델은 영적, 초월적, 신비적 차원을 포용해야 할 것이다.

• 교사의 영성

객관주의적 교육에서 교사가 지식을 효과적으로 전수하는 한, 교사의 인성, 성격, 영성은 그렇게 중요한 요소로 인정되지 않는다. 그러나

---

245) *Ibid.*, 11.
246) *Ibid.*
247) *Ibid.*, 125.
248) *Ibid.*, 124.

새로운 인식론의 근거 위에서 팔머는 교육에서 교사의 영성의 중요성을 드러내 주고 있다. 팔머에 있어서 겸손, 신앙, 존경, 사랑, 개방성을 포함하는 교사의 인성적 덕목들은 또한 인식론적 덕목들이 되는 것이다.[249] 이 점에서 "교사들이 누구냐"의 문제가 "교사가 무슨 지식을 갖고 있고 어떻게 가르치느냐"만큼이나 중요하다.[250] 이 점에서 교수론(pedagogy)은 인식론(epistemology)과 존재론(ontology)과 분리될 수 없다. 새로운 인식론의 앎의 인격적, 공동체적, 참여적 특성에 대한 강조는 교사의 변화된 마음이, 가르치는 기술이나 전략보다 더 중요함을 말해 주고 있다.

팔머는 교사들에게 침묵, 고독, 기도를 포함한 영적 훈련들이 필요함을 강조한다.[251] 침묵은 우리에게 세상에 대한 지식을 주는 반면에, 고독은 우리에게 우리 자신에 대한 지식을 준다.[252] 팔머는 고독은 단지 다른 사람들이 없는 상태를 의미하는 것이 아니라 우리의 일상의 규칙들, 의존하는 것들, 역할들로부터 떠나가는 것을 의미한다.[253] 마지막으로 팔머는 교사는 기도하는 교사가 되어야 한다고 주장한다. 기도를 통해 우리는 우리와 세계를 묶어 주는 영적인 연대를 깨닫는다. 깊은 기도 속에서 우리는 우리가 알려지는 것처럼 알기 시작할 수 있다.

---

249) Ibid., 108.
250) 팔머는 교사 어떤 다른 교육 자료보다도 중요하다고 강조한다. 그는 "보다 많은 자원이 객관적인 자료 개발보다 공동체 안에서 학습을 사랑하는 교사들의 자기 정체성, 훈련, 영성 형성을 위해 투자된다면 교회의 교육적 사역이 크게 향상될 것"이라고 주장한다(Parker Palmer, "Learning is the Thing for You," Weaving 4, (Sept.-Oct. 1989) : 16.).
251) Palmer, To Know as We Are Known, 117.
252) Ibid., 121.
253) Ibid.

팔머의 교사의 영성에 대한 강조는 교사의 인격적 요소가 가르침과 분리될 수 없음을 함의하고 있다. 팔머는 교사의 앎과 행위처럼 교사의 존재의 중요성을 강조한다. 이것은 신앙을 위한 기독교 교육의 새로운 커리큘럼 모델에 있어서 가르침의 교수론적, 인식론적 측면만이 아닌 가르침의 존재론적 측면을 고려해야 함을 요청하고 있다.[254]

팔머의 공동체적인 가르침과 배움, 잠재적 교육과정, 공간을 창조하기, 침묵, 기도, 교사의 영성에 대한 강조는 앎의 인격적, 공동체적, 참여적 성격을 강조하는 그의 앎에 대한 이해에 근거해 있으므로 새로운 기독교 교육 커리큘럼을 모색하는 데에 많은 단서를 제공하고 있다. 이들 각각의 앎의 특성들은 직·간접적으로 서로에게 관련되어 있지만 특별히 공동체적 가르침과 배움은 앎의 공동체적 성격과 관련되고, 침묵, 기도, 교사의 영성에 대한 강조는 앎의 인격적 특성과 관련되며, 잠재적 교육과정과 공간 창조에 대한 강조는 앎의 참여적 성격과 관련된다.

2. 로더의 이론과 기독교 교육 인식론

1) 로더의 이론에 대한 새로운 인식론의 영향

제임스 로더(James Loder)의 기독교 교육 이론은 간학문적(interdisciplinary)이어서 그의 이론의 기초를 파악하는 것은 쉬운 일이 아니다. 로더의 이론은 그가 진술하듯이 맥스웰(Clerk Maxwell), 아인슈타인(Albert Einstein), 괴델(Kurt Gödel), 보어(Niels Bohr) 등을 포함하

---

254) Ibid., 125.

는 과학자들과 프로이트(Sigmund Freud), 안나 프로이트(Anna Freud), 에릭슨(Erik Erikson), 피아제(Jean Piaget), 콜버그(Lawrence Kohlberg), 길리건(Carol Gilligan), 융(Carl G. Jung), 울라노프(Ann Ulanov) 등을 포함한 심리학자들[255], 그리고 판넨베르크(Wolfhart Pannenberg), 바르트(Karl Barth), 토렌스(Thomas F. Torrance), 헨드리(George Hendry) 등을 포함한 신학자들과 관련된다. 그들 중에서 토렌스의 신학적 인식론은 로더의 이론에 가장 큰 영향을 미친 인식론적 기초들 중 하나라고 할 수 있다. 로더는 그의 책 『신학과 과학에서 성령의 관계적 논리』(The Knight's Move : The Relational Logic of the Spirit in Theology and Science)에서 토렌스의 사상이 그의 연구의 가장 중요한 지침이 되었다고 말한다.[256] 그런데 토렌스의 신학적 인식론이 마이클 폴라니에게서 강하게 영향받았기에 로더의 기독교 교육 이론은 결국 폴라니의 인식론에 직·간접적으로 근거되어 있다고 말할 수 있다. 로더 자신도 폴라니의 '인격적 지식론'이 자신의 이론에 있어서도 결정적인 주제가 되고 있다고 다음과 같이 언급한다. "이 책(The Knight's Move)의 중심 주제는 모든 인간 지식이 인격적 지식으로 가장 잘 특징지어진다는 마이클 폴라니의 묵시적인 기독교적 확신이 발전된 것이다."[257] 로더는 그의 책 『삶이 변형되는 순간』에서 폴라니의 말 "우리는 우리가 말할 수 있는 것보다 더 많은 것을 알고 있다."를 인

---

255) James Loder, The Logic of the Spirit : Human Development in Theological Perspective (San Francisco : Jossey-Bass, 1998), 20.
256) James Loder and W. Jim Neidhart, The Knight's Move : The Relational Logic of the Spirit in Theology and Science (Colorado Springs : Helmers & Howard, 1992), 8.
257) Ibid., 2.

용하면서 앎에 있어서 '암묵적 요소'의 중요성을 강조하고 있다.[258] 또한 로더는 그의 최근 책이라고 할 수 있는 『성령의 논리』(The Logic of the Spirit : Human Development in Theological Perspective)에서 폴라니를 따라 앎의 인격적 특성을 강조하고 있다.

> 목적과 의미의 이슈들은 인간 본성에 아주 중심적인 것이어서, 그들은 실험적으로 고안된 연구들에서조차도 괄호로 묶을 수 없는 것이다. 진실로 그것들은 연구되는 주제들만이 아니라 탐구자들 위에도 영향을 미친다. 그들의 영향은 자주 증명되었듯이 암묵적이거나 검증되지 않는 것이다. 폴라니는, 모든 지식은 물리학에서조차도 인격적 지식이라는 것과 그러므로 어떤 탐구 안에 있는 연구 대상이 사람일 때 그 연구 대상이 그들의 행동에 관한 어떤 '진리'에 도달하는 방법으로서 비인격화되고 객체화되어야 한다면 그것은 이중의 아이러니라는 것을 보여 주었다.[259]

로더의 과학과 신학의 관계에 대한 이해는 그의 사상이 새로운 인식론에 의해 영향 받았음을 보여 주고 있다. 객관주의나 과학주의의 주장과는 대조적으로, 로더는 과학과 신학이 서로 상치되는 것이 아니며 오히려 보완적인 것이라고 주장한다. 로더는 과학은 오랜 기간 왜곡되어져 왔음을 지적한다. 특별히 로더는 근대 과학의 근본적인 편견을 드러내 보여 준다. 그는 과학을 기술 공학과 구별하는데, 그에게 있어서 "과학은 관찰을 의미 있는 이해의 수준으로 이끌어 갈 수 있는 해석적 틀 안에서 탐구를 통해 설명을 추구하는 인간 행위"로 정의될 수 있고,

---

258) James Loder, *The Transforming Moment* (Colorado Springs : Helmers & Howard, 1989), 30.
259) Loder, *The Logic of the Spirit*, xi - xii.

기술 공학은 "물질적인 이익을 위해 수행되는 행위"로서 정의될 수 있다.[260] 로더는 근대주의 안에서 과학은 "기본적으로 기술 공학적인 렌즈를 통해 세상을 보는 경향이 있다."고 주장하면서 과학에 대한 기술 공학적인 왜곡이라는 심각한 문제점을 지적하고 있다.

> 과학의 기술적 측면에서 과학을 이해하는 것은 과학의 의미를 물질적 질서를 조작하는 것으로 축소시켰다. 그리하여 '과학과 기술'은 과장된 신화적 힘을 지니면서 그 세계관 안에서는 목적과 수단 사이의 체계적인 관계에 대한 인간의 통제가 목적과 의미의 이슈들을 억제하는 하나의 '끝이 잘린 세계관'을 창조한다. 하나의 기술적인 전망으로부터 나올 수 있는 유일한 형이상학은 하나의 닫힌 체계의 결정론(a closed-system determinism)이다. 그러한 경우에 신학과의 대화는 침묵하게 되고 그 결과로 오는 문화적 결과들은 분리와 비인간화이다.[261]

로더에게 있어서 기술 공학적으로 왜곡된 과학과는 대조적으로 '진정한 과학'은 "충분히 인간적이고 개방된 실체이다."[262] 로더는 맥스웰과 아인슈타인, 괴델, 보어를 포함한 일단의 최근 과학자들이 의미와 목적의 이슈들과 내적으로 연결되어 있는 진정한 과학에 대한 이해를 회복해 가고 있다고 말한다.[263]

로더에 의하면 신학과 과학은 대화를 위해 하나의 인식론적 토대를 발견하는 것을 요청하고 있다. 키르케고르, 바르트, 토렌스에 기초해서

---

260) Loder and Neidhart, *The Knight's Move*, 3.
261) Ibid., 4.
262) Ibid., 5.
263) Ibid., 6.

로더는 신학과 과학의 대화를 위한 하나의 해결책의 열쇠로서 '영(spirit)'을 제안한다. 로더는 영을 '관계성(relationality)'으로 이해한다.[264] 그는 관계성의 의미를 소위 뫼비우스 곡선이라고 불리는 '이상한 고리(strange loop)' 모델을 사용하여 설명한다.[265] 뫼비우스 곡선은 곡선 안에서 180도 굽어진 모양을 통해서 양극의 관계적 통일성을 나타내고 있다.[266]

[그림 2] 인간의 영과 성령과의 관계[267]

---

264) 로더는 '관계성(relationality)'을 '관계(relationship)'와 구분한다. 그에 의하면 관계성은 관계와 유사하지만 같은 의미는 아니다. 관계는 양극에 의해서 유지되어지는 연계(connection)를 의미하는데 관계성은 이 관계가 일어날 때 그 두 양극을 정의하고 유지하는 방식을 지칭한다.
265) 뫼비우스 곡선은 심리 신경학자인 Paul J. Möbius의 조부에 의해서 발명되어졌는데, 뫼비우스 곡선은 신경학적이고 심리학적인 실재들을 상호 연계시켜 하나로 통합하는 모델이었다.
266) Ibid., 55.
267) 이 다이어그램에서 ---▶ 표시는 '근거가 되고, 형성하고, 인도하고, 통제하고, 유지하고, 동기부여하는' 것을 의미하며, ──▶ 표시는 '무엇에 대해 반응적이며, 의존하며, 지향하는' 것을 의미한다.

로더는 신학적인 차원(성령)과 과학적인 차원(인간의 영)을 관계성의 개념으로 통합시키려고 시도한다. 로더에게 있어서 신학적 차원과 과학적 차원은 두 가지 구별되는 차원이지만 그 둘이 양극적 관계의 통일성을 이룬다는 것이다. 로더는 폴라니의 인격적 지식론이 앎의 관계성을 드러내 주고 있다고 주장한다. 폴라니의 인격적 지식론에서 앎의 과정은 두 가지 다른 그러나 상호 의존적인 인식의 형태로 구성되어 있는데, 그것은 암묵적 인식과 초점적 인식이다. 즉, 이 두 가지 인식 사이에는 상호 교호성이 있다는 것이다.

로더는 상상을 관계성의 관점에서 이해한다. "뫼비우스 곡선에서의 뒤틀림은 상상에 의해서 특징적으로 수행될 수 있다."는 것이다.[268] 로더의 개념인 '양자 융합(bisociation)'은 그의 이론에서 상상의 의미를 드러내 준다. 그는 '양자 융합'을 "두 가지 공존할 수 없는 준거틀이 하나의 근본적이고 의미 있는 통일체를 구성하기 위하여 놀라운 일치를 이루는 것"으로 정의한다.[269]

> 그렇지 않으면 분리되는 두 요소들의 양자 융합(bisociation)은 때때로 의식적으로 무의식적으로 분리되어 있기도 하는데, 이 양자 융합은 이미지와 상징과 비유와 신화를 창조한다. 그렇지 않으면 밋밋하고 평평한 이성적 담화 또는 기술적 연속성을 비틀어 변형적 힘을 가지는 상상력이 풍부한 사건들로 만들어 내면서 말이다. 이러한 사건들은 과학적 발견과 신학적 통찰의 핵심인데, 그들은 인간의 경험에 생기를 불어넣는 눈에 보이지 않는 영적 생활의 가시적 표현이다.[270]

---

268) *Ibid.*, 240.
269) *Ibid.*, 309.
270) Loder & Neidhart, *The Knight's Move*, 240.

양자 융합(bisociation), 관계성, 양극의 관계적 통일성의 논리는 로더의 '확신적 앎(convictional knowing)'과 '상상적 도약(imaginative leap)'에 대한 이해가 근거하고 있는 기초라고 할 수 있다. 상상적인 도약은 그것을 통해 신적 차원과 인간적 차원이 연결되는 양자 융합이며 뫼비우스 곡선에서의 뒤틀림인 셈이다. 확신적 앎은 양극의 관계적 통일성으로서의 관계성을 경험하는 것인데 그로 인해서 인간이 하나님을 알게 되는 것이다.

기본적으로 새로운 인식론에 뿌리박혀 있는 로더의 인식론[271]은 객관주의적 인식론을 비판한다. 서구의 이원론은 철학의 헬라적 기원으로부터 발생하였는데 정신과 육체 사이의 데카르트적 이원론으로 형성되었고, 베이컨의 경험주의에 의해서 과학으로 심화된 것이라고 로더는 분석한다. 이러한 이원론은 뉴턴의 물리학과 마침내 칸트의 이원론에 의해서 절정에 달하는데 칸트는 현상과 본질을 분리하고 신앙과 이성을 분리하고 있다. 더욱이 로더는 이러한 인식론적 이원론은 어거스틴(Augustine of Hippo)과 토마스 아퀴나스(Thomas Aquinas), 루터(Martin Luther)와 같은 신학자들에 의해서 강화되어졌다고 주장한다. 로더는 신학과 과학에 있어서 인식론적 이원론과 우주론적 이원론은 근대 문화의 두 가지 중요한 영역에서 혼돈과 분절을 가져왔다고 주장

---

271) 로더의 인식론이 새로운 인식론에만 완전히 기초되어 있는 것은 아니다. 왜냐하면 로더의 인식론은 새로운 인식론자들만이 아니라 많은 신학자들과 심리학자들에 의해 영향을 받고 있기 때문이다. 그러나 로더의 인식론은 폴라니의 '인격적 지식론'을 포함한 새로운 인식론에 깊이 뿌리박혀 있는 것이 사실이다. 넓은 의미에서 로더의 인식론은 폴라니의 인식론에 대한 개혁 신학적 전통에 입각한 신학적 재해석으로까지 볼 수 있을 것이다. 여기에서의 논의는 로더의 이론 중 이렇듯 새로운 인식론에 영향받은 부분으로 제한된다.

하는데 하나는 아는 주체와 알려지는 우주 사이의 분리이고, 다른 하나는 창조된 질서와 창조주 사이의 분리이다.[272]

결론적으로 로더는 아는 자와 알려지는 것 사이, 창조된 질서와 창조주 사이, 과학과 신학 사이의 분리가 더 이상 존재하지 않는 대안적 인식론을 제안한다. 로더의 이 관계성, 확신적 앎, 상상적 도약의 개념들은 우리들에게 이원론적 인식론의 한계를 극복하려고 시도하는 로더의 인식론과 그 앎의 특성들을 보여 준다.

2) 로더의 인식론에서의 앎의 특성들

로더의 인식론의 특성은 인격적이고, 상상적이고, 참여적이다. 그렇다고 로더의 앎의 이해는 새로운 인식론의 네 가지 특성들 가운데 공동체적인 특성을 무시하지는 않는다. 로더는 확신적인 경험이 일어나는 사회적 상황으로서 코이노니아의 중요성을 강조하고 있다.[273] 그렇지만 그의 이론은 공동체적 또는 사회적 변형보다는 개인적 변형에 초점을 맞추고 있다고 보는 것이 정확할 것이다. 그의 기독교 교육에 대한 접근은 사회학적이기보다는 심리학적이다. 이런 점에서 로더의 인식론의 세 가지 특징으로 인격적, 상상적, 참여적 성격을 논의하려고 한다.

• 인격적

로더의 '확신적 앎'의 개념은 앎의 인격적 차원을 강조한다. 그것은 아는 자와 알려지는 자(것) 사이의 인격적인 관계가 중요함을 함의하고

---

272) Ibid., 31.
273) Loder, The Transforming Moment, 193-196.

있다. 확신적 앎은 '무엇에 관해서 아는 것(knowing about)'과는 구별되는 것이다. 마틴 부버의 용어를 빌리자면 확신적 앎은 '나와 그것'의 관계이기보다는 '나와 너'의 관계다. 로더는 "확신적 앎은 기독교에 관해서 아는 것과 기독교인이 되는 것 사이를 구조적으로, 그리고 역동적으로 연결시키는 고리로 묘사될 수 있다."고 말한다.[274] 특별히 그는 아는 자와 알려지는 것 사이에 친밀한 관계가 있음을 강조한다. 확신적 앎에서 이 관계는 자아와 그리스도와의 영적 관계를 의미하는데 이것을 로더는 다음과 같이 설명하고 있다.

> 확신 체험의 요체는 우리의 자아가 그 '원천(하나님)'과 매우 긴밀한 관계에 있다고 하는 사실이다. 자아와 원천 사이에 있던 단절의 제거, 그 둘 사이의 내면적인 대화의 확립, 그리스도의 조명하심, 그리스도와 함께 나누는 기쁨 및 그리스도의 백성과 그 문화 속으로의 진입 등은 모두 이와 같은 긴밀한 관계를 말해 주고 있는 표상들이다. 그리고 이 모든 것들이 계속되고 있는 그리스도와의 영적인 친교의 내용들이다. 그리고 확신 체험은 모든 그리스도인들을 이러한 친교 속으로 들어오라고, 그것도 단 한 번에 그치지 말고, 그들의 일생을 통해 계속해서 그렇게 하라고 부르고 있다.[275]

로더의 인식론에서는 팔머의 인식론에서처럼 아는 것은 사랑하는 것을 의미한다. 로더는 성경에 있어서 "앎은 사랑의 궁극적 본성과 방식에 대해 하나의 원형으로 인식되는 성적인 관계와 같은 것"이며 "사랑

---

274) Ibid., 121.
275) James E. Loder, The Transforming Moment, 이기춘 · 김성민 공역, 『삶이 변형되는 순간』(서울 : 한국신학연구소, 1988), 204(원서 p. 122).

을 주려고 하는 열망"은 의식보다 더 깊은 것이라고 말한다.[276] 더욱이 로더는 '하나님의 형상(imago Dei)'의 의미를 관계의 관점에서 해석하는데 "인간의 영으로서 하나님의 형상은 인간 본성의 핵심에 있는 관계성을 의미하는데, 이 관계성은 인간이 하나님과 맺는 관계다."[277] 로더에게 있어서 인간은 하나님과 인격적인 관계를 맺어야 하는 관계적인 존재로 창조함을 받은 것이다.

• 상상적

로더는 『삶이 변형되는 순간』에서 앎의 상상적 특성을 강조한다. 로더는 후에 사도 바울이 된 사울의 '삶의 변형'으로서의 회심을 '상상적 도약(imaginative leap)'으로 설명하고 있다.

> 왜냐하면 사울이 그리스도의 현존을 환상 가운데 보았던 사건에서 그리스도가 먼저 사울의 환상을 불러일으키게 하는 역할을 맡아 수행하였기 때문이다. 그러나 그 사실은 또한 사울이 그리스도를 환상 가운데서 보고, 그의 음성을 듣고, 결국 알게 되었다고 하는 체험 속에서 사울이 능동적으로 참여하였다고 하는 점을 과소 평가하게 만들지 않는다. 사울이 체험했던 이 주목할 만한 사건을 하나의 인식 행위로 관찰할 수 있도록 해 주고 있는 것은 사울이 그의 상상 속에서 그가 확신의 상태로 도약했다고 느꼈기 때문이다. 우리들에게 확신을 가져오는 인식 행위와 다른 일반적인 인식 행위 사이에 있는 가교는 바로 이와 같은 것이다.[278]

---

276) *Ibid.*, 178.
277) Loder and Neidhart, *The Knight's Move*, 48.
278) Loder, 『삶이 변형되는 순간』, 39(원서 p. 24).

로더는 '일상적 앎'은 오직 '상상적인 도약'을 통해서만 '확신적 앎'과 연결될 수 있다고 주장한다. 상상적 도약은 두 종류의 앎 사이의 이원론을 극복한다. 상상적 도약을 통해서 인격적 존재의 심연이 의식의 수준에 이르게 된다. 상상적 도약의 개념은 이것이 성령과 인간의 영, 신학과 과학, 초월과 내재, 불연속성과 연속성을 연결시켜 준다는 점에서 기독교 교육에 매우 중요한 통찰을 준다. 상상적 도약이 없이는 우리가 하나님을 알 수 없다. 상상적 도약은 우리를 일상적 앎에서 확신적 앎으로 이동하게 하는 '신앙의 논리(logic of faith)'이다.

로더는 '상상적인(imaginative)'을 '가상적인(imaginary)'으로부터 구별한다. 로더는, '상상적인 것'은 합리적인 설명이나 경험적인 묘사가 불가능한 진리를 창조해 내기 위해 상상력을 사용하는 것이고, 가상적인 것은 공상적이고 허구적인 것을 의미한다고 주장한다. 상상적인 것은 사람을 다른 '실재'에로 인도하지만 가상적인 것은 사람을 오히려 '실재'로부터 끌어내 오는 것이다. 상상적인 것은 변형을 향한 문을 열게 하지만, 가상적인 것은 변형을 가로막는다. 로더는 "역사 안에서의 하나님의 행동은 상상적인 비전을 옹호하시고 가상적인 것들을 흩으신다."고 지적한다.[279] 그러므로 로더에게 있어서 상상적인 것은 진리를 아는 수단인 반면 가상적인 것은 허상일 뿐이다.

로더에게 있어서 상상력을 배제하는 객관성은 불가능하다. 왜냐하면 대상은 소위 객관적인 요소와 주관적인 요소가 상상적으로 종합된 실체이기 때문이다. 즉, 상상적 도약의 중요성을 무시하는 앎에 대한 객관주의적 관점은 진정한 실재를 설명할 수 없다. 객관주의적 인식론과는 달리 로더는 앎의 상상적 특성의 중요성을 강조하고 있다.

---

279) Loder, The Transforming Moment, 24.

• **참여적**

'사건으로서의 앎'에 대한 로더의 강조는 앎의 참여적 특성의 중요성을 강조하고 있다. 로더는 어떤 사건의 중심에는 합리성을 초월하는 확신적 통찰이 개입되어 있다고 주장한다. 즉, 앎의 주체는 대상으로서의 앎의 객체에 참여하고 있다는 것이다. 폴라니처럼 로더도 "앎에 있어서 주관적이고 암묵적인 참여는 마치 연설이나 타이핑과 같은 다양한 행동 안에서 그러하듯이 신학이나 문학에서부터 과학이나 수학에 이르기까지 학문적인 영역 안에서도 근본적"이라고 주장한다.[280]

또한 앎의 내주적 측면에 대한 강조는 앎의 참여적 성격을 드러내 준다. 로더는 주체가 객체 안에 참여하지만 동시에 객체가 주체 안에 참여한다고 이해한다. 주체와 객체는 마치 폴라니가 '상호 내주(mutual indwelling)'라는 개념으로 설명하듯이 서로에게 침투하며 참여하고 있는 것이다.

로더의 개념인 '상상적 도약'은 앎의 상상적 특성뿐만이 아니라 앎의 참여적 특성과도 관계된다. 도약하는 것은 참여하는 것이다. 다메섹 도상의 사건에서 바울은 그리스도의 임재의 실재에 참여한다. 이 점에서 앎의 사건은 실존적 사건이고, 단지 인식론적일 뿐 아니라 존재론적이다. 로더는 '사건으로서의 앎' '상호 내주' '상상적 도약'이라는 개념으로 앎의 참여적 특성의 중요성을 드러내고 있다.

3) 로더의 이론이 기독교 교육과정에 주는 함의

제임스 로더 자신은 커리큘럼 이론가나 제작자는 아니다. 그는 새로운 인식론에 기초해서 잘 고안된 어떤 커리큘럼을 제안하고 있지는 않

---

280) Loder and Neidhart, *The Knight's Move*, 33.

다. 그러나 로더의 기독교 교육 이론은 기독교 교육과정에 중요한 통찰을 주고 있다. 특히 로더의 이론은 '하나님 알기'로서의 신앙이 그 중심 관심인 기독교 교육의 커리큘럼 모델을 위해 다음과 같은 의미심장한 통찰을 주고 있다.

• **개혁 신학적 관점**

로더 자신이 개혁 신학적 전통에 서 있는 신학자요 기독교 교육학자다. 또한 그는 『신학과 과학에서의 성령의 관계적 논리』에서 과학과 신학 사이의 대화에서 자신의 신학은 개혁 신학적 관점임을 천명하고 있다. 또한 그가 그의 연구에서 칼 바르트와 토머스 토렌스의 신학을 강조한 것은 로더가 개혁 신학적 전통의 입장에 서 있음을 보여 준다. 우리는 로더가 개혁 신학적 전통을 유지하면서 신학을 과학과 연결시킨 점에 주목하여야 한다. 로더의 개혁 신학적 관점은 그의 신-인 관계에 대한 비이원론적 관점이 칼빈의 성령에 대한 이해에 기초해 있다는 점에서 잘 드러나고 있다.

> 칼빈의 저 심오한 성령에 대한 해석, 즉 성령을 그리스도와 모든 피조물 사이의 변형적이며 일치시키는 띠로서 해석하는 것은 그 이원론이 이분법적으로 이해되든, 역설적으로 이해되든 관계없이 우리를 하나의 신-인 이원론을 넘어서는 곳으로 데려간다.[281]

로더는, 이원론은 기독교 신앙보다는 헬라 철학에 기원하고 있다고 본다. 로더의 신학적 관점은 과정 신학이나 헤겔의 보편주의와는 달리

---

281) *Ibid.*, 28.

그리스도 현존과 초월적 하나님의 실재를 전제하고 있다. 상상적 도약은 단지 인간의 능력만도 아니고 성령의 신비스러운 역사만도 아니다. 인간적 차원과 신적 차원, 이 두 가지 모두가 상상적 도약 안에 자리잡고 있다. 로더는 확신적 경험을 상호 내주로 해석하는 것이 앎의 확신적 형태와 세속적 형태 사이의 절대적 이원론에 대한 가정들을 극복하는 것을 돕는다고 말한다.

개혁 신학적 관점에 근거해서 로더는 확신적 경험은 어떤 인간의 노력이나 인간의 영들, 또는 분리된 영혼에 의해서가 아니라 그리스도에 의해서 시작된 것으로 보여진다고 주장한다. 로더에게 있어서 주관적으로 그리스도로부터 말미암는다고 느껴지는 변형의 순간들은 그리스도에 관한 객관적인 표현을 탐구하는 데에까지 나아간다.

이처럼 개혁 신학적 관점에 근거한 로더의 기독교 교육을 위한 인식론은 본서에서 추구하는 바 개혁 전통에 기초해 신앙을 하나님 알기로 이해하는 기독교 교육의 커리큘럼 모델을 탐구하는 데에 많은 통찰을 주고 있다.

• 확신적 앎

로더의 기독교 교육 이론은 '확신적 앎(convictional knowing)'에 초점을 두고 있다. '확신적 앎'의 주된 관심은 "어떻게 그리스도 안에 있는 계시의 객관적 진리가 주관적으로 알려지는가"이다.[282]

'확신적 앎'의 중심에는 어떤 하나의 형상을 기반으로 하고 있는 급진적 전환점이 자리 잡고 있다. 그 전환점은 결코 감각적인 것이 아니다. 그

---

282) Loder, The Transforming Moment, 121.

것은 실존적인 것이다. 그 전환점 속에서 변형되고 있는 주체는 그리스도의 계시가 가진 진리에 의해서 단순한 한 사람의 인식자로부터 변모되어 자신이 처음에 알게 되었던 지식에 의해서 충분히 인지되고, 이해받게 된 존재로 된다. 또한 '확신적 앎'은 어떤 사람이 기독교에 대해서 아는 것과 그가 그리스도인이 되는 것 사이에 있는 구조적이며 역동적인 연결점을 묘사한다.[283]

로더에게 있어서 '확신적 앎'은 회심, 기독교인이 되기, 하나님 알기 등과 같은 주제들을 포용하고 있다. 그러므로 로더에게 있어서 '확신적 앎'은 기독교 교육의 가장 결정적인 부분들 중의 하나다. 그의 '확신적 앎'에 대한 탐구는 '신앙'이 기독교 교육의 가장 중심적인 주제임을 다시금 확인시킨다. 로더는 '확신적 앎'의 강조를 통해 회심을 기독교 교육의 중심에 두고 있다. 로더는 기독교 교육의 관심을 지식의 전수(transmitting knowlege)로부터 변형(transformation)으로 바꾸고 있는 것이다.

• 상상적 도약

로더는 우리가 상상을 통해서 합리적인 사고나 경험적인 묘사로는 가능하지 않은 진리를 알 수 있다고 주장한다. 로더는 확신적 앎과 일상적 앎의 관련성을 설명하기 위하여 '상상적 도약'이라는 개념을 사용한다. 로더에게 있어서 상상적 도약은 "통찰의 관점에서 변형적 논리를 특징지어 주는 불연속"이다.[284] 상상적 도약은 변형 안에 내재된

---

283) Loder, 『삶이 변형되는 순간』, 203(원서 p. 121-122).
284) Loder, *The Transforming Moment*, 224.

의도를 파괴시키지 않으면서 변형적 패턴을 완성한다. 상상적 도약의 가장 중요한 특성 가운데 하나가 불연속성이지만, 상상적 도약을 통해 불연속성은 연속성과 연결된다.

로더는 폴라니처럼 상상적 측면은 모든 앎의 종류에 있어서 어느 정도는 불가피하다고 본다. 모든 앎은 암묵적 차원을 갖으며, 모든 앎은 상상적 도약을 포함한다. 심지어 과학적 발견도 상상적 도약을 의존하지 않고서는 불가능하다. 로더는 이 원리를 '새로운 오류 이론(a new theory of error)'이라고 부른다.

> 상상력에 의한 도약이라든지, 통찰력, 직관 또는 환상 등을 인정하지 않거나 그것들을 인식의 으뜸가는 발판으로 받아들이고 있지 않는 주장들이란, 그것이 어떤 종류의 진리를 말하고 있든지 간에 지적인 허위를 가지고 있다고 새로운 오류 이론은 말하고 있다.[285]

상상적 도약은 변형으로서의 확신적 앎에 결정적으로 중요하다. 상상적 도약을 통해 우리는 일상적 앎에서부터 확신적 앎으로, 하나님에 관한 앎에서부터 하나님을 아는 앎으로 이동해 갈 수 있다.

상상적 도약과 예술적 상상의 차이를 주목하는 것이 중요하다. 로더는 예술적 상상력의 한계를 지적한다. 예술적 상상력은 상상적 도약을 위해 사용될 수는 있지만 예술적 상상력 자체가 상상적 도약을 포함하지는 않는다. 로더는 예술적 상상력을 '상상적인 것' 보다는 '환상적인 것'과 동일시하는 경향이 있다.

---

285) Loder, 『삶이 변형되는 순간』, 43(원서 p. 26).

시는 – 물론 다른 모든 예술 작품들도 – 그것들이 단지 이 세상의 현실을 모사(模寫)하기만 한다든가, 우리들의 영혼을 재기(再起)시키지 못하게 하여 이 세상의 특수한 측면을 찾아내지 못한다면, 점점 공상적인 차원에 머물고 말 것이며, 변형적 인식을 만들어 내지 못하게 된다.[286]

즉, 로더는 예술적 상상력은 변형적(transformational)이기보다는 변조적(transpositional)으로 간주한다. 그래서 로더의 '상상적 도약'은 예술적 상상과는 구별되어야 한다. 일상적 앎을 확신적 앎에 연결시키는 상상적 도약의 논리는 개혁 신학적 전통에 근거한 기독교 교육과정에 핵심적인데, 그 이유는 기독교 교육의 중심적 관심으로서 기독교 신앙이 하나님의 은혜와 인간 본성, 성령과 인간의 영, 신적 차원과 인간적 차원을 연결짓는 다리를 요청하기 때문이다.

위에서 살펴본 바와 같이, 앎의 인격적, 상상적, 참여적 성격을 강조하는 로더의 기독교 교육 이론은 기독교 교육의 새로운 커리큘럼 모델의 개요를 그려보는 데에 의미심장한 큰 도움을 준다. '상상적 도약' '확신적 앎' '관계성'에 대한 그의 강조는 다음과 같은 의미 있는 신학적 질문에 대한 개혁 신학적 관점에서의 답변으로 간주될 수 있다. "자연과 은총의 관계는 무엇인가?" "성령과 인간의 영 사이의 관계는 무엇인가?" "어떻게 우리가 학생들로 하여금 기독교인이 되도록 도울 수 있는가?" 그리고 "신앙은 가르칠 수 있는가?" 이러한 질문들은 비단 신학적인 질문들일 뿐만 아니라 교육적인 질문들이다. 사실, 이러한 질문들은 기독교 교육을 신학과 그리고 인간 과학과 연결시킨다. 또한 이러한

---

286) *Ibid.*, 95(원서 p. 56).

질문들은 직접적으로 기독교 교육의 정체성과 관련된다.

3. 해리스의 이론과 기독교 교육 인식론

1) 해리스의 이론에 대한 새로운 인식론의 영향

마리아 해리스의 이론은 예술적 또는 미학적 인식론에 뿌리박혀 있다. 해리스의 앎에 대한 이해는 그녀의 논문「종교 교육의 상(像)」(The Imagery of Religious Education),[287] 그리고 그녀의 책『교육 목회 커리큘럼』(Fashion Me A People)과『가르침과 종교적 상상력』(Teaching and Religious Imagination)에서 분명히 드러나 있다. 「종교 교육의 상」에서 해리스는 앎에 대한 객관주의적 이해를 비판하며, 그 대안으로서 앎에 대한 예술적 이해를 제안한다. 해리스는 지식에 대한 지배적인 상(imagery)은 객관주의적이라고 다음과 같이 지적한다.

> 지식에 대한 그 지배적인 이해는 지식이 수량화되는, 즉 명확하고, 객관적이고, 증명 가능한 또는 우리에게 통제권을 주는 곳에 있는 한 상(imagery)을 제공한다. 지식은 거의 모든 범위에서 정보, 사실들, 개념들, 기술적 요령, '노하우' 등과 동일시된다. 우리는 바야흐로 지식의 '폭발' 한가운데 있는 것이다.[288]

해리스는 전통적인 교육은 교육 목표를 인지적인 측면과 정의적인 측면으로 나누는 경향이 있는데 이것은 앎이 얼마나 분리의 이미지를

---

287) Maria Harris, "The Imagery of Religious Education," *Religious Education* 78, No. 3(1983) : 363-375.
288) *Ibid.*, 365.

지니는지를 보여 준다고 말한다. 이러한 객관주의적 인식론은 데카르트의 철학에 뿌리박혀 있는데 이 인식론은 앎의 단지 한 부분만을 강조할 뿐이라는 것이다. 그러나 해리스는 이러한 앎에 대한 객관주의적 이해를 전적으로 거부하지는 않고, 오히려 그러한 지식의 가치를 인식하고 있다. 즉, 그녀는 앎의 전체성(wholeness)을 강조한다. 그녀는 객관적인 지식이 앎의 전체가 아님을 주목하고 있다.

해리스는 오늘날 앎에 대한 지배적인 접근에서 상실되어 있는 부분을 세 가지로 지적한다. 첫째로, 오늘날의 지배적인 인식론에서 상실된 것은 종교적 이해에 뿌리를 둔 '불확실성'이나 '의심(uncertainty and doubt)'이다. 그녀에게 그러한 이해는 문제의 해결로서 앎을 이해하는 것보다는 오히려 신비 속에 거하는 것으로서 앎을 이해하는 것에 더 가깝다. 둘째로, 예술적 앎(the knowing of art)이 그 동안 상실되어 있었다. 그녀에게 있어서 예술적 앎이란 통전적 앎, 다중적 해석, 그리고 상징적, 직관적 투사로서 특징지어진다.

> 어떤 형태의 창조로서의 예술은 경험의 표현을 제공하는데 이것은 경험의 정확한 해석은 아니다. 예술은 번역 가능하고, 음역 가능한, 명백하고 구체적 의미들로 제한될 수 없다. 예술적 지식 안에서 눈이 만나는 것보다 그리고 명백히 정신이 만나는 것보다 더 많은 것이 항상 존재한다. 예술적 앎은 한 사람의 육체 전체에서 일어난다.[289]

셋째, 오늘날 지배적인 인식론에는 '비유로서의 앎(the knowing of metaphor)'이 상실되어 있다. 비유는 개념 자체라기보다는 개념이나

---

289) *Ibid.*, 366.

인식을 위해 선택된 도구이며 이 도구의 힘은 실재를 그려낼 수 있는 힘을 갖는다. 그녀는 앎에 있어서 비유의 중요성을 강조하는데 왜냐하면 앎은 우리가 사용하는 비유에 의해서 중재되고 고안되기 때문이다.

해리스는 기술적이고 합리적인 앎, 그리고 사실과 증거의 증명에 대한 강조는 우리를 앎의 전체성에 이르게 할 수 없다고 주장한다. 그녀는 대안으로서 '예술적, 비추론적, 비기술적, 비유적, 시적인 앎'을 제안한다.[290] 해리스는 『가르침과 종교적 상상력』에서 상상과 가르침의 관계를 잘 보여 주고 있다. 그녀는 상상을 단지 정신의 능력일 뿐만 아니라 육체의 능력으로 이해한다.

> 상상력은 이 두 가지의 때로는 대립되는 인간 본성의 요소를 가지며 이 두 가지, 즉 정신과 연관된 지적, 개념적, 심리적 능력과 몸과 연관된 구체적, 신체적, 물리적 능력을 하나로 융합시킨다.[291]

그녀의 상상에 대한 이해는 통전적이고 육화적(embodied)이다. 그녀는 '상상'을 "인간의 모든 능력이요 모든 자원이며, 단지 우리가 보고 듣고 만지는 것만이 아니라, 세계에 대한 우리의 이미지를 만드는 한 우리의 역사, 교육, 감정, 소원, 사랑, 미움, 신앙과 불신앙을 포함하는 것"으로 정의하는 윌리엄 린치(William Lynch)의 정의에 동의하고 있다.[292]

이러한 통전적이고 육화적인 상상에 대한 이해에 기초하여, 해리스

---

290) Ibid., 368.
291) Maria Harris, *Teaching & Religious Imagination : An Essay in the Theology of Teaching* (San Francisco : HarperCollins, 1987), 8.
292) Ibid., 9.

는 가르침의 의미와 가르침이 어떻게 상상과 관련되는지를 탐구하고 있다. 그녀에게 있어서 '가르침'은 "근본적으로 인간들이 서로에게 육체적으로 나타나게 되는 상황 안에서 수행되어지는 육화된(embodied) 행동"이다.[293] 해리스는 "가르침은 단지 상상의 행위일 뿐 아니라 종교적 상상의 행위"라고 말한다. 그녀는 종교적 상상을 다른 정치적 상상, 예술적 상상, 비유적 상상, 또는 가치라는 관점에서의 교육적 상상으로부터 구별한다. 그녀에게 있어서 종교적 관점은 어떤 특수한 비전의 관점을 가지고 인간의 행동에 대해 가치 판단을 하고 접근하는 방식이다.

해리스는 가치(value)와 평가(evaluate)를 구분하고 있는데 평가라는 개념이 객관주의와 관련되어 있는 개념이라면, 가치라는 개념은 앎의 인격적, 참여적 성격과 관련되어 있다.

> 평가(evaluating)라는 말은 관찰자가 뒤로 물러앉아 칭찬하거나 판단하는 것을 허락하는 객관성을 내포하는 반면, 가치 부여(valuing)는 더 개인적이고 신체적인 말이다. 가치 부여(valuing)는 내가 한 인격체로서 바람직하다고 존중하는 그 무엇에 주관적으로 연루되고 참여한다는 의미를 지닌다.[294]

기본적으로 해리스의 종교에 대한 이해는 종교를 넓은 의미에서 '궁극적 관심'으로 묘사하고 있는 폴 틸리히(Paul Tillich)에 많이 의존되어 있다. 비록 모든 종교는 각 종교의 종교성(the religious)의 질을 지니고 있지만, 해리스는 깊이와 궁극성, 의미에 대한 이해가 가장 중요

---

293) *Ibid.*
294) *Ibid.*, 11.

한 고려라고 믿고 있다. 그러므로 해리스는 종교성의 세 가지 공통적인 질이라고 할 수 있는 신비, 거룩, 영감에 초점을 두고 있다.

해리스는 상상적 가르침의 관점에서 가르침에 대한 객관주의적 이해를 비판한다.

> 초보 교사를 위한 지침서에서 우리는 학생들의 필요를 사정하고, 목표들과 학습 목표들을 설정하고, 그 목표들을 달성하기 위한 학습 활동들을 고안하고 평가하는 것에 강한 강조를 두는 것을 발견한다. 그런 식의 제시는 교수 활동이 마치 단순한 기술적 솜씨인 것으로 가정하는 것처럼 보인다. 이런 접근이 전적으로 불필요한 것은 아니지만, 이것은 교수 활동에 대한 더 넓고 깊은 이해를 방해할 수 있다.[295]

해리스는 가르침에 대한 타일러식의 접근을 포함하여 가르침에 대한 객관주의적 이해가 가르침을 '기술 공학적인 기술'로 간주하는 경향이 있음을 지적하면서 이러한 접근과는 대조적으로 종교적 상상의 관점에서 가르침에 대한 대안적 비전을 제시하고 있다. 그녀는 대안적 가르침은 가르침에 있어서 깊이의 차원을 포용할 수 있어야 하고, 이것은 가르치는 기술로부터 시작하는 것이 아니라 '가르침 안에 내재된 신비'로부터 시작되어야 한다고 주장한다.

해리스에게 있어서 가르침은 기술이라기보다는 예술이다. 그녀는 "가르침은 예술품을 창조하는 작업과 유사하다."고 주장한다.[296] 그녀가 진흙으로 무엇인가를 만드는 작업을 가르침에 대한 비유로서 사용

---

295) *Ibid.*, 23.
296) *Ibid.*, 25.

하는 것이 바로 이런 이유 때문이다. 예술품을 창작하는 단계를 따라 해리스는 가르침의 다섯 가지 단계를 묘사하고 있는데 바로 묵상(contemplation), 착수(engagement), 형태 부여(formgiving), 출현(emergence), 방출(release)이다. 그녀에게 있어서 이러한 과정은 단지 가르침의 과정일 뿐만 아니라 커리큘럼 작성의 과정이기도 하다. 해리스는 『교육 목회 커리큘럼』에서 이러한 단계들을 커리큘럼 작성의 단계에 적용하고 있다. 그녀는 커리큘럼 작성은 하나의 예술적 과정으로서 "일련의 리듬을 지닌 스텝의 연속인데 계단이나 사다리의 단계보다는 춤을 출 때의 스텝과 같은 것"으로 이해한다.[297] 해리스에게 있어서 커리큘럼 작성의 단계들 - 묵상, 착수, 형태 부여, 출현, 방출 - 은 시작과 끝이 분명하게 정해져 있는 것이 아니다. 이러한 과정은 기술 공학적인 전략이 아니라 예술적인 흐름이다.

2) 해리스의 인식론에 나타난 앎과 가르침의 특성들[298]

예술적 인식론에 기초한 앎과 가르침에 대한 해리스의 이해는 인격적, 공동체적, 상상적 특성을 지닌다. 이것은 앎에 대한 해리스의 이해가 참여적 성격을 무시하고 있다는 것을 의미하는 것은 아니다. 그녀의 가르침에 대한 다섯 가지 단계 중 '착수(engagement)'는 앎과 가르침의 참여적 성격의 중요성을 보여 주고 있고, 봉사의 커리큘럼으로서 디아코니아는 넓은 의미에서 앎의 참여적 성격을 가지고 있다고 볼 수 있

---

297) Harris, *Fashion Me A People*, 172.
298) 해리스의 이론은 앎 자체보다는 가르침에 초점을 맞추고 있다. 그러나 가르침의 특성 대부분은 그에 상응하는 앎의 특성에 기초하고 있다. 예컨대 가르침의 상상적인 특성은 앎이 상상적인 특성을 지닌다는 것을 전제한다. 그러므로 필자는 여기에서 '앎과 가르침의 특성'이라는 표현을 사용하기로 한다.

다. 그러나 해리스는 앎의 인격적, 공동체적, 상상적 특성을 보다 많이 강조하고 있다.

• **인격적**

해리스의 가르침에 대한 이해는 인격적 특성을 강조한다. 가르침의 다섯 가지 단계 중 묵상(contemplation)은 인격적 특성을 반영하고 있다. 해리스는 이 단계에서 우리는 가르침을 하나의 당신(Thou)으로 볼 것을 요청받고 있다고 주장한다. 묵상을 통해서 우리는 학생들을 '나와 그것'의 관계보다는 '나와 너'의 관계로 보기 시작하는 것이다. 그녀에게 있어서 "가르침에 있어서 첫 번째 순간은 멈춰 서서 함께 한 인격체들 속으로 들어가기 위해 필요한 각성을 갖는 것"이다.[299]

해리스는 묵상이 학생들만이 아니라 교과도 당신(thou)임을 깨닫도록 돕는다고 본다. 그녀는 심지어 환경도 '나와 너'의 관계에서 보아야 할 필요가 있다고 주장한다. 해리스는 종교적 상상의 작업으로서 가르침의 첫 번째 순간부터 가르침과 배움, 앎의 인격적 특성을 강조하고 있는 것이다.

해리스의 가르침에 있어서 인격적 특성에 대한 강조는 그녀의 상상적 가르침의 다섯 가지 과정 중 특별히 '돌보기(taking care)'에서 잘 나타난다.

어떤 교사에게 있어서도 가장 시초가 되는 기준은 '돌봄(care)'의 기준이다. 가르치는 행위의 시발점은 물질적 자료들에 의존하지 않고 영적인 자원들에 의존한다. '돌봄'은 하나의 태도, 즉 타인에 대해서 내가 존

---

299) Harris, *Teaching and Religious Imagination*, 28.

재하는 하나의 방법이며, 경애와 존경을 선호한다는 결정이다. 교사에게 있어서 돌봄이라는 것은 교사로서의 우리 자신과 그들의 독특한 개성을 가진 존재로서의 우리 학생들과 그리고 우리 관계에서 세 번째 동반자가 될 교과 내용에 우리의 마음을 쓰는 행동이다.[300]

해리스는 교사가 학생들을 돌보는 데 있어서 학생들의 이름을 부르는 것이 매우 중요하다고 말한다. 모든 학생들의 이름을 아는 것은 교사의 책임이다. 해리스는 이름을 호명하는 것은 학생들을 상호 교환이나 조작이 가능한 존재가 아니라 인격체로 대하는 것을 의미하는 것이라고 설명한다. 학생들의 이름을 부르는 것은 교사와 학생들 사이가 '나와 너'의 관계가 될 수 있도록 만들어 준다.

• **공동체적**

해리스는 『교육 목회 커리큘럼』에서 앎의 공동체적 특성을 강조한다. 그녀는 교회를 하나님의 백성으로 이해한다. 그녀의 커리큘럼의 정의는 개인의 삶의 과정이 아니라 교회의 삶의 과정이다.[301] 이 정의는 그녀의 앎과 가르침에 대한 이해가 얼마나 공동체를 강조하고 있는지를 보여 주고 있다. 해리스는 인격주의(personalism)와 개인주의(individualism)를 구분한다. 그녀에게 있어서 인격주의는 개인주의와는 달리 공동체로서의 인간 이해를 강조하는 것이다. 인격주의는 모든 인간들(한 개개인이 아닌)이 똑같은 존엄성과 창조주의 풍성한 은사를 지닌다는 인간 이해를 강조함으로써 개인주의와는 구별된다. 그녀는 인격

---

300) Ibid., 159.
301) Harris, *Fashion Me A People*, 55.

주의와 공동체의 관계를 다음과 같이 설명하고 있다.

> 그러나 인격주의의 가장 위대한 공헌은 인격 됨의 의미가 무엇인지를 탐구해 왔다는 점과 아울러 한 인격으로 존재한다는 것(to be)이 더불어 함께 존재한다는 것(to be with)을 의미한다는 점을 발견해 온 점이다. 말하자면 공동체 안에서 살아가고 서로서로 연합할 때만이 우리는 온전한 인간들(persons)이 된다는 것이다.[302]

해리스에게 있어서 인격적인 것은 공동체적인 것과 분리될 수 없다. 앎과 가르침의 공동체적 특성에 대한 강조는 공동체의 커리큘럼으로서 코이노니아를 커리큘럼의 첫 번째 과제로 설명할 때에 잘 드러난다. 해리스는 "디다케나 레이투르기아보다 코이노니아로부터 시작하는 것은 내가 공동체와 공동체적 교제를 가장 중요한 교육 목회로 제안하고 있음을 의미한다."고 말한다.[303]

더욱이 해리스는 "한 사람의 크리스천은 크리스천이 아니다. 우리는 하나님께 함께 나아가든지 아니면 전혀 나아가지 않는 것"이라고 주장한다.[304] 즉, 그녀의 기독교 신앙에 대한 이해에 있어서 공동체나 교제는 주변적인 것이 아니라 근본적인 것이다. 해리스의 앎과 가르침의 공동체적 특성에 대한 강조는 하나님이 공동체적이라고 하는 그녀의 신학적 입장에 근거되어 있다. 인간은 하나님의 형상으로 창조되었기 때문에 우리 또한 인간들의 공동체로서 부르심을 받았다는 것이다. 그녀

---

302) Maria Harris, *Fashion Me A People*, 고용수 역, 『교육 목회 커리큘럼』(서울 : 한국장로교출판사, 1997), 34 - 35(원서 p. 29).
303) Harris, *Fashion Me A People*, 75.
304) *Ibid.*, 77.

의 공동체에 대한 이해는 인간만이 아니라 인간이 아닌 다른 피조물도 포함한다. 해리스의 이론이 앎의 공동체적 측면에 대한 인식론적 토의에 초점을 둔 것은 아니지만 그녀의 커리큘럼 이론에서 앎과 가르침의 공동체적 특성을 강조하고 있는 것은 분명하다.

• 상상적

해리스는 앎의 상상적 특성을 강조한다. 그녀는 '육화된 상상'을 강조하고 있으며 가르침을 형태(form)를 창조하는 것으로 이해한다. 이런 맥락에서 교사는 "육화하는 존재이고 육체에게 형태를 부여하는 존재"이다.[305] 형태의 개념은 앎의 상상적 특성과 관련되어 있다. 해리스는 가르침의 종교적 행위에 상상을 가져다주는 다섯 가지 형태를 열거하고 있는데, 이를 언어적 형태, 땅의 형태, 육화된 형태, 발견을 위한 형태, 예술적 형태로 들고 있다. 이러한 형태들의 각각은 육화적이고 비유적이며 상상적이다. 존슨(Mark Johnson)처럼 해리스는 앎에 있어서 '육화된 상상'의 중요성을 강조하고 있는데, 해리스의 '육화된 형태'가 바로 이를 말해 준다. 그녀에게 있어서 육화된 형태는 전체 인간의 육체적 참여와 정신적 참여를 모두 포함한다. 그러므로 만지기, 맛보기, 모방하기, 듣기, 극화하기 등을 포함하는 감각 획득은 가르침과 배움에 있어서 매우 중요하다. 해리스에게 있어서 상상은 비단 시각적 상상에만 국한되지 않는다. 그녀에게 있어서 상상은 다차원적이다.

해리스의 가르침의 다섯 가지 순간들 중에서 '형태 부여'는 특별히 가르침의 상상적 특성을 강조하고 있다.

---

305) Harris, *Teaching and Religious Imagination*, 42.

가르침에 있어서 모든 순간들 가운데 아마도 '형태 부여(form-giving)'보다 더 상상력의 사용에 의존하는 것은 없다. 상상력의 힘은 '형태 부여(form-giving)'를 가능하게 만들 뿐 아니라, 하나의 형태를 주는 방법 안에서의 가르침은 교사가 그것이 가능하다고 믿을 때에라야만 가능해진다. 만일 교사가 가르침을 단지 암기되어야 할 생각들이나 사실들, 개념들을 전수해 주는 것으로 의미한다고 믿는다면, 가르침은 분명코 실패한다.[306]

'형태 부여'는 예기치 않은 무언가를 상상함으로 학습이 일어나는 순간을 의미한다. 해리스는 상상적인 가르침에 있어서 교사의 상상력이 근본적임을 지적한다. 그녀의 이론에 있어서 교사의 상상과 학습자의 상상, 그리고 상상적인 가르침은 서로 연결되어 있다. 아마도 해리스보다 가르침의 상상적 특성을 더 강조한 기독교 교육 이론가는 없을 것이다. 그녀에게 있어서 가르침은 그 자체가 하나의 상상적 작업이다.

3) 기독교 교육 커리큘럼에 대한 통찰

팔머와 로더가 그들의 이론에 따른 어떤 기독교 교육과정 모델을 제시하지 않은 반면, 해리스는 직접적으로 타일러식 커리큘럼 모델에 대한 대안으로서 예술적 커리큘럼 모델을 제안하고 있다. 그녀의 책 『교육 목회 커리큘럼』에서 제안된 커리큘럼 모델은 기독교 교육 영역 안에서 타일러식 커리큘럼 모델을 비판하고 하나의 대안을 제시한 첫 번째 기독교 교육 커리큘럼 모델로 간주될 수 있을 것이다. 해리스의 『교육 목회 커리큘럼』과 『가르침과 종교적 상상력』은 기독교 교육의 새로

---

306) *Ibid.*, 35.

운 커리큘럼 모델에 대하여 다음과 같은 몇 가지 중요한 통찰을 주고 있다.

• 기독교 교육과정으로서 교회의 삶

가르침을 예술로 보는 해리스의 관점으로부터 커리큘럼은 하나의 예술적 작업으로 이해될 수 있다. 이 관점에 따르면 교육의 커리큘럼(curriculum of education)은 학교 교육의 커리큘럼(curriculum of schooling)으로 제한되어서는 안 된다. 교육의 커리큘럼은 전체 교회의 삶인 디다케, 레이투르기아, 코이노니아, 케리그마, 디아코니아를 포함한다. 해리스는 기독교 교육을 평생의 과제로 이해한다. 기독교 교육 커리큘럼은 단지 아이들만이 아니라 성인들도 위한 것이다. 또한 기독교 교육 커리큘럼은 학교식 교육만이 아닌 다른 형태로 제공될 수 있어야 한다. 더욱이 해리스는 교회는 교육 프로그램을 '갖는' 것이 아니라 그 자체가 교육 프로그램이라고 주장한다. 교회 자체가 교육자이고, 커리큘럼은 교회의 삶의 과정이다. 전체 공동체로서 교회는 그 자체가 학습자이며, 교육의 내용이며, 끝이 없는 교육의 과정이다. 예술적 작업으로 교육을 보는 그녀의 이해는 기독교 교육 커리큘럼에 대한 이러한 확대된 관점을 우리에게 제공해 준다.

• 타일러식 커리큘럼 모델에 대한 비판

예술적 관점에 기초해서 해리스는 타일러식 커리큘럼 모델을 비판한다. 그녀는 타일러식 커리큘럼 모델이 교육 목표는 측정 가능하고, 객관적이고, 검증 가능한 것이라는 전제를 지니고 있음을 지적하면서, 이러한 모델은 '종교적인' 교육에 적합하지 않음을 주장한다.

왜냐하면 만일 우리가 교육이 전에는 알려지지 않았던 많은 사항들이 적시에 드러나는 계속적인 계시이고, 학습이 그 자신의 고유한 리듬과 순환 주기와 반복성을 지니고 있다는 점, 그리고 형태들과 상황들 그 자체가 교육적인 기능을 수행한다고 믿는다면, 그리고 본질에 있어서 종교적 삶은 신비하고 거룩하며 근본적인 경외감을 가지고 마주해야 함을 우리가 믿는다면, 커리큘럼을 계획함에 있어 다른 형태들이 필요하다는 이 주장은 타당하기 때문이다. 사람들은 전혀 오류가 없이 완벽하게 적응하는 유기체가 아니다. 결단코 정해진 계획에 따라 정확히 예정된 학습 목표들을 충족시킬 수도 없다.[307]

특별히 해리스는 타일러식 커리큘럼 모델이 지니는 다섯 가지 문제점을 열거하고 있다. 첫째로, 기본적인 커리큘럼 작업이 가르침이나 다 다케의 커리큘럼으로만 제한되어 있다. 둘째, 커리큘럼이 학습 내용이 인쇄된 자료와 동일시되어 있다. 셋째, 커리큘럼을 학교 교육을 위한 것으로 여기고 있다. 넷째, 타일러식 모델에서는 앎, 학습, 이해가 측정 가능하고 수량화될 수 있는 실재들로 여겨지고, 과정이기보다는 산물로서 여겨진다는 점이다. 마지막으로 타일러식 커리큘럼은 폐쇄된 체제 안에서 교육이 종료 시점을 갖고 있는 것을 전제하고 있다.

타일러식 커리큘럼 모델은 비단 일반 교육만이 아니라 기독교 교육에도 지배적인 영향을 미치고 있는데, 해리스는 이 타일러식 커리큘럼 모델이 종교 교육에는 부적합하다고 주장하는 것이다. 타일러식 모델은 신비, 거룩, 초월적인 요소를 커리큘럼에서 제외시키는 경향을 지니고 있다. 비록 해리스가 타일러식 커리큘럼 모델에 대한 인식론적 비판

---

307) Harris, 『교육 목회 커리큘럼』, 206(원서 p. 169).

에 초점을 맞추고 있는 것은 아니지만 그녀의 이론이 타일러식 커리큘럼 모델을 극복하는 모델의 필요성을 보여 주고 있음은 분명하다.

• **예술적 커리큘럼 모델**

해리스는 타일러식 커리큘럼 모델에 대한 대안으로서 예술적 커리큘럼 모델을 제안한다. 해리스는 기독교 교육자의 작업을 예술가들의 작업과 동일시하며, 기독교 교육의 작업을 하나님의 백성을 빚어 가는 것과 동일시한다. 해리스는 예술적 작업으로서 커리큘럼의 특성을 다음과 같이 설명한다.

> 어떤 예술 작품에서처럼 커리큘럼 계획의 본원적인 조건들은 결코 분명하고 구체적인 목표들이 아니다. 오히려 그것들은 일반적인 생각들이고, 모호한 환상들이고, 둥둥 떠다니는 열망들이다. 우리가 귀하게 여기고, 열망하고, 염원하는 것 가운데 많은 것은 말로 표현할 수 없다. 우리가 원했을 때조차도 우리는 그것을 적당하게 기술할 수 없다.[308]

해리스는 기독교 교육 커리큘럼은 계획이기보다는 과정이라고 주장한다. 그녀에게 있어서 커리큘럼은 하나의 예술의 작업과 같이 미리 설정된 목적을 지니지 않고 개방된 것으로 이해된다. 커리큘럼은 또한 인쇄된 교재로만 제한되지도 않는다. 아이즈너의 용어에 의하면, 해리스의 커리큘럼 모델은 명시적 커리큘럼(explicit curriculum)만이 아니라 묵시적 커리큘럼(implicit curriculum)과 영의 커리큘럼(null curriculum)을 포함하고 있다. 커리큘럼으로서 교회의 전체 삶은 역동적이다.

---

308) *Ibid.*, 208-209(원서 pp. 171-172).

타일러식 모델의 대안으로서 해리스의 예술적 커리큘럼 모델은 기독교 교육에서 예술적 상상력의 중요성을 드러내고 있다. 교육에 대한 기술적이고 공학적인 접근과는 대조적으로 그녀의 예술적 접근은 개념이나 명제보다는 이미지와 상상이 기독교 교육에서 근본적임을 암시하고 있다.

위에서 살펴본 바와 같이, 앎과 가르침의 인격적, 공동체적, 상상적 특성을 강조하는 해리스의 기독교 교육 이론은 기독교 교육의 새로운 커리큘럼 모델을 위한 유용한 통찰을 제공하고 있다. 첫째, 커리큘럼을 코이노니아, 레이투르기아, 디다케, 케리그마, 디아코니아를 포함하는 것으로 보는 관점은 학교식 교육을 넘어선 교회의 전 삶을 포용하는 커리큘럼으로 우리의 시야를 확대시켜 준다. 둘째, 타일러식 커리큘럼 모델에 대한 비판과 대안의 제시는 타일러식 커리큘럼 모델이 더 이상 기독교 교육에 적합하지 않고 기독교 교육을 위해서는 타일러식 모델을 극복하는 모델이 필요함을 보여 주고 있다. 셋째, 상상적인 가르침의 다섯 가지 형태는 상상의 다양한 차원들이 있음을 깨닫게 해 준다. 더욱이 그녀의 '육화된 상상'에 대한 이해는 기독교 교육의 새로운 커리큘럼을 위한 중요한 단서가 될 수 있을 것이다.

요약 : 팔머, 로더, 해리스의 기독교 교육 이론 요약 및 그 한계성

팔머, 로더, 해리스의 이론들은 앎의 인격적, 공동체적, 상상적, 참여적 성격을 강조한다. 물론 새로운 인식론에 근거된 이 이론들이 개혁 신학적 전통에 입각해서 잘 조직된 커리큘럼 구조를 제안하고 있지는 않다. 그러나 팔머, 로더, 해리스의 이론은 타일러식 커리큘럼 모델의 대안으로서 새로운 기독교 교육 커리큘럼 모델을 탐구하는 데에 공헌할 수 있다. 더욱이 이 세 이론들은 서로 보완적인 면을 가지고 있다.

파커 팔머의 기독교 교육 이론은 앎의 인격적, 공동체적, 참여적 성격을 강조한다. 새로운 인식론에 근거해서 팔머는 교육을 영적 여정으로 이해한다. 교육에 대한 타일러식 접근과는 대조적으로 팔머는 공동체적 가르침과 학습, 잠재적 교육과정, 공간을 창조하는 가르침, 침묵, 기도, 교사의 영성의 중요성을 강조하고 있다. 그런데 그의 이론을 개혁 신학 전통에 기초한 기독교 교육의 커리큘럼 모델을 탐구하는 데에 적용할 때에는 그의 이론이 갖는 한계가 드러난다. 팔머의 이론의 한계점들 중 하나는 팔머의 이론의 신학적 기초가 개혁 신학과는 동일시될 수 없다는 점이다. 또한 팔머는 앎의 상상적 특성을 직접적으로 강조하고 있지 않다는 점도 한계성으로 드러난다. 그러나 팔머는 앎의 인격적, 공동체적, 참여적 성격의 중요성을 드러냄으로써 기독교 교육 커리큘럼의 새로운 패러다임을 위한 중요한 통찰을 주고 있다.

제임스 로더의 기독교 교육 이론은 앎의 인격적, 상상적, 참여적 성격을 강조하고 있다. 개혁 신학적 관점에 기초하여 로더는 기독교 교육의 중심 과제를 지식의 전수가 아닌 삶의 변형으로 이해한다. 그는 '앎'을 '사건'으로 이해하며 기독교 교육에서 '확신적 앎'의 중요성을 강조한다. 교육에 대한 타일러식 접근과는 대조적으로 로더는 기독교 교육에서 상상적 도약, 확신적 앎, 관계성을 강조한다. 그러나 로더의 이론은 몇 가지 한계성을 지니는데 그 중 하나는 비록 그가 영적 성숙을 위한 사회적 환경으로서 코이노니아의 중요성을 인식하고 있지만, 그가 공동체적 앎보다는 개인적 앎에 초점을 맞추고 있다는 점이다. 또 다른 한계성은 로더가 확신적 앎을 위한 개괄적인 안내는 제공하고 있지만, 그의 이론이 커리큘럼 이론이나 작성을 위한 구체적인 지침을 주고 있지 못하다는 점이다. 그러나 앎의 인격적, 상상적, 참여적 특성의 중요성을 드러내며, 특히 기독교 교육에 대한 개혁 신학적 관점을 제공하고 있다는 점에서 로더는 '하나님 알기'로서 신앙을 위한 기독교 교육 커리큘럼 모델을 위한 중요한 기초를 제공하고 있다.

마리아 해리스의 기독교 교육 이론은 앎과 가르침의 인격적, 공동체적, 상상적 성격을 강조하고 있다. 예술적 인식론에 근거해서 해리스는 가르침을 예술로서 이해하며 교사를 예술가로, 커리큘럼을 예술적 작업으로 이해하고 있다. 그녀에게 있어서 기독교 교육의 과제는 하나님의 백성을 빚어 가는 것이다. 교육에 대한 타일러식 접근과는 대조적으로 해리스는 기독교 교육 커리큘럼을 교회의 전체 삶으로 보았고, 명시적 커리큘럼만이 아니라 묵시적 커리큘럼과 영의 커리큘럼도 중요함을 밝히고 있다. 더 나아가 해리스는 타일러식 커리큘럼의 대안으로서 예술적 커리큘럼 모델을 제안하고 있다. 이제까지의 기독교 교육 커리큘럼 모델 중에서 해리스의 커리큘럼 모델은 타일러식 커리큘럼 모델에 대한 가장 의미 있는 대안들 중 하나로 간주될 수 있다. 그러나 해리스의 모델은 '하나님 알기'로서 신앙을 위한 기독교 교육 커리큘럼 모델과 동일시될 수는 없다.

해리스의 이론은 몇 가지 점에서 한계성을 지닌다. 첫째, 해리스의 이론의 신학적 기초는 개혁 신학적 입장과는 다르다. 그녀의 이론은 가톨릭 신학과 과정 신학에 근거되어 있다. 해리스는 초월적이신 하나님을 강조하지 않고 인간의 영과 구별되는 성령을 강조하지도 않는다. 둘째, 해리스는 종교적 상상을 예술적 상상과 구별하지 않는다. 비록 그녀가 상상의 성격을 묘사하는 데 있어서 종교적 개념들을 사용하지만 그녀가 사용하는 종교적 상상과 예술적 상상 개념은 상호 교환이 가능한 개념이다. 이것은 부분적으로 해리스가 종교를 '궁극적 관심'으로

폭 넓게 이해하고 있는 데에 기인한다. 이런 점에서 해리스의 상상에 대한 이해는 로더의 상상에 대한 이해와 상이하다는 점을 인식하는 것이 중요하다. 즉, 로더는 신학적(또는 영성적) 상상의 중요성을 더 강조하는 반면, 해리스는 예술적 상상을 더 강조하는 경향이 있다. 마지막으로 해리스의 이론을 인식론적으로 살펴보면 예술적 인식론에 뿌리박혀 있지만, 인식론적 토의 자체가 빈약하다는 점을 지적할 수 있다. 해리스는 '가르침'과 또한 그것이 '상상'과 어떤 관계에 있는가에 초점을 맞추지만 앎이 무엇인지, 그리고 그것이 상상과 어떻게 관련되는지를 심도 있게 다루고 있지 않다. 그러나 해리스는 기독교 교육의 영역에서 타일러식 커리큘럼 모델에 대한 하나의 대안을 제시함으로써 기독교 교육 커리큘럼의 새로운 지평을 열었고, '하나님 알기'로서 '신앙'을 위한 기독교 교육 커리큘럼 모델을 탐구하는 데에 도움이 되는 많은 통찰을 주고 있다는 점을 부인할 수 없다.

새로운 인식론에 근거한 기독교 교육 커리큘럼 모델 탐구

제3부

- 성육신 커리큘럼 모델

앞의 제2부에서 우리는 전통적인 서구 근대 인식론의 한계를 논의하고 이를 극복하는 대안으로서 새로운 인식론을 탐구하였다. 또한 새로운 인식론에 영향을 받은 20세기 기독교 교육 이론과 인식론적 특징들을 살펴보았다. 우리가 교육과정을 논의하면서 인식론을 탐구한 것은 인식론이 교육과정에 미치는 지대한 영향 때문이다.

모든 커리큘럼은 어떤 인식론적 전제를 지니고 있다. 커리큘럼은 앎을 통한 변화를 추구하는데, 앎의 성격을 규정하는 인식론의 특성에 따라 커리큘럼의 성격이 결정된다. 현재까지 일반 교육에서 가장 큰 영향을 주고 있는 커리큘럼 모델은 타일러 모델이라고 할 수 있는데, 타일러의 이론과 그로부터 영향 받은 커리큘럼 모델들은 전통적인 서구 근대 인식론에 그 기초를 두고 있다. 그런데 우리가 앞에서 논의한 바와 같이 타일러 커리큘럼 이론의 영향을 받은 기독교 교육 커리큘럼 모델들도 이러한 인식론적 영향을 받고 있다. 과연 이러한 커리큘럼 모델들이 '신앙'을 그 중심 관심으로 하고 있는 기독교 교육의 커리큘럼으로 적합한가? 전통적인 서구 근대 인식론에 기초한 커리큘럼 모델들이 '하나님 알기'를 위한 기독교 교육의 커리큘럼으로 적합한가?

그에 대한 대답으로서 제6장에서는 일반 교육과정은 물론 기독교 교육과정까지 가장 크게 영향을 미치고 있는 타일러식 커리큘럼 모델에 대한 최근 교육과정학자들의 비판을 소개하면서 앞에서 논의한 새로운 인식론에 근거하여 타일러 커리큘럼 모델을 비판적으로 성찰할 것이다. 그리고 마지막으로 7장과 8장에서는 앞의 모든 논의를 종합한 열매로서 필자가 고안한 대안적 커리큘럼 모델을 제시하려고 한다.

제 **6** 장

전통적 서구 근대 인식론에 근거한 전통적 커리큘럼 비판

이 장에서는 '하나님 알기'로서의 신앙에 대한 개혁 신학적 이해와 새로운 인식론에 대한 이해에 기초해서, 기독교 교육 커리큘럼 분야의 중요한 연구 문제들 중의 하나인 "타일러 커리큘럼 모델이 신앙을 위한 기독교 교육에 적절한가?"라는 질문에 답하려고 한다. 먼저 타일러 커리큘럼 모델이 무엇인지를 설명하고, 타일러 커리큘럼 모델에 대한 커리큘럼 학자들의 비판을 윌리엄 돌(William E. Doll), 아더 애플비(Arthur N. Applebee), 그리고 엘리엇 아이즈너(Elliot W. Eisner)의 순으로 살펴보려고 한다. 그리고 마지막으로 새로운 인식론에 입각하여 타일러 커리큘럼 모델의 인식론적 가정을 비판함으로써 '하나님 알기'로서의 신앙을 위한 기독교 교육에 타일러 커리큘럼 모델이 부적합함을 밝히려고 한다.

1. 타일러식 커리큘럼 모델

서론에서 언급하였듯이 타일러식 커리큘럼 모델이라 함은 타일러 자신의 커리큘럼 이론뿐만 아니라 타일러의 모델과 공통점을 가지고 있는 다른 커리큘럼 이론들도 포함하고 있다. 이 절에서는 소위 타일러의 논리(Tyler's rationale)와 타일러식 커리큘럼 모델, 그리고 그 모델이 기독교 교육에 미친 영향을 설명하려고 한다.

1) 타일러 논리

랄프 타일러(Ralph W. Tyler)의 책 『교육과정과 수업의 기본 원리』가 1949년에 출판된 이래 타일러의 커리큘럼 모델은 교육과정 분야의 대부분의 이론들과 실천들에 대해 지배적인 영향을 미치기 시작하였다. 엘리엇 아이즈너(Elliot Eisner)가 지적한 것처럼, "교육과정의 영역에 있어서 이것(타일러 모델)보다 더 큰 영향을 끼친 것을 발견하기는 어려울 것이다."[309] 타일러의 논리는 다음 네 가지 질문들로부터 시작하는데, 이 네 질문들은 바로 커리큘럼 계획의 네 가지 단계를 함의하고 있다.[310]

---

309) Eisner, *The Educational Imagination*, 3d ed., 16. 대부분의 커리큘럼 이론가들은 커리큘럼의 이론과 실제에 있어서 타일러 논리가 절대적인 영향을 미치고 있음을 인정하고 있다. 허버트 클리바드(Herbert Kliebard)는 "타일러 논리는 거의 계시된 교리로 인식되고 있다."고 말한다[Herbert M. Kliebard, "Reappraisal : The Tyler Rationale," in *Curriculum Theorizing : The Reconceptualists*, ed. William Pinar (Berkeley : McCutchan, 1975), 70.]. 또한 패트릭 슬래드리(Patrick Slattery)는 "타일러의 소책자는 커리큘럼 영역에 있어서 성상(icon)과 같이 여겨져 왔다."고 말한다[Patrick Slattery, *Curriculum Development in the Postmodern Era* (New York : Garland, 1995), 1.].

310) Tyler, *Basic Principles of Curriculum and Instruction*, 1.

1. 학교는 어떤 목적들을 성취하려고 추구하는가?
2. 이러한 목적들을 성취하기 위해 어떤 교육 경험들이 제공될 수 있는가?
3. 이러한 교육 경험들은 어떻게 효과적으로 조직될 수 있는가?
4. 이러한 목적들이 성취되었는지의 여부를 어떻게 평가할 수 있는가?

이러한 네 가지 커리큘럼 계획의 단계들 - 교육 목표의 설정, 학습 경험의 선정, 학습 경험의 조직, 그리고 평가 - 중에서 첫번째 단계인 교육 목표의 설정이야말로 타일러의 커리큘럼 작성에 있어서 가장 중요하다. 왜냐하면 교육 목표들이 "교육 자료들이 선택되고 내용의 윤곽이 드러나며 교수 절차가 개발되며 시험과 평가가 준비되어지는 기준(criteria)이 되기 때문이다."[311] 모든 교육 프로그램들은 단지 이러한 목표들을 성취하는 수단일 뿐이다. 타일러는 그의 책의 처음 절반 가량을 이 목표들에 대한 설명에 할애하고 있다.

타일러는 세 가지 교육 목표의 원천(sources)과 교육 목표를 선택하기 위한 두 가지 체(screens)를 제안하고 있다. 먼저 교육 목표의 세 가지 원천 중의 하나는 학습자의 필요에 대한 연구이다. 타일러는 교육을 "사람들의 행동 패턴을 변화시키는 과정[312]으로 정의하면서 교육 목표들은 "교육기관이 학생들 안에서 어떠한 행동의 변화를 일으키기를 원하는지를 보여 주는 것이어야 한다."고 주장한다.[313] 즉, 교육 목표들은 학습자들의 현재 상태와 도달하기를 원하는 기준 사이의 간격(gap)과

---

311) *Ibid.*, 3.
312) *Ibid.*, 5-6.
313) *Ibid.*, 6.

관계 있다고 할 수 있다.[314] 이러한 간격이 학습자들의 필요와 동일시 될 수 있을 것이다.

교육 목표의 세 가지 원천 중 두 번째는 오늘날 사회생활의 필요에 대한 연구이다. 학교 밖에서 이루어지는 사회생활을 연구하는 데 있어서 타일러는 "조사를 위해서는 인간 생활을 다양한 영역으로 분류하는 것이 필수적"[315]이라고 주장한다. 이러한 현대 생활에 대한 연구는 직접적으로 교육 목표를 주는 것은 아니지만 지역사회 안에서 현대 생활의 조건들에 대한 정보를 준다. 적절한 교육 목표를 얻기 위해서는 이러한 연구들로부터 얻은 자료들을 잘 해석하는 것이 중요하다.[316]

세 가지 교육 목표의 원천 중 세 번째는 교과 전문가들의 견해이다. 학습자의 필요와 현대 생활의 필요에 덧붙여 교과 전문가들로부터의 두 가지 제안들이 교육 목표의 원천이 될 수 있는데, 하나는 특정 교과가 봉사할 수 있는 광범위한 기능에 관해서 제안하는 목록이고, 다른 하나는 그 교과가 기본적으로 관계된 기능이 아니지만 그 교과가 다른 큰 기능을 수행하는 데에 공헌할 수 있는 것들이다.[317]

두 번째로 타일러는 교육 목표의 설정을 위해서 두 종류의 체를 제안하는데, 철학과 학습 심리학이 바로 그것이다. 학교가 지니는 철학은 첫번째 체의 역할을 한다. 추출된 많은 목표들은 학교의 철학 안에 진술되고 함의된 '가치'라는 관점에서 걸러질 수 있도록 하는 것이다.[318] 이 철학적 체로 거르는 작업은 가치 중립적인 것이 아니라 가치 개입적

---

314) *Ibid.*
315) *Ibid.*, 19.
316) *Ibid.*, 22.
317) *Ibid.*, 27-28.
318) *Ibid.*, 34.

인 것이다. 그것은 이미 선한 삶의 본질이 무엇인지를 판단하는 가치판단을 가정하고 있다. 다른 종류의 체는 학습 심리학인데 이는 우리들로 하여금 학습 과정을 통해서 인간 안에서 변화가 일어나게 되리라 기대할 수 있는 것과 없는 것을 구분할 수 있도록 돕는다.[319] 물론 학습 심리학의 지식은 교육적으로 획득될 수 있는 목표들을 학년별로 배치하는 데에도 유용하게 사용되어질 수 있다.[320] 철학적 체가 목적론적인 수준에서 목표들을 거르는 기능을 수행한다면, 이 심리학적 체는 도구적인 수준에서 기능을 수행하게 되는 것이다.

특별히 타일러의 논리에서 '목표 진술'은 중요한데 이것은 커리큘럼 작성의 첫 번째 단계이다. 왜냐하면 목표들이 모든 교육 프로그램의 기준이 되기 때문이다. 타일러는 목표 진술을 위한 가장 유용한 형태는 학생들 안에서 개발되어야 할 행동의 종류와 이러한 행동이 일어나는 삶의 내용이나 영역, 이 두 가지의 형태로 표현되어야 한다고 주장한다.[321] 즉, 각 목표는 두 가지 차원을 갖는데 그것은 행동과 내용이다. 타일러는 목표들을 보다 구체적이고 분명하게 진술하기 위해서 이 두 차원을 지닌 도표를 사용하고 있다. 타일러의 커리큘럼 모델에 있어서 구체적으로 진술된 교육 목표들은 이미 그것이 어떤 교육적 작업인가를 지시해 주고 있다. 커리큘럼 작성자는 가능한 한 명료하게 기대되는 교육 결과들을 정의함으로써 내용을 선정하고 학습 활동을 제안하며 교수 절차의 종류를 결정하는 등 모든 교육과정을 계획하는 단계들을 수행하는 데에 가장 유용한 일련의 기준들을 가질 수 있다.[322] 구체적

---

319) *Ibid.*, 38.
320) *Ibid.*
321) *Ibid.*, 46-47.
322) *Ibid.*, 62.

으로 교육 목표를 진술하는 것은 모든 다른 커리큘럼 작성 과정을 이끌어 가는 가장 중요한 기준으로서의 역할을 수행한다.

타일러의 커리큘럼 모델에 있어서 커리큘럼 작성의 두 번째 단계는 학습 경험의 선정이다. 타일러는 "교육의 수단들은 다름 아닌 학습자들이 갖게 되는 교육적 경험들"이라고 말한다.[323] 그는 '학습 경험'이라는 개념을 학습자가 학습자 바깥에 존재하는 외부적 조건 사이의 상호 작용으로 이해한다.[324] 타일러는 학습 경험은 학생들의 경험을 의미하는 것이지, 교사의 경험을 의미하는 것은 아니라고 주장한다. 그러면서도 타일러는 교사의 책임의 중요성은 강조한다. 왜냐하면 학습 경험을 통제하는 교사의 방법은 환경을 조작하여 상황을 자극할 수 있는데 이 자극을 통하여 기대되는 종류의 행동이 학습자에게 일어날 수 있기 때문이다.[325] 비록 타일러 커리큘럼 작성의 두 번째 단계가 '학습' 경험의 선정이지 '교수' 경험의 선정이 아니지만, 교사가 그 학습 경험을 통제할 수 있다는 점에서 학습 경험이 교사 중심적인 것처럼 보이기도 한다.

타일러 모델에 있어서 커리큘럼 작성의 세 번째 단계는 학습 경험의 조직이다. 커리큘럼을 통일성을 갖도록 하기 위해서는 학습 경험이 조직되어야 한다. 타일러는 학습 경험의 조직을 교육 경험의 축적이라는 관점에서 이해하고 있다. 그는 조직의 효과를 '바위에 계속해서 떨어지는 물방울'의 비유를 사용하여 설명하고 있는데, "하루, 일주일, 한 달 안에는 바위에 가시적인 변화가 일어나지 않지만 수년의 기간의 지

---

323) *Ibid.*, 63.
324) *Ibid.*
325) *Ibid.*, 64.

나면 어떤 침식이 일어나게 된다."[326]는 것이다. 타일러는 이러한 축적 효과를 위해서 학습 경험들은 반드시 조직되어져야 한다고 주장한다. 학습 경험을 조직하는 데 있어서 두 종류의 관계를 고려할 필요가 있다. 하나는 시간에 따른 관계이고, 다른 하나는 한 영역과 다른 영역과의 관계이다. 전자를 수직적 관계라고 한다면 후자는 수평적 관계에 해당된다고 할 수 있다. 타일러는 효과적인 조직을 위한 세 가지 기준으로서, 계속성, 계열성, 통합성을 들고 있다. '계속성'은 주요 커리큘럼 요소의 수직적인 반복을 의미한다. '계열성'은 계속성과 관련되는 개념이면서도 단지 지속적으로 반복하여 다루는 것이 아니라 그 내용을 더 넓고 깊게 심화시켜 나가는 것을 의미한다.[327] '통합성'은 커리큘럼 경험의 수평적 관계를 강조하는데 이를 통해 학생들로 하여금 하나의 통합된 관점을 갖도록 도울 수 있다.[328]

타일러의 커리큘럼 모델에서 평가는 커리큘럼 작성 과정의 마지막 단계이다. 타일러에 의하면 "평가의 과정은 교육 프로그램의 목표들로부터 시작된다." 목표들이 바로 평가의 기준들이기 때문이다.[329] 평가의 목적은 이러한 목표들이 어느 정도 실제적으로 실현되었는지를 보는 것이다.[330] 이것은 타일러의 커리큘럼 모델에 있어서 과정 중에서 드러나거나 기대하지 못한 결과들에 대해서는 특별한 가치가 주어지고 있지 않음을 의미한다. 오히려 명백히 정의되고 진술된 목표들만이 모든 교육 프로그램들을 인도해 나가기 위해서 중요할 뿐 아니라 평가를

---

326) *Ibid.*, 83.
327) *Ibid.*, 85.
328) *Ibid.*
329) *Ibid.*, 110.
330) *Ibid.*

위해서도 중요한 것이다.

타일러의 논리는 매우 간단하고 분명하고 체계적이다. 타일러는 누구나 어떤 커리큘럼이나 수업 계획을 세우기를 원하는 사람들은 그의 이러한 네 가지 기본적인 질문에 답해야 한다고 주장한다. 특별히 구체적으로 진술된 목표에 대한 타일러의 강조는 '의도성' '효율성' '효과성'을 강조하는 경향이 있는 교육을 위해서는 매우 적절한 것처럼 보인다. 그래서 타일러의 논리는 일반 교육의 커리큘럼 이론과 실제, 심지어는 기독교 교육 분야에 지배적인 영향을 미치게 된 것이다.

2) 타일러식 커리큘럼 모델

타일러식 커리큘럼 모델(Tylerian Curriculum Model)은 단지 타일러 자신의 커리큘럼 이론뿐만 아니라 타일러 모델이 뿌리박고 있는 커리큘럼 이론들과 타일러 모델에 근거해 발전한 커리큘럼 이론들을 포함한다. 프랭클린 보빗(Franklin Bobbitt)의 커리큘럼 이론은 타일러식 커리큘럼 모델의 뿌리라고 간주할 수 있다. 보빗은 그의 책 『커리큘럼』[331]에서 커리큘럼 작성의 과학적인 방법을 제안하고 있다. 그는 커리큘럼 작성의 기술은 과학의 발전과 함께 발전되어야 한다고 주장한다. 과학 시대는 커리큘럼 작성에 있어서도 정확성과 구체성을 요구하고 있다는 것이다. 보빗은 인간의 삶이 구체적인 활동들로 구성되어 있기 때문에 삶을 준비하는 교육은 분명하게 그리고 적절하게 이러한 구체적인 활동들을 준비하는 것이어야 한다고 주장한다.[332] 이러한 활동들이 바로 커리큘럼의 목표들이다.

---

331) Franklin Bobbitt, *The Curriculum* (New York : Houghton Mifflin Co., 1918).
332) *Ibid.*, 42.

보빗은 그의 다른 책 『커리큘럼을 어떻게 작성할 것인가』(How to Make a Curriculum)에서 교육을 "사람들로 하여금 균형 잡힌 성인 생활을 수행케 하는 모든 종류의 활동들을 준비토록 하는 것"[333]이라고 정의하고 있다. 그러므로 커리큘럼 작성에 있어서 가장 중요한 과제는 그러한 활동들을 찾는 것이다. 보빗에게 있어서 '활동 분석(activity analysis)'은 커리큘럼 작성 과정에 있어서 중요한 위치를 차지한다. 보빗은 활동 분석의 과정을 자세히 소개하고 있는데, 그 첫째는 광범위한 인간 경험의 범주를 중요한 영역으로 분석하는 것이고,[334] 둘째는 그것들을 보다 더 구체적인 활동들로 분석하는 것이다. 이러한 분석과 분류는 수행되어질 수 있으리만치 어느 정도 구체화되는 활동들을 발견할 때까지 계속될 것이다.[335] 이러한 활동 분석의 결과로서 보빗은 열 가지 활동 영역을 설정하고 이 각각에 대해서 수많은 목표들을 열거하고 있는데, 그 열 가지 활동 영역은 다음과 같다.

1) 사회적 상호 의사 소통
2) 육체적 건강의 유지
3) 효율적인 시민 생활
4) 일반적인 사회적 접촉과 관계들
5) 여가 사용
6) 일반적인 정신적 건강
7) 종교적 태도와 활동들

---

[333] Franklin Bobbitt, *How to Make a Curriculum* (New York : Houghton Mifflin Co., 1924), 7.
[334] *Ibid.*, 7.
[335] *Ibid.*, 9.

8) 부모로서의 책임
9) 특수화되지 않은 실제적인 활동들
10) 직업 활동들[336]

타일러처럼 보빗은 분명하게 정의된 목표들을 강조한다. 그에게 있어서 커리큘럼 작성에 있어서 첫번째 단계는 어떤 구체적인 교육적 결과가 산출되어야 하는가를 결정하는 것이다.[337] 목표들이 인간 활동의 개념으로, 명확한 개념으로 진술되어야 하며, 그래서 교육자들이 교육의 목적을 분명히 알 수 있도록 해야 한다는 것이다. 보빗의 커리큘럼 모델에서 일반적이고 비분석적인 목표들은 금지되어 있다.[338]

매리 보이스(Mary C. Boys)는 『종교 교육에서의 성서 해석』(Biblical Interpretation in Religious Education)이라는 책에서 보빗과 타일러의 커리큘럼 모델을 모두 '산출 지향적 커리큘럼(production-oriented curriculum)'으로 부르고 있다. 보이스에 의하면 산출 지향적 커리큘럼은 '효율성'을 가장 중요한 가치로 삼고 있는 프레드릭 테일러(Frederick W. Taylor)의 과학적 경영 이론에 그 뿌리를 두고 있다. 보이스는 보빗이야말로 테일러의 원리를 커리큘럼에 연결시킴으로 교육에 있어서 '효율성 운동(efficiency movement)'을 일으킨 사람이라고 말한다.[339] 그런데 목표의 구체화와 인간 활동에 대한 과학적인 분석을 강조하는 이러한 보빗의 커리큘럼에 대한 과학적 관점은, 커리큘럼 작성에 있어서 분명히 정의된 목표들의 중요성을 강조하는 타일러의 논

---

336) *Ibid.*, 11-29.
337) *Ibid.*, 32.
338) *Ibid.*
339) Boys, *Biblical Interpretation in Religious Education*, 207.

리의 한 뿌리가 되고 있는 것이다.

타일러의 논리에 근거하고 있는 벤저민 블룸(Benjamin S. Bloom)의 『교육 목표 분류학』(Taxonomy of Educational Objectives)도 타일러식 커리큘럼 모델 안에 포함될 수 있다. 블룸에게 있어서 교육 목표들이란 "교육과정(process)에 의해서 학생들이 변화되도록 기대되어지는 방식들에 대한 명백한 진술"이다.[340] 블룸은 교육이란 지적, 정의적, 신체 운동적 영역에 있어서 인간 행동을 변화시키는 것으로 보았고, 교육 목표 분류학을 통해 목표들을 구체화하는 것이 더 효율적인 교육에 공헌할 수 있다고 믿었다.[341]

블룸은 그의 교육 목표 분류학의 가치를 다음의 몇 가지로 열거하고 있다. 첫째, 교육 목표 분류학은 커리큘럼 작성자들, 교사들, 학생들로 하여금 교육 목표를 명료화하고 진술을 짜임새 있도록 하는 데에 도움을 준다.[342] 둘째, 교육 목표 분류학은 평가 항목과 시험의 방법, 평가 도구들을 정교히 하는 데에 유용한 체계를 제공한다.[343] 셋째, 교육 목

---

340) Benjamin S. Bloom ed., *Taxonomy of Educational Objectives : The Classification of Educational Goals* (New York : David McKay, 1956), 26.
341) 블룸의 '교육 목표 분류학'에서 인지적 영역은 여섯 가지 차원으로 분류되어지는데, 1.0 지식, 2.0 해석, 3.0 적용, 4.0 분석, 5.0 통합, 6.0 평가 등이다. 또한 정의적 영역은 다섯 가지 차원으로 분류되어지는데 1.0 수용, 2.0 반응, 3.0 가치화, 4.0 조직화, 5.0 성격화 등이다. 비록 블룸 자신이 운동 기능적 영역을 분류한 것은 아니지만, 해로우(Anita J. Harrow)가 블룸의 분류학을 따라 이를 여섯 가지 차원으로 분류하였는데, 1.0 반사 운동, 2.0 기본적인 기초 운동, 3.0 인식적인 능력, 4.0 신체적 능력, 5.0 숙련된 운동, 6.0 비담화적 커뮤니케이션 등이다[Anita J. Harrow, *A Taxonomy of the Psychomotor Domain : A Guide for Developing Behavioral Objectives* (New York : David McKay, 1972), 32.].
342) Benjamin S. Bloom, David R. Krathwohl, and Bertram B. Masia, *Taxonomy of Educational Objectives : The Classification of Educational Goals* (New York : David McKay, 1964), 4.

표 분류학은 단순한 형태의 인간 학습은 물론 복잡한 형태의 인간 학습에 걸맞은 학습 이론을 발전시키는 데에 도움을 준다.[344] 결국, 블룸의 교육 목표 분류학의 가치는 목표들이 무엇인지를 보다 더 잘 알려줄 수 있고 평가의 결과가 목표 달성을 향한 학생들의 진보 여부를 더 잘 보여 줄 수 있는 데에 있다고 할 수 있다.[345] 타일러의 모델처럼 블룸의 교육 목표 분류학에 있어서도 교육 목표들은 교육 평가의 기준들과 동일한 셈이다.

로버트 메이거(Robert F. Mager)는 블룸처럼 목표를 보다 명료하게 진술하는 방식으로 타일러의 커리큘럼 모델을 발전시키고 있다. 우선 메이거는 그의 책 『교수 목표 준비하기』(Preparing Instructional Objectives)에서 '종착점 행동(terminal behavior)'이라는 용어를 일반적인 '행동(behavior)'이라는 용어와 구별하여 사용하고 있다. 그에 의하면 '행동'은 학습자에 의해 수행되어진 보이는 활동인 반면,[346] '종착점 행동'은 교사가 학생에게 영향을 미쳐 마지막 도달하게 하려는 행동을 의미한다. 메이거는 목표의 진술은 학습자의 종착점 행동으로 진술되어야 한다고 주장한다. 메이거는 학습자의 기대되는 행동을 묘사하는 목표 진술 방식을 다음과 같이 제시한다.

첫째, 종착점 행동을 명시하라. 당신은 학습자가 목표를 성취했다고 여겨지는 증거로 받아들여지는 행동의 종류를 구체화할 수 있다. 둘째,

---

343) Ibid., 5.
344) Ibid., 6.
345) Ibid., 8.
346) Robert F. Mager, Preparing Instructional Objectives (Palo Alto, CA : Fearon, 1962), 2.

그 행동이 일어나기를 기대하는 중요한 조건들을 묘사함으로써 기대되는 행동을 정의해 보라. 셋째, 학습자가 수행해야 할 목표를 얼마나 잘 성취했다고 할 수 있는지의 기준을 구체화하라.[347]

이런 방식으로 메이거는 측정할 수 있고 관찰할 수 있는 목표의 진술을 강조하고 있다. 메이거에게 있어서 목표는 학습자가 학습 경험을 성공적으로 완성했을 때의 상태에 대한 진술, 즉 학습자에게 있어서 예상되는 변화를 진술함으로써 표현되는 어떤 의도를 의미한다.[348] 따라서 가장 좋은 목표의 진술은 잘못 해석될 수 있는 가능성을 철저히 배제하는 것이다. 다르게 해석될 여지가 적은 단어들 - 예컨대 '기록하다' '암송하다' '구분하다' '해결하다' '세우다' '열거하다' '비교하다' '대조하다' 등의 표현들 - 이, 여러 가지로 해석될 수 있는 단어들 - 예컨대 '알다' '이해하다' '참으로 이해하다' '감상하다' '충분히 감상하다' '의미를 깨닫다' '즐기다' '믿는다' '신뢰하다' 등의 표현들 - 보다 목표를 진술하는 데 있어서 더 적절하다고 할 수 있다.[349] 그런데 이러한 측정 가능하고 관찰 가능한 개념으로 목표를 진술하려는 경향으로 말미암아 그러한 개념들로 묘사될 수 없는 교육 목표들은 교육에 있어서 제외되거나 무시될 수 있는 가능성이 있게 된다.

아이즈너에 의하면 보빗, 블룸, 메이거, 헤릭(Virgil Herrick), 타바(Hilda Taba), 그리고 계획으로서 커리큘럼을 이해하는 다른 중요한 커리큘럼 이론가들도 타일러식 커리큘럼 모델에 포함될 수 있다.[350] 이러

---

347) Ibid., 12.
348) Ibid., 3.
349) Ibid., 11.
350) Eisner, The Educational Imagination, 80.

한 커리큘럼 이론가들의 공통점은 타일러 논리와 더불어 커리큘럼에 있어서 기술 공학적 관심을 공유하고 있다는 것이다.

3) 기독교 교육에 대한 타일러 커리큘럼의 영향

타일러의 책 『교육과정과 수업의 기본 원리』가 1949년에 출판된 이래 기독교 교육 커리큘럼도 타일러의 커리큘럼 모델에 의하여 영향을 받아 왔다. 타일러의 논리 - 목표의 설정, 학습 경험의 선택, 학습 경험의 조직, 평가 - 와 커리큘럼을 교육 프로그램을 위한 청사진으로 이해하는 타일러의 관점은 기독교 교육과정의 기초가 되었다. 파멜라 미첼(Pamela Mitchell)은 종교 교육에 있어서 타일러의 영향을 다음과 같이 지적하고 있다.

> 종교 교육에 있어서 타일러의 커리큘럼은 아직도 교육 내용, 순서, 교수 방법, 교사 교재, 학습 자료 등을 포함한 교육 프로그램을 위한 청사진으로 이해되고 있다. 이 커리큘럼이 진정 우리가 필요로 하고 원하는 것인지를 진지하게 고려하지 않은 채 오늘날 이것이 종교 교육에 있어서 커리큘럼이 무엇인지를 이해하는 유일한 방식으로 자리 잡고 있다.[351]

이제 타일러로부터 영향 받은 대표적인 기독교 교육과정 이론이라고 할 수 있는 캠벨 와이코프(D. Campbell Wyckoff)의 기독교 교육과정 이론과 기독교 교육 영역에서 타일러식 커리큘럼 모델에 영향을 받은 몇몇 커리큘럼 이론과 자료들에 초점을 맞추어 살펴보자.

---

351) Mitchell, "What is Curriculum?," 365.

(1) 와이코프의 커리큘럼 모델

캠벨 와이코프가 쓴 책 『기독교 교육과정의 이론과 작성』은 기독교 교육과정 분야에서 가장 영향력 있는 책 가운데 하나인데 이는 타일러의 커리큘럼 모델에 그 뿌리를 두고 있다고 할 수 있다.[352] 아이리스 컬리(Iris V. Cully)는 『기독교 교육을 위한 커리큘럼의 계획과 선택』에서 와이코프의 커리큘럼 모델이 지난 20년 동안 출간된 커리큘럼 자료들의 기초가 되었다고 진술하고 있다.[353]

와이코프는 기본적으로 타일러처럼 커리큘럼을 하나의 계획으로 보았는데, "그것으로 인해 교수 학습 과정이 체계적으로 수행되어지는 계획"이라고 정의하고 있다.[354] 파멜라 미첼이 진술하고 있듯이, "기독교 종교 교육 커리큘럼 분야에 있어서 1950년대 말과 1960년대에 와이코프의 등장으로 말미암아 타일러의 모델에서 보았던 '계획으로서 커리큘럼'을 커리큘럼의 대명사로 이해하는 경향이 극에 달하게 되었다."[355] 와이코프에게 있어서 기독교 교육과정은 기독교 신앙과 기독교적 삶이 알려지고 수용되고 실천되기 위하여 교회가 가르치는 사역에서 사용하는 '주의 깊게 고안된 의사 소통의 통로'라고 할 수 있는

---

352) 이것은 와이코프의 커리큘럼 모델이 오직 타일러식 커리큘럼 모델에만 기초하고 있음을 의미하는 것은 아니다. 와이코프의 모델이 교육학적인 기초로서 타일러식 모델에 의존하고 있다고 할 수 있지만, 와이코프의 모델은 신정통주의 신학을 신학적 기초로 삼고 있다. 이런 점에서 필자는 와이코프의 커리큘럼 모델의 모든 측면을 비판하는 것이 아니다. 필자의 와이코프 모델에 대한 비판은 와이코프 모델에 스며들어 있는 타일러식 커리큘럼 모델의 특성들로 제한된다.
353) Iris V. Cully, *Planning and Selecting Curriculum for Christian Education* (Valley Forge, PA : Judson Press, 1983), 9.
354) Wyckoff, *Theory and Design of Christian Education Curriculum*, 17.
355) Mitchell, "What is Curriculum?," 363.

데,[356] 와이코프 자신도 기독교 교육과정에 대한 타일러의 영향을 인정하고 있다.

> 교회 외부의 일반적인 교육의 분야에서 교회를 위해서 큰 의의를 갖는 교육과정의 개발이 이루어졌다. 창조적인 작업 활동의 대표작은 버질 헤릭(Virgil E. Herrick)과 랄프 타일러(Ralph W. Tyler)의 『개선된 교육과정 이론을 향하여』(Toward Improved Curriculum Theory)라는 책으로, 이는 기초적인 교육과정의 논제들을 정확히 진술하고 있다.[357]

와이코프는 "철학에 있어서 관념주의나 자연주의로부터 실용주의나 현실주의로 그 강조점이 바뀜에 따라 교회는 교육을 위한 교회의 신학적, 철학적 기초를 재검토할 필요가 있다."고 주장한다.[358] 이것은 와이코프가 과학적이고 산출 지향적인 커리큘럼 모델을 선호하고 있음을 암시하고 있다. 타일러처럼 와이코프는 교육 목표의 구체성을 강조한다.

와이코프가 단순히 타일러의 커리큘럼 모델을 모방하고 있는 것만은 아니다. 와이코프는 기독교 교육과 일반 교육의 차이에 대해서 잘 인식하고 있다. 그는 예상되는 행동의 산출로서의 교육 목표를 강조하는 타일러 모델을 그대로 기독교 교육에 적용하는 것은 문제가 있다고 보았다.

---

356) Wyckoff, *Theory and Design of Christian Education Curriculum*, 17.
357) D. Campbell Wyckoff, *Theory and Design of Christian Education Curriculum*, 김국환 역, 『기독교 교육 과정의 이론과 설계』(서울 : 성광문화사, 1990), 50(원서 p.42).
358) *Ibid.*, 43.

예상되는 행동적 산출이 기독교 교육의 프로그램이나 커리큘럼을 구성하는 데에는 체계적으로 사용될 수 없다. 비록 기독교 교육의 산출이 행동적이라 할지라도 그것들은 표준적인 방식으로 일어나리라 기대될 수 있는 것은 아니다.[359]

그러나 와이코프는 "비록 예상된 행동 결과가 커리큘럼을 결정할 수는 없다 하더라도 그것들이 가능한 주제나 문제들, 그리고 집단적, 개인적 목적들을 제안(결정은 아니지만)하는 데는 유용하다."고 주장한다.[360] 기본적으로 와이코프는 과학적 커리큘럼 모델을 기독교 교육에 적용하는 데에는 낙관적인 것처럼 보인다. 와이코프는 "만약 목표들에 대한 연구가 개신교 교육 안에서 계속적으로 이루어진다면 그러한 목표들이 다루려고 하는 다양한 교육적 기능들을 분류할 수 있는 유형론(typology)을 갖게 될 수 있을 것이다."[361]라고 했다. 그러므로 타일러의 모델처럼 와이코프의 커리큘럼 모델에 있어서도 목표들은 커리큘럼 작성에 있어서 가장 중요한 요소들임이 분명하다. 기독교 교육의 목표들은 교육과정을 인도하는 데에 사용되어지고, 교육과정이나 행정을 위한 노력은 이러한 목표들에 비추어 평가될 수 있을 것이다.[362]

와이코프는 그의 책 『기독교 교육의 과제』(The Task of Christian Education)에서 기독교 교육에 있어서 계획의 중요성을 강조한다.

---

359) Ibid., 68.
360) Ibid., 70.
361) Ibid.
362) D. Campbell Wyckoff, The Gospel and Christian Education (Philadelphia : Westminster Press, 1959), 114.

기독교 교육의 목적은 자동적으로 성취되어질 수 없다. 어린이나 청소년, 그리고 성인들이 사려 깊은 기독교 교육 프로그램의 계획 없이도 기독교인이 될 수 있으리라는 생각은 단순한 바람에 불과하다. 우리의 청지기직의 중요한 부분은 바로 주의 깊게 계획하는 것이다.[363]

그러므로 와이코프는 기독교 교육을 "학생들이 기독교인이 될 수 있도록 도와주는 모든 계획된 경험들"로서 정의하고 있다.[364] 또한 와이코프는 목표의 구체성을 강조하는데, 그에 의하면 "기독교 교육의 일반적인 목표들은 매 상황에서 구체적인 형태로 번역될 필요가 있다."[365] 와이코프에게 커리큘럼이란 경험을 재배열하는 과정이라고 할 수 있다.[366] 와이코프는 "커리큘럼이 모든 선택되고 조직된, 그리고 교육의 목적들을 성취하기 위하여 사용된 모든 경험들로 구성된다."고 보았다.[367] 이러한 그의 진술은 와이코프의 커리큘럼 이해가 타일러의 그것과 매우 유사함을 보여 준다. 타일러처럼 와이코프는 커리큘럼 작성에 분명한 교육적 원칙들이 있음을 주장한다.

학습은 경험을 통해서 일어난다. 커리큘럼은 선택된 경험들로 구성된다. 커리큘럼은 '발달'과 '기독교인'이라는 두 가지 분명한 기준에 기초하여 선택된 풍부하고 다양한 경험들로 구성된다.[368]

---

363) D. Campbell Wyckoff, *The Task of Christian Education* (Philadelphia : Westminster Press, 1955), 25.
364) *Ibid.*, 31.
365) *Ibid.*, 25.
366) *Ibid.*, 127.
367) *Ibid.*
368) *Ibid.*, 128.

와이코프의 평가에 대한 이해는 그것이 타일러식 커리큘럼 모델에 의해 영향 받았음을 드러내 준다. 『어떻게 당신의 교회교육 프로그램을 평가할 것인가』(How to Evaluate Your Church Education Program)라는 책에서 평가의 과정은 세 가지 단계를 지니게 된다고 주장한다. "첫째, 당신의 기준을 설정하라. 둘째, 당신의 상황을 묘사하라. 셋째, 기준의 관점에서 상황을 평가하면서 그 두 가지를 비교하라."[369] 즉, 와이코프에게 있어서 평가는 미리 설정된 기준으로부터 시작되는데, 그 기준은 바로 목표들과 동일시될 수 있는 것이다. 평가는 목표 기준이라는 관점으로 현재의 상황을 측정하는 것으로 구성된다.

더욱이 와이코프는 블룸의 교육 목표 분류학을 기독교 교육에 적용하려고 한다. 와이코프는 그의 논문, 「블룸의 교육 목표 분류학의 종교 교육에의 수용」에서 종교 교육이 지식을 다루는 한 이러한 분류학적 분석이 다른 영역에 대해서처럼 종교 교육에 적용되어질 수 있다고 주장한다.[370] 그에게 있어서 종교 교육은 중요한 핵심적 인지적 요소들을 지니는데 그 예로 성서적 연구, 역사적 연구, 비교 종교 연구, 종교에 대한 행동적 연구, 종교 철학, 교리 신학 등을 들 수 있다.[371] 와이코프는 블룸의 인지적 영역에 대한 교육 목표 분류학을 종교 학습을 구체적으로 이해하고 지도하는 데에 매우 유용한 것으로 받아들인다. 사실 『교회의 교육 목회를 위한 커리큘럼 개발의 도구들』(Tools of Curriculum Development for the Church's Educational

---

369) D. Campbell Wyckoff, How to Evaluate Your Church Education Program (Philadelphia : Westminster Press, 1962), 16.
370) D. Campbell Wyckoff, "The Import of the 'Bloom Taxonomies' for Religious Education," Religious Education 63, No. 6(1968) : 481.
371) Ibid.

Ministry)³⁷²⁾이라는 책은 블룸의 인지적 영역에 대한 교육 목표 분류학을 반영하는 분류학을 제공하고 있다. 또한 와이코프는 블룸의 분류학은 종교 교육에 있어서 평가 프로그램을 개발하는 데에도 유용하다고 주장한다.

와이코프는 블룸의 인지적 영역에 대한 분류학처럼 블룸의 정의적 영역에 대한 목표 분류학의 유용성을 강조한다. 와이코프는 기독교는 기독교적 가치를 동일시하고 조직하고 수용하며 그 가치를 사용하는 과정으로 이해할 수 있기 때문에 정의적 영역에 대한 분류학도 종교 교육자와 연구자에게 유용하게 사용되어질 수 있다고 주장한다. 와이코프는 "정의적 영역에 대한 블룸의 핸드북은 1960년대 종교 교육 분야에서 출간되어진 가장 중요한 책"이라고 극찬하고 있다.³⁷³⁾

위에서 살펴본 바와 같이, 와이코프의 커리큘럼 이론은 타일러의 논리와 블룸의 교육 목표 분류학에 그 한 뿌리를 두고 있음이 명백하다. 그런데 와이코프의 커리큘럼 모델이 기독교 교육에 있어서 가장 영향력 있는 커리큘럼이 되어 왔기 때문에 여기서 우리는 타일러식 커리큘럼 모델이 기독교 교육의 지배적인 커리큘럼 모델이 되어 왔다고 확실히 말할 수 있다.

(2) 타일러 모델의 영향을 받은 기타 기독교 교육과정

타일러 커리큘럼 모델의 영향이 와이코프의 이론 외에도 다른 많은 기독교 교육 커리큘럼 이론들 가운데 발견되는데, 여기에서는 그 중에서 대표적인 몇 가지 기독교 교육과정 이론과 자료들을 살펴보자.

---

372) *Tools of Curriculum Development for the Church's Educational Ministry* (Anderson, Ind. : Warner Press, 1967).
373) Wyckoff, "The Import of the 'Bloom Taconomies' for *Religious Education*," 484.

첫째, 폴 비드(Paul H. Vieth)의 커리큘럼 모델도 기독교 교육의 영역에서 타일러식 커리큘럼 모델의 범주에 포함될 수 있다. 비드의 책 『종교 교육에서의 목표들』(Objectives in Religious Education)은 타일러의 책 『교육과정과 수업의 기본 원리』가 출간되기 전에 출판되었지만 비드의 모델은 프랭클린 보빗의 커리큘럼 이해에 의해 영향을 받았다. 보빗처럼 비드는 커리큘럼 작성에 있어서 목표의 중요성을 강조하였다. 비드에게 있어서 커리큘럼은 교육 목표를 성취하기 위한 프로그램으로 이해된다. "목표는 의식적으로 주어진 과정의 기대되는 산출로서 받아들이는 결과의 진술"이다.[374] 목표는 효과적인 교육을 위해서 가장 중요한 요인이다. "목표는 과정을 예견케 하고 그 과정을 지시하는 데 있어서 기대되는 결과를 사용한다."[375] 비드에게 있어서 학습 목표는 최소한 다음의 다섯 가지 중요한 목적을 위해 봉사한다.

1. 학습 목표들은 그것을 통해 바람직한 변화들이 실현되는 과정들에 방향을 제시해 준다.
2. 학습 목표들은 교육 활동들에 적절한 연속성을 부여하는 데 기여한다.
3. 학습 목표들은 그것을 통해서 바람직한 변화들이 생산될 수 있는 행동에 대한 지침들로서 봉사한다.
4. 학습 목표들은 바람직한 활동들을 효과적으로 실행하는 데 필요한 자료들의 선택에 대한 지침들로서 봉사한다.
5. 마지막으로, 학습 목표들은 교육과정들의 효과성을 측정할 기준으로 봉사한다. 학습 목표들은 생산된 바람직한 변화의 기준을 제공

---

374) Paul H. Vieth, *Objectives in Religious Education* (New York : Harper & Brothers, 1930), 18.
375) *Ibid.*, 19.

한다.[376)]

둘째, 미국 교회협의회(National Council of the Churches of Christ)에 의해 1955년 출판된 『기독교 교육에 있어서 커리큘럼을 위한 가이드』역시 타일러식 커리큘럼 모델의 특징들을 드러내고 있다. 이 책에서는 커리큘럼이 "기독교 교육의 목적을 성취하기 위한 인도 아래 있는 경험(experience under guidance)"으로 정의된다. 이러한 커리큘럼에 대한 정의는 커리큘럼에 대한 두 가지 특징을 강조하는데, 하나는 계획적인 것이고 다른 하나는 목적적인 것이다.

커리큘럼은 한 사람이 그 안에서 행동하고, 그와 함께 상호 작용하는 전체 사회 상황이 아니라 오히려 기독교 교육의 어떤 목적들을 실현하고 어떤 목표들을 얻기 위해 의도적으로 계획된 사회 상황의 일부이다. 위의 기술에서 커리큘럼의 두 가지 특성이 즉각적으로 보여지는데 그것은 계획적이라는 것과 의도적이라는 것이다.[377)]

셋째, 와이코프의 연구에 기초한 협동 교육과정 프로젝트(Cooperative Curriculum Project) 작업도 타일러식 커리큘럼 모델에 속한다. CCP의 커리큘럼 작성은 다섯 가지 구성 요소를 지니는데 바로 목표, 범위, 상황, 학습 과제들, 조직 원리들이다. 그것들 가운데 목표는 커리큘럼 작성에 있어서 가장 중요한 요소인데, 각 요소는 그 목표를 성취시키는 과

---

376) *Ibid.*, 20.
377) National Council of the Churches of Christ in the U. S. A., *A Guide for Curriculum in Christian Education* (Chicago : NCC in the USA, 1955), 25.

정이 되기 위해서 목표의 관점에서 판단되어야 한다.[378]

마지막으로 기독교 교육에 대한 타일러식 커리큘럼 모델의 영향은 도날드 그릭(Donald L. Griggs)의 책과 커리큘럼 자료에서 발견된다. 기본적으로 그릭은 타일러처럼 기독교 교육의 실제에 있어서 목표의 중요성을 강조한다. 타일러가 목표 진술은 행동적인 측면과 내용적인 측면 두 가지를 담고 있어야 한다고 주장한 것처럼,[379] 그릭도 목표는 학생의 행동과 관찰 가능한 수행이라는 관점에서 진술되어야 한다고 주장한다. 특별히 메이거의 영향을 받아 그릭은 학습 목표는 구체적이며, 관찰 가능하고, 측정 가능한 것이어야 함을 다음과 같이 강조한다.

1. 목표는 학생이 이루어야 하는 문장으로 쓰여져야 한다. 우리가 학생에게서 무엇을 기대하는가를 말해 주는가?
2. 목표는 교사가 학생이 무엇을 하도록 기대하는 것을 관찰할 수 있는 문장으로 작성되어야 한다. 목표에서 우리는 학생의 행동을 우리가 보거나 듣거나 할 수 있는가?
3. 목표는 명확해야 한다. 목표가 학생에게서 기대되는 무엇을 분명하고 명확하게 묘사하는가?
4. 목표는 어떤 조건 가운데서 학생이 행동하도록 기대되는 바를 서술해야 한다. 목표가 학생의 행위에 영향을 끼칠 수 있는 조건을 묘사하는가?
5. 목표는 측정될 수 있어야 한다. 목표가 하고자 하는 행동의 질적 정

---

378) *The Church's Educational Ministry : A Curriculum Plan - The Work of the Cooperative Curriculum Project : CCP* (St. Louis, Miss. : Bethany Press, 1965), 4.
379) Tyler, *Basic Principles of Curriculum and Instruction*, 62.

도를 묘사하는가?
6. 목표는 전후 목표들과의 관련에 있어 연속적이어야 한다. 목표의 서술에서 무엇이 앞이며 무엇이 뒤인가에 대해 연속성이 있는가?[380]

그릭은 교수를 통한 학생들의 행동 변화의 중요성을 강조하기 때문에 각각의 목표 진술은 다음과 같은 문장으로 시작되어야 한다고 주장한다. "이 수업이 끝난 후에는 학생들이 다음과 같은 것을 할 수 있다."[381] 그릭에 의하면 교사들이 학생들이 성취하리라 기대하는 변화에 초점을 맞추는 것은 매우 유용한 방법이라는 것이다.[382] 타일러처럼 그릭은 학생들의 경험에 초점을 맞추는데, 그 경험이란 정의되고 확정되고 어느 정도 교사에 의해서 통제되는 경험을 의미한다. 타일러의 모델처럼 그릭의 모델에서는 목표들이 평가의 기준이고 목표 자체가 평가의 관점에서 진술되어야 한다.

그릭은 목적(goal)과 목표(objective)를 구분하고 있다. 그에게 목적은 생애를 통해서 추구할 만큼 큰 것이어서 계획하고 평가하기에는 너무나 일반적인 수준이라고 한다면, 목표는 구체적이고 성취 가능한 것으로서 더 큰 목적을 향해 나아가는 작은 단계들과 같은 것이다.[383] 그릭은 교육자는 목표를 진술하는 데 있어서 일반적이고 추상적인 단어들을 사용하는 것을 피해야 한다고 주장한다. 예컨대 '이해하다' '알다' '실현하다' '감상하다' '느끼다' '깨닫다' 등은 그것들이 너무나 일반

---

380) Donald L. Griggs, *Teaching Teachers To Teach* (Nashville : Abingdon Press, 1980), 12-14.
381) *Ibid.*, 14.
382) *Ibid.*
383) *Ibid.*, 13.

적이고 추상적이어서 목표 지향적인 단어들이라기보다는 목적 지향적인 단어들이라는 것이다. 그릭은 다음과 같은 단어들을 목표 진술에 적합한 단어들로 예시하고 있는데, 예컨대 '진술하다' '비교하다' '동일시하다' '만들다' '설명하다' '발표하다' '적용하다' '발견하다' '열거하다' '묘사하다' '보여 주다' '조직하다' '쓰다' '표현하다' '제안하다' '위치시키다' '토의하다' '암송하다' '따르다' '인용하다' '이름을 붙이다' '요약하다' '공헌하다' '참여하다' '선택하다' '질문하다' 등이다.[384] 이러한 단어들은 교사들이 보거나 들을 수 있는 학생들의 행동들이다.[385] 그릭은 이러한 단어들이 교사에게 학생들의 행동 변화를 객관적으로 평가할 수 있도록 기준을 제공할 수 있다고 주장한다.

지금까지 몇 가지 예를 제시함으로 기독교 교육에 타일러식 커리큘럼 모델이 끼친 영향에 관하여 논의하였다. 이러한 예들 외에 파멜라 미첼이 언급한 것처럼[386] 1980년대 미국의 기독교 교육 커리큘럼에 관한 거의 모든 책들과 대부분의 교단에서 커리큘럼이라고 불리는 자료의 출판, 예컨대 JED 교육 체계 프로젝트나 미국 연합감리교회에 의해 고안된 '연합감리교단의 커리큘럼 작성' 등의 자료들은 타일러식 커리큘럼 모델에 의해서 영향을 받은 것들이라고 할 수 있다.

2. 타일러 커리큘럼 모델에 대한 교육과정학자들의 비판

일반 교육에 있어서, 1970년대부터 시작된 재개념화(Reconcep-

---

384) *Ibid.*, 14.
385) *Ibid.*
386) Mitchell, "What is Curriculum?," 365.

tualization) 운동 이래로 타일러 커리큘럼 모델은 비판받기 시작하였고, 다양한 대안적 커리큘럼 이론들이 제안되기 시작하였다.387) 여기에서는 그 중 타일러 커리큘럼 모델에 대한 돌(William Doll)과 애플비(Arthur Applebee), 아이즈너(Elliot Eisner)의 비판을 살펴보려고 하는데, 이들은 특히 인식론적 관점에서 타일러 모델을 비판하고 있다.

1) 돌의 비판

윌리엄 돌(William E. Doll)은 그의 책 『교육과정과 포스트모더니즘의 시각』(A Postmodern Perspective on Curriculum)에서 타일러 커리큘럼 모델의 인식론적 전제에 대해 비판하고 있다. 돌은 타일러의 모델이 뉴턴(Isaac Newton)의 실험주의와 데카르트(René Descartes)의 합리주의에 뿌리박혀 있다고 지적한다.388) 뉴턴의 고정된 우주에 대한 관점은 계속적인 진보와 선형적(linear)으로 지속되는 발달을 전제하고 있다. 또한 뉴턴의 실험주의는 개별적 원자가 궁극적 실재를 형성하고 있음을 함의하고 있다. 돌은 뉴턴의 과학적 사고의 영향으로 타일러 모델을 포함한 근대 커리큘럼이 "선적인 질서로 정렬된 단원으로 이해되고 있으며" "학습 그 자체가 이해되고 축적되어지는 지식 단위들의 개수로 정의되어지고 있다."고 분석한다.389)

돌은 데카르트의 합리주의가 타일러 커리큘럼의 방법론의 기초를 제공하고 있다고 지적하는데, 특히 타일러의 커리큘럼 모델에서는 커리큘럼은 목적을 이루는 수단에 불과하다는 것이다. 돌은 타일러의 네 가

---

387) Slattery, *Curriculum Development in the Postmodern Era*, 4.
388) Doll, *A Postmodern Perspective on Curriculum*, 1.
389) *Ibid.*, 38.

지 커리큘럼의 단계인 목표의 설정, 경험의 선택, 효과적인 조직, 평가는 데카르트의 합리적인 사고의 과정에 대한 단순한 변용에 지나지 않는다고 비판한다.[390] 돌은 근대 커리큘럼에 대한 데카르트의 합리주의의 영향을 다음과 같이 진술하고 있다.

> 데카르트의 합리주의 안에는 우리들의 개인적인 반추와 행동에 의해 영향을 받지 않은, 합리적이고 기하학적이며 계몽적인 신에 의해 정해진 외재적인 실재에 대한 가정이 존재한다. 히브리, 기독교, 중세의 사고와 매우 상반되는 외재적인 것과 개인적인 것 사이의 범주적인 분리는 데카르트가 근대주의에 남긴 유산의 일부분이다. 이러한 유산은 교육과정 안에 있는 교사와 학생, 인식자와 인식 대상, 자아와 타인 간의 분리라는 형태로서 남겨졌다.[391]

뉴턴과 데카르트의 세계관은 닫힌 계(a closed system)를 가정하는데, 이 체계 안에서는 지식이 창조되는 것이 아니라 발견된다. 이러한 닫힌 계 안에서는 "지식이 자연의 법칙 안에서 '바깥 그 어디에(outside)' 변화되거나 변용될 수 없는 모습으로 존재한다."[392] 닫힌 계 안에서는 개인적인 느낌이나 직관, 그리고 경험들은 지식의 근원으로 여겨지지 않는다.

돌은 타일러의 논리가 이러한 닫힌 계에 근거하고 있다고 주장하는데, 이 닫힌 계 안에서 학습이란 선재(pre-existent)하고 이미 알려진

---

390) Ibid., 31.
391) William E. Doll Jr., *A Postmodern Perspective on Curriculum*, 김복영 역, 「교육 과정과 포스트모더니즘의 시각」(서울 : 교육과학사, 1997), 50(원서 p. 31).
392) Ibid., 32.

것을 발견하는 것으로 제한된다.[393] 돌의 타일러 커리큘럼 모델에 대한 비판은 전통적인 서구 근대 인식론에 뿌리박혀 있는 타일러 논리가 선재된 목적, 표준화된 규범, 연속적 단계, 기술적인 통제, 측정을 강조하고 있음을 드러내고 있다.

• 선재된 목적(Pre-set ends)

타일러 모델에서는 교육 목표의 설정이 첫 번째 단계인데, 다른 커리큘럼의 과제들은 이러한 미리 설정된 교육 목표를 달성하는 수단일 뿐이다. 돌은 선재된 목적은 교육적 과정의 바깥에 존재한다고 주장한다. 이런 점에서 타일러 모델은 목적과 과정 사이의 이원론을 전제한다. 목적은 과정으로부터는 도출되지 않는다.[394] 돌은 타일러 논리에 대해 타일러와 듀이를 대조함으로써 목적과 과정의 관계의 문제를 지적하고 있는데, 타일러는 교육적인 목적이 경험보다 앞서서 설정되어야 한다고 보고 학습은 구체적으로 의도되고 지시되고 통제된 산출로서 측정될 수 있는 것으로 보는 반면, 듀이는 교육적 목적은 경험적 활동의 과정 안에서 도출될 수 있다고 이해하며 학습은 그러한 활동의 수행 과정으로 이해한다.[395]

---

393) Ibid., 31.
394) 이 점에서는 파이너(William Pinar)도 같은 주장을 하고 있다. 그의 쿠레레(currere)의 개념에서는 목표들이 미리 설정되는 것이 아니고, 여정(journey)이라고 할 수 있는 교육의 과정 가운데에서 형성되어지는 것이다(William Pinar, "Currere : Toward Reconceptualization," in Curriculum Theorizing : The Reconceptualists, 398.).
395) Doll, A Postmodern Perspective on Curriculum, 53.

- **표준화된 규범(Standardized norms)**

돌은 타일러가 '표준화된 규범'을 가정한다고 본다. 타일러 모델에 있어서는 학습자의 필요와 현대 사회의 필요, 그리고 교과 전문가의 견해 등이 교육 목표 설정의 원천들이다. 돌은 이러한 필요들은 "암시적으로 고정된 우주를 전제하는데, 그 안에서는 모두가 동의하고 유형화할 수 있고 측정할 수 있는 당위성이 존재함"[396]을 가정하고 있다고 지적한다. 그러므로 타일러 모델에서 표준화된 규범으로서 목표들은 학습자 외부에 존재한다. 교육은 이렇듯 외부에 존재하는 표준화된 규범을 성취하는 것으로 간주된다. 이러한 모델에서 '지식'은 '인식자'로부터 분리된다.

- **연속적인 단계(Sequential steps)**

타일러의 모델에서 커리큘럼의 단계는 선형적인 질서를 지니는데 그것은 목표의 설정, 학습 경험의 선정과 조직, 평가의 순이다. 돌은 이러한 타일러 모델에서는 간격이나 불연속은 커리큘럼에서 존재하지 않거나 오직 부정적인 개념으로 이해될 뿐이라고 주장한다.[397] 그리고 시간 자체가 축적적인 개념으로 이해되어지는 경향이 있는데, 시간이 오래 될수록 더 많은 학습이 축적되는 것으로 여긴다는 것이다.[398] 타일러 논리는 불연속성보다는 연속성을 강조하는 것처럼 보인다. 타일러 모델은 앎에 있어서 '도약'의 가능성을 고려하지 않는다. 돌은 타일러의 모델이 커리큘럼을 복합적이고 상호 작용적인 변형적 과정(transfor-

---

396) *Ibid.*, 54.
397) *Ibid.*, 37.
398) *Ibid.*

mative process)으로 인식하지 않고 있음을 지적한다.[399]

• 기술 공학적인 통제(Technical control)

돌은 타일러의 커리큘럼 모델이 공리주의적인 특성을 지닌다고 주장한다. 타일러 커리큘럼 모델은 연속적인 단계와 목적과 수단 간의 분리를 통해서 교육의 본질에 대한 기능주의적 관점, 즉 근본적으로 세상에 대한 기술적 통제에 관심을 지니고 있다고 보았다. 또한 돌은 타일러의 모델은 기술 공학적인 특성을 갖는다고 주장한다.

> 이러한 기계론적 모델은 그 방법론에서 열린 계가 아니라 닫힌 계인 타일러 논리의 핵심에 위치한다. 보빗에서 타일러에 이르기까지 교육과정 이론과 계획의 토대가 되었던 프레데릭 테일러의 시간 – 운동 연구는 그러한 기계론적 가정의 기초가 된다.[400]

이러한 기술 공학적 커리큘럼 모델은 어떤 가정이나 신념, 역설에 대한 질문을 제기할 수 없고, 오히려 자명한 것들과 주어진 것들로부터 시작해서 이미 가치 있다고 정해지고 받아들여진 것들을 단선적으로 강화하거나 확립하거나 증명하는 방향으로 움직여질 뿐이다.[401]

• 측정(Measurement)

돌은 타일러 모델은 객관성(objectivity), 관찰(observation), 증명

---

399) Ibid., 38.
400) William E. Doll Jr., *A Postmodern Perspective on Curriculum* (New York : Teachers College Press, 1993), 193(원서 p. 115).
401) Ibid., 114.

(verification)을 강조하는 실증주의적 인식론에 뿌리박혀 있다고 주장한다. 이러한 실증주의적 인식론에서는 앎의 주체가 외재적 대상으로서의 앎의 객체 바깥에 존재한다.[402] 돌은 이러한 인식론이 타일러 논리로 하여금 목적과 목표를 선재하는 것으로 보게 하고, 학생들의 경험에 대해서 미리 결정을 내리게 하고, 선택된 경험이 미리 선택된 목표에 얼마나 부합되느냐의 관점에 입각해서 개인적 학습을 규정하는 것을 정당화시킨다고 지적한다.[403]

> 여기서 개인은 목표에 종속되며 파묻히게 된다. 항상 사전에 결정된 목표를 향해 운영되는 이러한 체제의 폐쇄성은 이 체제를 측정에 대한 이상적인 체제로 만든다. 그리고 이러한 체제가 생성하는 교육과정의 개념, 즉 '측정된 교육과정'은 정확하게 쓴 교안과 강의 노트로 강화된 미리 선정된 학습 과정의 개념이다.[404]

이런 측면에서 평가는 측정과 동일시될 수 있다. 이것이 바로 타일러 커리큘럼 모델이 목표는 관찰될 수 있고, 측정될 수 있고, 양화될 수 있는 개념으로 진술되어야 하는 이유다.

결국, 돌의 타일러 커리큘럼 모델에 대한 비판은 타일러 커리큘럼 모델의 인식론적 가정에 초점이 맞추어져 있다. 즉, 타일러 커리큘럼 모델은 실증주의적 인식론에 근거되어 있다는 것이다. 앞에서 언급한 대부분의 타일러 커리큘럼 모델의 문제들은 이러한 전통적인 서구 근대 인식론의 인식론적 전제에 기인한다.

---

402) Ibid., 126.
403) Ibid.
404) Doll., A Postmodern Perspective on Curriculum, 212 - 213(원서 p. 126).

2) 애플비의 비판

애플비(Arthur N. Applebee)는 그의 책 『대화로서의 교육과정』(*Curriculum as Conversation*)[405]에서 보빗과 타일러의 커리큘럼 모델들을 포함한 기술 공학적 커리큘럼 모델을 비판하고 있다. 애플비는 타일러 커리큘럼 모델 비판에서 몇 가지 중요한 개념들을 사용하는데 '행동 안의 지식(knowledge-in-action)', '상황 밖의 지식(knowledge-out-of-context)', 전통(tradition), 참여(participation), 대화(conversation) 등이다.

애플비는 '행동 안의 지식'을 '상황 밖의 지식'과 구별한다. 그에 의하면 '행동 안의 지식'에서는 아는 것이 행하는 것으로부터 분리되지 않는다. 애플비는 지식을 정적인 것이 아니고 변화하는 것으로 보았다. 이러한 지식은 '상황 밖의 지식'에 관한 공부나 절차나 규칙들을 암기하는 것으로부터 나오는 것이 아니고 오히려 전통 안에 참여하는 것으로부터 나온다는 것이다.[406] 애플비는 이 '행동 안의 지식'을 마이클 폴라니의 '암묵적 지식(tacit knowledge)'과 동일시하고 있다.

> '암묵적 지식'은 그것을 전제하여 모든 질문들이 도출되는 배경이다. 그것은 당연시되는 가정들과 증거와 과정의 규칙들, 그리고 무엇이 흥미롭고 무엇이 덜 흥미로운지에 대한 감각을 주는 하나의 모체이다. '암묵적 지식'은 '행동 안의 지식'이다. 그것은 과정의 규칙들을 분명히 말하는 것으로부터가 아니라 전통에 참여하는 것으로부터 자라

---

405) Arthur N. Applebee, *Curriculum as Conversation : Transforming Traditions of Teaching and Learning* (Chicago : University of Chicago Press, 1996).
406) *Ibid.*, 11-12.

나온다.[407]

애플비는 보수적인 교육 이론가들과는 달리 전통을 '행동 안의 지식'으로 이해하고 있는데[408] 우리는 전통으로부터 우리가 알게 되는 실재를 구성하고 인식하게 된다고 본다. 일반적으로 전통은 '진보적인 것과 반대되거나 낡은 것'으로 이해되어 왔다.[409] 그러나 애플비에 의하면 '행동 안의 지식'으로서의 전통은 현재의 세계로 깊이 상황화 함으로써 참여하는 방식이다. 전통들은 상황 밖의 지식을 전수함으로써가 아니라 행동 안에서 전통을 사용함으로 존재하게 된다는 것이다.[410]

애플비에게 있어서 일반 교육, 특히 공식적인 학교 교육은 근본적으로 새로운 담론의 전통들을 배우는 과정인데, 이는 일상적인 삶의 담론들로부터 시작된다.[411] 애플비는 앎의 참여적 성격을 강조한다. 참여야말로 개인들과 문화적 우주 사이의 관계에 있어서 열쇠라고 할 수 있다. '행동 안의 지식'은 살아 있는 전통 안에 참여하는 것으로부터 나온다. '상황 밖의 지식'은 지식이라는 것이 '바깥 어디에' 존재하는 것을 암시하지만, '행동 안의 지식'은 폴라니의 인격적 지식처럼 앎의 주체가 이미 앎의 객체 안에 참여하고 있음을 강조한다.

애플비는 '행동 안의 지식'이라는 관점에서 타일러 커리큘럼 모델을 비판한다. 그에 의하면 보빗이나 타일러의 커리큘럼을 포함한 기술 공학적 커리큘럼 모델은 '상황 밖의 지식'을 전수하거나 발전시키는 데

---

407) Applebee, *Curriculum as Conversation*, 11.
408) *Ibid.*, 1-2.
409) *Ibid.*, 1.
410) *Ibid.*, 2.
411) *Ibid.*, 9.

는 적절할 수 있지만 '행동 안의 지식'에는 적합하지 않다고 주장한다. 애플비는 이러한 기술 공학적 모델은 '상황 밖의 지식'이라는 인식론적 입장에 뿌리박혀 있다고 보았다.

> 근본적으로 실용주의자의 것인 이 기술(technology)은 정보의 교수와 그 규정된 커리큘럼을 아는 전통들에 관한 지식의 교수를 향하여 방향지어졌다. 이러한 접근은 지식을 학생들에게 암기될 수 있도록 '저기에' 있는 그 무엇으로서, 즉 고정되어 있어서 전수될 수 있는 것으로서 해석하는 커리큘럼에 완벽하게 적합하다. 그러한 '상황 밖의 지식'의 커리큘럼은 학생들로 하여금 사지선다형 문제 풀이는 잘 하게 만들 수 있을지는 모르나, 결코 그들 스스로 알아 가고 행하는 활기 있는 학문적 전통으로 들어가게 하지는 못한다.[412]

보빗의 기술 공학적 커리큘럼 모델은 교사가 가르치고 학생은 그것을 반복하는 것을 강조하는데, 이러한 기술 공학적 모델은 '행동 안의 지식'의 발달을 위해서는 분명히 부적절하다는 것이다.

또한 애플비는 학습에 대한 타일러의 관점이 고정되어 있는 목표들로 묘사된 구체적인 내용을 강조하고 있음을 지적한다. 전통적인 타일러 커리큘럼 모델은 무엇보다 우선 학생들이 알아야 하는 내용들을 철저히 분류하는 것이 중요하고, 그 다음 이러한 내용들을 범위와 계열에 맞게 조직하는 것이 중요한데, 이는 가르치는 내용의 순서를 구체화하는 방식이라고 할 수 있다.[413] 이렇듯 타일러 모델에서 지식은 '상황 밖

---

412) Applebee, *Curriculum as Conversation*, 32-33.
413) *Ibid.*, 30.

의 지식'으로 이해되고 있다. 애플비는 돌과 마찬가지로 타일러 모델에 있어서 미리 설정된 목적이 바로 지식이 앎의 주체 바깥에 존재하는 것을 가정하고 있다고 비판한다. 또한 애플비는 다음과 같이 교육 목표 분류학의 문제점을 지적하면서, 교수와 학습은 지식 전수를 통해서라기보다는 대화를 통해서 이루어진다고 주장한다.

> 커리큘럼은 대화를 위한 영역들을 제공하고, 그 영역들 안에서 일어나는 대화들은 가르침과 배움의 중요한 수단이다. 그런 대화들을 통하여 학생들은 문화적으로 의미심장한 '행동 안의 지식'의 전통 속으로 들어가도록 도움을 받게 될 것이다. 이러한 영역들은 보다 넓은 전통으로부터 나온 주제나 논쟁점들을 선발한 것인데, 이것들은 교육 목표 분류학에 의해 분류되는 것이 아니고, 한 영역은 하나의 세트로서 그 내용은 서로 중첩되기도 하고 다중적인 것이다.[414]

요컨대, 애플비에 의하면 타일러 커리큘럼 모델은 '상황 밖의 지식'과 관련된다고 할 수 있다. '행동 안의 지식'은 앎과 행함을 포용하지만, '상황 밖의 지식'은 단지 특수화된 내용으로서 앎만을 강조하고 참여나 행함을 무시하는 경향이 있다.[415] '행동 안의 지식'에 대한 새로운 이해는 전통적인 커리큘럼과는 다른 형태를 요청하고 있는데 바로 앎과 행함이 이원화되지 않고 앎의 주체와 객체가 분리되지 않는 커리큘럼의 형태이다. 이와 같이 애플비는 돌처럼 타일러 커리큘럼이 전통적인 서구 근대 인식론에 뿌리박혀 있다는 인식론적인 한계를 지적하며,

---

414) *Ibid.*, 37.
415) *Ibid.*, 30.

새로운 인식론에 근거한 대안적 모델의 필요성을 언급하고 있다.

3) 아이즈너의 비판

아이즈너(Elliot W. Eisner)는 그의 책 『교육적 상상력』(The Educational Imagination)에서 커리큘럼을 다섯 가지 유형으로 분류하면서 타일러 커리큘럼 모델을 비판하고 있다. 아이즈너는 이 다섯 가지 유형인 인지 과정의 발달, 학구적 이성주의, 인격적 적합성, 사회적 적응과 개조, 기술 공학으로서의 커리큘럼[416] 중에서 타일러의 커리큘럼을 기술 공학적 커리큘럼 모델로 분류하고 있다. 아이즈너는 이 모델을 다른 이름으로 '목적 - 수단 모델(means - ends model)'로 부르기도 한다.

이 기술 공학적 커리큘럼 모델은 교육과정의 구성을 본질적으로 기술적인 것으로 파악한다. 즉, 어떤 목적(ends)이 설정되었다면 교육과정은 그 목적을 달성하기 위하여 어떤 수단(means)을 강구해야 하는가의 문제라는 것이다. 이렇게 수단과 방법을 연결시키는 교육과정 구성의 형식은 교육 계획을 체계화시킬 수 있는 장점을 가지고 있다. 즉, 이런 형식의 교육과정 구성에 있어서는 교육자들이 우선 목표를 세우고, 또한 그 목표는 성안된 계획의 효율성이나 효과를 평가하는 척도가 된다는 것이다. 그들의 주장은 학교는 목표를 가지고 있어야 한다는 것이고, 그 목표는 가치가 있어야 한다는 것이다. 또한 그 목표가 얼마만큼 달성되었는지를 잴 수 있어야 한다는 것이다.[417]

---

416) Eisner, The Educational Imagination, 2d ed., 61 - 86.
417) Elliot Eisner, The Educational Imagination, 이해명 역, 『교육적 상상력』(서울 : 단국대학교 출판부, 1991), 102 - 103(원서 p. 79 - 80).

아이즈너는 타일러 커리큘럼 모델은 손다이크(Edward Thorndike)와 듀이(John Dewey)[418] 그리고 보빗(Franklin Bobbitt)에 의해 영향받았다고 보았는데 타일러 커리큘럼은 손다이크의 영향으로 학습의 결과로서 '관찰할 수 있는 행동'을 강조하고,[419] 듀이의 영향으로 아동의 학습에 가장 영향을 미치는 기본적 조건으로서 경험의 중요성을 강조하고,[420] 보빗의 커리큘럼 이론의 영향으로 교육 목표의 중요성을 강조한다고 보았다.

아이즈너는 타일러의 모델을 커리큘럼 계획에 대한 체계적 접근 모델로서 묘사하고 있는데, 체계적 접근 모델에서 목적은 항상 수단보다 앞서며, 목표들이 활동에 앞서 설정되어 있어야 한다. 아이즈너는, 이러한 모델은 커리큘럼 계획에 있어서 학생들의 역할을 언급하고 있지 않으며 또한 다른 방식으로 커리큘럼 계획을 접근하는 교육적 관점의 가능성도 배제하고 있음을 지적한다.[421] 타일러 커리큘럼에 대한 재개념주의자들의 비판에 동의하면서, 아이즈너는 타일러 커리큘럼 모델의 기술 공학적 특성들을 다음과 같이 지적하고 있다.

---

418) 아이즈너의 타일러 모델에 대한 존 듀이의 영향에 대한 이해는 돌의 이해와 다르다. 아이즈너와 돌은 각각 듀이의 교육 사상의 다른 측면을 강조하는 것처럼 보인다. 돌은 듀이의 '과정(process)'에 대한 강조를 타일러의 '미리 설정된 목적(ends)'과 대비시키는 반면, 아이즈너는 타일러의 학습 경험에 대한 강조가 듀이의 영향으로 보고 있다. 그러나 정확하게 말해서 타일러의 '학습 경험'에 대한 이해는 듀이의 이해와는 다르다. 타일러 모델에서는 교사(교육자)가 학습 경험을 선택하고 설정하며 통제하는 데 반해서, 듀이는 학습자의 경험을 학습자와 환경과의 상호 작용으로 보고 있다. 이점에서 듀이의 학습 경험은 '학습자 중심'의 학습 경험이라면, 타일러의 학습 경험은 '교사 중심'의 학습 경험이라고 불릴 수 있을 것이다.
419) Elliot W. Eisner, *The Educational Imagination*, 3d ed., 16.
420) *Ibid.*, 17.
421) *Ibid.*

그러한 타일러의 논리는 교육자들로 하여금 커리큘럼 계획을 일종의 경험적 처방으로 간주하도록 몰고 간다. 교육 목표들은 측정된 절차들을 통해 조작되고, 그 처방은 주어진 커리큘럼으로 구성되고, 또한 그것은 효과성에 기초해서 개정된다. 교육 목표들이 성취된 후에는 교육 목표들의 또 다른 세트와 교육과정 처방들이 실행된다. 이 과제 전체는 구체적이며 표준화된 목표들의 성취를 겨냥한다.[422]

아이즈너의 타일러 커리큘럼 모델에 대한 비판은 '인지 다원주의' 라는 인식론에 근거하고 있다. 인지 다원주의에서는 인간이 지니는 독특한 특성 중의 하나가 상징을 창조하고 조작할 수 있는 능력임을 강조하는데,[423] 상징은 수학, 음악, 문학, 과학, 무용, 미술 등 다양한 방식으로 표현될 수 있다. 사람들은 이러한 다양한 인지의 방식으로 경험하게 되고 자기 의사를 표현하게 된다는 것이다.[424] 즉, 인지 다원주의는 지식의 다양성을 강조하며, 각각의 인지 형태는 독특한 기능을 지니고 있음을 강조한다. 이러한 인지 다원주의에 근거해서 아이즈너는 커리큘럼 모델을 제안하고 있는데, 교육은 단지 읽을 수 있는 능력만이 아니고 인간이 의미를 전달하는 다양한 형태로 부호화(encoding)하고 해독(decoding)하는 능력을 의미한다.[425]

아이즈너의 인지에 대한 이해는 그의 책 『다시 생각해 보는 인지와 교육과정』(Cognition and Curriculum Reconsidered)에서 더 구체적으로 나타나는데, 여기서 그는 개념(concepts)과 이미지(images), 감각

---

422) Ibid., 78.
423) Ibid., 79.
424) Ibid.
425) Ibid., 81.

(senses)이 서로 밀접히 연관되어 있다고 주장한다.[426] 아이즈너는 인간의 삶을 구성하는 개념들은 감각이 제공하고 물질 세계 안에서 형성되는 다양한 이미지들로부터 생성된다고 본다. 예를 들면, 장미는 단지 물질로서의 구조만이 아니라 색깔과 향기, 질감, 그리고 이러한 특성들이 서로 간에 지니는 관계라고 할 수 있다는 것이다.[427] 아이즈너는 교육의 목적 중의 하나가 '다양한 인식 형태의 개발'이라고 주장하는데,[428] 이러한 맥락에서 아이즈너는 인식에 있어서 상상의 중요성을 강조한다고 볼 수 있다. 그는 우리가 갖게 되는 세상에 대한 개념은 우리가 가지고 있는 이미지로부터 나오는데 이러한 이미지는 우리가 감각으로 반응하게 되는 경험으로부터 형성된다고 보는 것이다.[429] 즉, 그는 개념의 형성은 감각이 제공하는 질료로부터 도출된 이미지의 구축에 의존되어 있다고 본다.[430]

> 개념 형성 자체는 생물학적으로 인간이 소유한 감각 체계에 뿌리를 두고 있다…그래서 개념들은 시각뿐 아니라 미각적, 후각적, 촉각적, 청각적 형태로 형성된다. 우리는 우리가 원이나 구가 어떻게 보이는지를 알고 있기 때문만이 아니라 그것이 어떻게 느껴지는지를 알기 때문에 둥글다는 개념을 가진다.[431]

---

426) Elliot W. Eisner, *Cognition and Curriculum Reconsidered*, 2d ed. (New York : Teachers College Press, 1994), ix.
427) *Ibid.*, 34.
428) *Ibid.*, x.
429) *Ibid.*, 25.
430) *Ibid.*, 28.
431) *Ibid.*, 35-36.

아이즈너에게 있어서는 데카르트의 이원론과는 대조적으로 육체와 정신, 감각과 인지 사이가 분리되지 않는다. 오히려 아이즈너는 감각 구조가 인식에 이르는 가장 중요한 통로이며 그것을 통해 개념 형성이 가능케 된다고 주장한다.[432]

특히 아이즈너는 인지(cognition)가 정서(affection)와 대립되는 것으로 간주하는 인지에 대한 편협한 이해를 비판한다. 즉, 인지는 앎이나 지식에 관련되지만 정서는 단지 느낌에만 관계된다는 식의 분리적 사고를 비판한다. 그는 인지가 없는 정서는 있을 수 없으며, 정서가 없는 인지가 있을 수 없음을 강조한다.[433] 그는 인간 유기체 안에서 인지와 정서는 독립적으로 존재할 수 있는 상태가 아님을 지적한다.

> 인지 없는 정서적(정의적) 활동은 있을 수 없다…최소한 하나의 느낌을 갖기 위해서는 우리는 하나의 상태와 다른 상태 사이를 구분할 수 있어야만 한다. 이 구별을 만드는 것은 사고의 산물, 즉 그 자체가 하나의 앎의 상태를 나타내는 산물이다. 이와 유사하게, 정서적(정의적)이지 않은 인지적 활동도 있을 수 없다…요컨대 정서와 인지는 독립적 과정들이 아니며 이 둘은 서로 분리될 수도 없는 과정이다. 이것들은 크기와 무게가 그런 것같이 서로 관통해 있다. 이것들은 인간 경험에 있어서 동일한 실재를 이루고 있는 부분들인 것이다.[434]

아이즈너는 그의 책 『교육적 상상』(The Education Imagination)에서 학교 커리큘럼에서 인지(지적인 영역)는 단지 감정과 대조되는 것만이

---

432) *Ibid.*, 87.
433) *Ibid.*, 20.
434) *Ibid.*, 21.

아니라 운동 기능적 행동과도 대조되는 것으로 이해되어 왔음을 지적한다. 아이즈너는 이러한 세 가지 구분 방식은 지, 정, 의라고 하는 각각의 세 가지 영역 안에서 구체적, 행동적 목표들을 형성하려는 교육목표 분류학에 의해서 강화되고 있다고 주장한다.[435]

> 이러한 교육 목표 분류학은 인지적인 것으로부터 정의적인 것을, 정의적인 것으로부터 심리 운동적인 것을, 심리 운동적인 것으로부터 인지적인 것을 분류해 낸다. … 실제의 경험에서 인지와 정서 사이에는 어떤 선명한 줄긋기가 없다. 이는 다만 교육 목표 분류학의 정의들 안에서만 있을 뿐이다. 하나의 느낌에 대해 생각하는 것은 그것을 아는 것이다. 요컨대 정의적인 것과 인지적인 것은 서로에게 스며들어 있다.[436]

앞에서 언급한 대로 아이즈너는 이러한 편협한 인지에 대한 이해와는 달리 지식에 대한 확장된 관점과 커리큘럼에 대한 보다 넓은 이해를 제공하고 있다. 아이즈너에게 있어서 인지의 개념은 모든 감각 형태를 포함하는 것이다.

> '인지'라는 용어는 본래 그것을 통해 유기체가 환경을 알아채게 되는 과정을 의미했다. 심리학 사전은 이러한 '인지'의 정의를 제공한다. '앎에 수반되는 모든 과정들을 지시하는 데 쓰이는 보편적인 용어', 그것은 사물의 감지에서 즉각적으로 어떤 물체들의 존재를 알아채는 것으로부터 시작해서 모든 형태의 추리로까지 확장된다.[437]

---

435) Eisner, The Educational Imagination, 3d ed., 98.
436) Ibid., 140.
437) Ibid., 98.

아이즈너는 '앎(knowing)'을 분석 철학이나 실증주의적 관점에서의 '지식(knowledge)'과 구별한다. '지식'은 증명된 것과 인지적인 것에 제한되는 것에 반해서 '앎'은 모든 인식의 형태를 포함하며 다양한 경험과 상상을 포용한다.[438]

위의 내용을 요약하면, 아이즈너는 타일러의 커리큘럼을 포함한 기술 공학적 커리큘럼 모델은 인지에 대해 지나치게 좁은 견해에 뿌리박혀 있다고 비판한다.[439] 특히 타일러 커리큘럼의 교육 목표에 대한 행동적 진술이 지니는 문제점은 다음의 세 가지로 요약될 수 있다. 첫째, 타일러의 교육 목표는 언어적으로 묘사가 가능하고 측정이 가능한 것에 의해 제한되기 때문에 다른 가치 있는 많은 목표들이 제외될 수 있다. 둘째, 타일러의 커리큘럼에서 행동 목표에 의해서만 학습 결과를 평가하는 것은 자칫 드러난 외현적 행동과 학습 자체에 대한 판단 사이를 혼동할 수 있다.[440] 이것은 질병의 증상이 질병 자체와 다른 것에 비유될 수 있다. 셋째, 타일러의 목적-수단 모델은 교육의 과정보다 늘 교육 목표를 미리 설정하는 것이 유일한 커리큘럼 계획이라고 보는 오류를 낳을 수 있다. 아이즈너는 인생이 항상 단선적인 것은 아니고 교육의 목적들이 늘 자명한 것이 아님을 주장하면서, 타일러 커리큘럼은 과정 중에서 일어날 수 있는 신비한 깨달음, 경이, 새로운 호기심 등을 배제하는 경향이 있다고 비판한다.[441] 교육 목표들이 늘 교육 활동보다 선행되어야 하는 것은 아니며 오히려 교육 목표들이 활동의 과정 가운데서 창출되어질 수도 있다는 것이다.

---

438) Eisner, *Cognition and Curriculum Reconsidered*, 31.
439) *Ibid.*, 33.
440) Eisner, *The Educational Imagination*, 3d ed., 114.
441) *Ibid.*, 115.

3. 새로운 인식론에 근거한 타일러 커리큘럼 비판

이제까지 우리는 돌, 애플비, 아이즈너의 비판을 통해서 타일러 커리큘럼이 가지고 있는 문제를 부분적으로나마 인식론적으로 접근해 보았다. 이제 우리는 보다 통전적인 새로운 인식론의 틀로써 타일러 커리큘럼을 바라보며, 타일러 커리큘럼 모델이 전통적인 서구 근대 인식론에 근거되어 있음을 밝히고자 한다. 앞의 장들에서 논의한 것처럼 개혁 신학적 관점에서 하나님을 아는 앎은 네 가지 특성을 지니며, 이는 새로운 인식론에서 강조되는 앎의 네 가지 특성과 공통점을 지니는데 바로 앎의 인격적, 공동체적, 상상적, 참여적 성격이다. 이러한 특성들은 전통적인 서구 근대 인식론에서의 앎의 네 가지 특성인 객관주의적, 개인주의적, 실증주의적, 관객주의적 특성과는 대조된다. 이 절에서 우리는 타일러 커리큘럼 모델이 인격적이기보다는 객관주의적이며, 공동체적이기보다는 개인주의적이며, 상상적이기보다는 실증주의적이며, 참여적이기보다는 관객주의적 특성을 지니고 있음을 밝힘으로써 타일러 모델이 전통적인 서구 근대 인식론에 붙박여 있음을 드러내고자 한다.

- **인격적이기보다는 객관주의적**

새로운 인식론은 앎의 인격적인 특성을 강조한다는 점에서 전통적인 서구 근대 인식론과는 분명히 대조된다. 전통적인 서구 근대 인식론은 앎의 주체와는 분리되어 있는 '순수 객관적인 실재'의 존재를 전제한다. 앎의 객체는 늘 '바깥 거기에' 앎의 주체와 분리되어 존재한다. 이러한 인식론은 모든 지식은 실재와 상응하고 있음을 가정한다. 그래서 지식의 객관성을 강조하고 모든 주관적이고 인격적인 요소들을 지식으로부터 제거하는 경향이 있다. 이러한 전통적인 서구 근대 인식론은 앎에 있어서 암묵적 차원의 중요성을 무시한다.[442] 느낌과 직관, 상상을 포함한 암묵적이고 인격적인 요소들은 지식의 근원이 아니라고 간주한다. 이러한 객관주의적 인식론은 지식에 대한 양적이고 기계적이고 기능적인 관점을 지닌다. 그러므로 객관주의적 인식론에서는 존재론과 인식론 사이에 이원론이 존재한다.

전통적인 서구 근대 인식론과는 달리 새로운 인식론은 모든 지식이 인격적이고 암묵적인 차원을 지니고 있음을 드러낸다. 인식자의 인격적 요소들은 이미 인식의 과정에 개입되어 있다. 새로운 인식론에서는 앎의 주체와 앎의 객체, 자아와 세계, 정신과 육체 사이의 분리가 존재하지 않는다. 이러한 인식론은 앎에 있어서 개인적인 신념이 매우 중요함을 강조한다. 여기에서는 인식론과 존재론 사이의 분리가 존재하지 않는다. 인식론 그 자체가 존재론적 요소를 지닌다. 지식은 '나와 그것'의 관계라기보다는 '나와 너'의 관계 안에서 획득되어진다.[443]

타일러 논리는 커리큘럼에 대한 체계적 접근을 제안함으로써 인격적인 요소들을 배제하는 경향을 지닌다. 타일러에게 있어서 커리큘럼은 교육 프로그램을 위한 하나의 계획이며 청사진이다. 그것은 목표 설정으로부터 학습 경험의 선정, 학습 경험의 조직, 평가로 이르는 단선적인 구조를 지닌다. 이러한 구조는 열린 계보다는 닫힌 계를 전제한다. 그러므로 교육 프로그램의 전체 과정은 미리 설정된 목적에 근거되어 있다. 모든 교육의 과정은 이미 고정된 목적을 위한 수단으로서 간주된다. 타일러 모델에서 목적은 항상 수단보다 앞서며 목표들은 활동보다 앞선다. 이러한 목적-수단 모델은 효율성과 효과성을 추구한다.

---

442) Polanyi, *Tacit Dimension*, 20.
443) Polanyi, *Knowing and Being*, 149.

타일러 모델에서 목표 설정을 위한 세 가지 원천인 학습자의 필요, 현대 생활의 필요, 교과 전문가의 견해는 규범의 존재를 가정한다. 각 필요들에 대한 관점은 확립된 규범을 전제하고 있다. 예컨대 학습자의 필요는 학습자의 현재 상태와 받아들여야 할 규범 사이의 간격이라고 할 수 있다.[444] 철학적, 사회적, 학문적인 규범들이 학습자 바깥으로부터 학습자에게 주어지는 것이다. 이 모델에서 교육은 표준화된 규범을 달성하는 것일 뿐이다. 이 점에서 타일러 커리큘럼 모델은 앎의 주체와는 분리되어 있는 객관적인 실재가 있음을 전제하고 있다고 할 수 있다.

그리고 타일러의 추종자들은 보다 기계적으로 고안된 커리큘럼을 발전시켜 왔다. 블룸의 교육 목표 분류학이나 메이거의 "교육 목표는 양적으로 표현이 가능하고 관찰이 가능하며 측정이 가능한 것이어야 한다."는 주장은 명백히 타일러식 커리큘럼 모델이 객관주의적 인식론에 근거되어 있음을 보여 주고 있다.

이처럼 타일러 커리큘럼 모델에 있어서 앎은 인격적이기보다는 객관주의적이라는 사실은 타일러 커리큘럼 모델이 전통적인 서구 근대 인식론에 뿌리박혀 있다는 하나의 증거다.

• 공동체적이기보다는 개인주의적

새로운 인식론은 앎의 공동체적 특성을 강조한다는 점에서 개인주의적인 특성을 지닌 전통적인 서구 근대 인식론과는 대조된다. 전통적인 서구 근대 인식론은 앎의 공동체성을 무시하는 경향이 있고 앎에 있어서 개인적 자아의 중심성을 강조한다. 이 인식론에서는 개인적 자아가

---

444) Tyler, *Basic Principles of Curriculum and Instruction*, 6.

다른 사람들로부터 분리되어 있을 뿐만 아니라 자연과도 분리되어 있다. 이 인식론은 인식자의 역사적 상황이나 인식자가 다른 공동체 구성원들과 함께 공유하고 있는 문화에 대해서 주의를 기울이지 않는다. 이러한 전통적인 서구 근대 인식론과는 대조적으로 새로운 인식론은 인식자들 사이의 매개되어지는 합의의 중요성을 강조한다.[445] 새로운 인식론은 모든 앎에는 함께 아는 자들이 있음을 드러내고 있다. 폴라니가 지적한 것처럼 지식은 암묵적 차원을 지니는데 이는 암묵적 상호작용의 전체 그물망에 근거되어 있다.[446] 즉, 모든 지식에는 공유되는 암묵적 차원이 있다는 것이다.[447] 커뮤니케이션 자체가 공유되고 공동체적인 암묵적 차원이 있음을 전제하고 있다. 우리가 다른 사람들과 의사소통하는 모든 언어, 상징, 비유들은 그 공동체의 문화에 깊이 뿌리박혀 있다.[448]

   타일러 모델은 이러한 새로운 인식론과 대비되는 특성을 가지는데, 그것은 학습자가 다른 학습자들과 분리되어 있다는 것이다. 타일러 커리큘럼 모델에 있어서 행동 분석에 대한 강조는 이 모델의 개인주의적 특성을 보여 주고 있다. 보빗의 행동 분석을 따라 타일러는 학습자를 연구함으로 학습자의 필요를 알 뿐만 아니라 현대 생활의 필요를 분석할 것을 강조하고 있다. 이것은 실재는 분석될 수 있으며, 분석이야말로 진리를 탐구하기 위한 최선의 방식임을 전제하고 있다. 타일러가 교육 목표 설정의 하나의 원천으로서 학교 밖의 현대 사회에 대한 연구를 강조하지만 타일러의 사회에 대한 이해는 사회 전체의 암묵적 차원의

---

445) Polanyi, *Tacit Dimension*, 73.
446) Polanyi, *Personal Knowledge*, 203.
447) *Ibid.*, 204.
448) Johnson and Lakoff, *Metaphors We Live By*, 196.

그물망을 고려하고 있는 것처럼 보이지 않는다. 타일러 논리는 사회를 개인의 집합체(collection)로 간주하는데 이는 지식과 지식, 인식자들 간의 사이성(betweeness)을 무시하는 것이다.

타일러 커리큘럼 모델은 교육에 있어서 세 가지 독립적인 요소들이 존재하는 것을 전제한다. 이 세 가지 요소들은 개인으로서의 교사, 개인들로서의 학습자들, 독립된 단원들의 시리즈인 교육 자료들이다. 이런 맥락에서 타일러 커리큘럼 모델은 개별적 원자들이 궁극적 실재를 형성하고 있다고 가정하는 뉴턴의 경험주의에 근거하고 있다는 돌의 주장은 타당하다.[449] 타일러 논리에서는 평가도 개인주의적이다. 평가의 목적은 개인에 있어서 목표들이 얼마나 성취되었는가를 보는 것이다.[450] 더욱이 타일러 논리는 교사와 학생 사이, 학생들 사이의 상호작용을 강조하지 않는 경향이 있다. 타일러 커리큘럼 모델에서 협동적인 과정은 거의 찾아보기 어렵다.

이처럼 타일러 커리큘럼 모델에서 앎은 공동체적이기보다는 개인주의적이다. 이는 타일러 모델이 전통적인 서구 근대 인식론에 근거되어 있다는 또 하나의 증거다.

• 상상적이기보다는 실증주의적

새로운 인식론은 앎의 상상적인 특성을 강조한다는 점에서 전통적인 서구 근대 인식론과는 분명히 대조된다. 전통적인 서구 근대 인식론은 지식을 합리적 확실성과 동일시하는 경향이 있다. 이 인식론은 앎에 있어서 상상의 역할을 무시한다. 이러한 실증주의적 인식론은 과학에 대

---

449) Doll, *A Postmodern Perspective on Curriculum*, 37.
450) Tyler, *Basic Principles of Curriculum and Instruction*, 110.

한 협의의 이해를 하고 있는데, 이는 '과학주의'라고 불려야 할 것이다. 이 인식론에서는 과학이 유일한 앎의 타당한 방식이다.[451] 과학은 논리적, 객관적 사실들을 확인하는 작업으로 간주된다. 이것은 상상과 직관, 느낌과 가치를 앎에서부터 제외시키는 경향성을 지니고 있다. 이는 인식과 감정, 그리고 의지를 분리시킨다.

전통적인 서구 근대 인식론과는 대조적으로, 새로운 인식론은 앎에 있어서 육화된 상상의 역할을 강조한다. 새로운 인식론에서 앎이란 논리적 확실성으로 제한될 수 없다. 과학적 연구에서도 상상은 중요한 역할을 수행한다. 과학자의 상상은 과학적 발견의 과정과 연구의 결과에 대한 해석에 깊이 연루되어 있다.[452] 이러한 새로운 인식론에서 지적, 정의적, 운동 기능적 영역들은 서로 분리될 수 없다. 상상은 생각과 느낌, 의지, 가치를 포용한다.[453] 새로운 인식론은 앎에 있어서 전인의 개입을 강조한다.

타일러 모델은 이러한 새로운 인식론과 대비되는 특성을 지니는데, 타일러 모델에 있어서 교육 목표는 실증주의적 경향을 갖는다. 타일러 커리큘럼 모델에서 교육 목표들은 두 차원인 내용과 행동으로 진술되어진다.[454] 목표들은 또한 양적으로 나타낼 수 있고 관찰할 수 있으며 측정할 수 있는 개념들로 진술되도록 되어 있다. 이러한 타일러 모델에서의 구체적인 목표 진술에 대한 강조는 측정될 수 있는 개념으로는 묘사될 수 없는 많은 가치 있는 목표들을 제외시킨다. 이것은 상상에 대한 여백을 주지 않는다. 목표를 진술하는 방식은 교육 내용 자체를 실

---

451) Sloan, *Insight-Imagination*, 3.
452) Polanyi, *Tacit Dimension*, 21.
453) Sloan, *Insight-Imagination*, xiii.
454) Tyler, *Basic Principles of Curriculum and Instruction*, 46.

중주의적 지식으로 제한시키며, 동시에 예술적, 도덕적, 초월적, 종교적 차원들을 제외시킨다. 그리고 타일러 논리는 단선적 질서를 지닌 계열성을 강조한다. 그것은 계속성과 계열성의 중요성을 고양시킨다. 타일러 커리큘럼 모델은 앎에 있어서 불연속성과 상상적 도약의 가능성을 고려하지 않는 것처럼 보인다. 타일러 커리큘럼 모델은 경이감이나 호기심의 느낌을 포용하지 않는다.[455] 더욱이 타일러 커리큘럼 모델은 인지를 감정으로부터 분리시키는 경향을 지닌다. 특별히 블룸의 교육목표 분류학은 인지적, 정의적, 운동 기능적 영역을 분리시키는데, 이로써 이 세 가지를 분리시키지 않는 상상의 중요성을 무시하는 경향이 있다. 측정으로서의 평가는 앎에 있어서 상상을 제외시킨다. 타일러 모델에서 평가는 목표 성취에 대한 측정이며 동시에 목표 설정은 평가될 수 있는 것으로 제한된다. 그러므로 이 모델에서는 측정될 수 없는 지식은 평가될 수 없고 또한 가르치도록 계획될 수 없는 것이다.

이처럼 타일러 커리큘럼 모델에서 앎은 상상적이기보다는 실증주의적이다. 이것은 타일러 커리큘럼 모델이 전통적인 서구 근대 인식론에 근거되어 있다는 또 하나의 확실한 증거다.

• 참여적이기보다는 관객주의적

새로운 인식론은 앎의 참여적인 특성을 강조한다는 점에서 전통적인 서구 근대 인식론과는 명백하게 대조된다. 전통적인 서구 근대 인식론은 알려지는 것은 '바깥 거기에' 있고 아는 자의 외부에 존재한다고 가정한다. 이러한 인식론에서 지식이란 단지 객관적일 뿐 아니라 가치 중립적이라고 여겨진다. 이 인식론은 앎에 있어서 인식자의 의도와 관심

---

455) *Ibid.*, 115.

은 무시한다. 외부에 존재하는 실재에 대한 인식자의 관찰이 지식을 획득하는 유일한 방식이다. 이 점에서 이러한 인식론은 '조망적 의식(onlooker consciousness)'과 동일시될 수 있다.[456]

이러한 서구 근대 인식론과는 대조적으로 새로운 인식론에서는 주체가 객체 안에 내주하고, 객체는 주체 안에 내주한다. 앎에 있어서 인식자와 인식 대상 사이에는 상호 참여가 존재한다. 앎의 과정에 있어서 아는 자는 알려지는 것 안에 이미 참여하고 있다. 앎의 주체의 앎의 객체에의 참여 없이는 앎은 일어나지 않는다. 반대로 말해서 알려지는 것은 이미 아는 자의 삶 속에 참여하고 있다. 새로운 인식론에서 앎의 주체와 객체를 분리하는 것은 불가능하다.

타일러 논리에서 외부로부터 학습자에게 주어진 선재된 목적은 타일러 커리큘럼 모델의 비 참여적 특성을 드러내 주고 있다. 타일러 커리큘럼 모델은 앎의 주체가 전혀 참여하지 않는 '순수 객관적 실재'를 가정한다. 이 모델에서 앎의 주체로서 인식자는 외부 대상으로서의 알려지는 것의 주변에 존재할 뿐이다.[457] 여기에는 아는 자와 알려지는 것, 주체와 객체, 자아와 세계 사이가 분리된다. 특별히 타일러 논리에서 선재된 목적은 항상 교수-학습 활동보다 선행한다. 즉, 교육 활동에 대한 학습자의 참여 없이도 교육 목표들은 선택되고 학습 경험들은 선정되고 조직된다.

그러나 새로운 인식론의 관점에서는 새로운 교육 목적들이 학습자가 활동에 참여함을 통해서 도출되어질 수 있다. 다르게 말해서 교육 활동에의 학습자 참여가 목적 설정보다 선행될 수 있다는 것이다. 파이너가

---

456) Sloan, *Insight-Imagination*, 6.
457) Doll, *A Postmodern Perspective on Curriculum*, 126.

주장하듯이 커리큘럼은 어원적으로 라틴어인 '쿠레레(currere)'로부터 기원되어지는데, 이는 명사가 아닌 동사이며, 청사진이라기보다는 내면적인 여정이다.[458] 여기에는 학습자의 여정에의 참여가, 예상하지 못한 세계를 향한 문을 열 수 있다는 기대가 깔려 있는데, 이 점에서 학습자의 참여는 미리 설정된 목적을 위한 수단만이 아니다. 왜냐하면 학습자의 참여는 교육적 목적을 창조하고 이끌 수 있기 때문이다. 타일러는 커리큘럼 작성의 과정을 단선적이고 정적이고 연속적인 단계로서 이해하지만 사실 이 과정은 새로운 인식론의 관점에서 볼 때 복합적인 차원을 지닌 동적이고 불연속적인 과정이다. 앎의 참여적 특성은 지식은 단지 전수되는 것이 아니라 창조되는 것임을 함의한다. 애플비의 '행동 안의 지식', 즉 살아 있는 전통에 참여함으로 깨닫게 되는 지식 개념[459]은 이러한 앎의 참여적 측면을 강조하고 있다. 더욱이 타일러 커리큘럼 모델에서 구체적으로 진술된 목표들에 대한 강조, 특히 관찰할 수 있는 개념으로 진술해야 한다는 주장은 이 모델이 관객주의적 의식에 기초한 것임을 보여 준다. 타일러가 평가를 관찰, 측정, 증명과 동일시하는 것은 타일러 커리큘럼 모델이 관객주의적인 것을 드러내고 있다.

이같이 타일러 커리큘럼 모델에서 앎은 참여적이지 않고 관객주의적이다. 이는 타일러 커리큘럼 모델이 전통적인 서구 근대 인식론에 뿌리 박혀 있는 네 번째 증거다.

요 약

---

458) 이 점에서 파이너는 커리큘럼을 "지식을 생산하는 학문"으로 간주하기도 한다 (Pinar, "Currere : Toward Reconceptualization," 400.).

459) Applebee, *Curriculum as Conversation*, 3.

6장에서 우리는 먼저 새로운 인식론의 관점에서 전통적인 교육과정의 대표적인 모델인 타일러 커리큘럼 모델을 비판하였다. 첫째로는, 타일러식 커리큘럼 모델의 자세한 특징들을 살피고 그것이 끼친 기독교 교육에의 영향을 논의하고, 둘째로는, 타일러 커리큘럼 모델에 대한 교육과정학자들의 비판을 소개했는데 특히 돌, 애플비, 아이즈너의 커리큘럼 이론들에 근거한 비판에 초점을 맞추었다. 셋째로는, 새로운 인식론과 개혁 신앙적 전통에 기초해서 타일러 커리큘럼을 비판하였다. 타일러 커리큘럼은 객관주의적이어서 인격적이지 않고, 개인주의적이어서 공동체적이지 않으며, 실증주의적이어서 상상적이지 않고, 관객주의적이어서 참여적이지 않다는 것이다. 따라서 타일러식 커리큘럼 모델은 그것의 중심 관심이 '하나님 알기'로서 신앙인 기독교 교육에는 적합하지 않다. 왜냐하면 '하나님 알기'에서의 앎은 인격적이고 공동체적이고 상상적이고 참여적이기 때문이다. '하나님 알기'로서 신앙을 위한 기독교 교육은 타일러 커리큘럼 모델과는 다른 대안적 커리큘럼을 요청하고 있다.[460] 이러한 새로운 커리큘럼 모델은 앎의 인격적, 공동체적, 상상적, 참여적 성격을 강조하는 새로운 인식론에 기초한 것으로서 하나님을 아는 앎을 가능케 하는 것이어야 한다.

---

460) 타일러식 커리큘럼 모델에 대한 대안이 모색되어야 한다는 것은 타일러식 커리큘럼 모델을 완전히 거부하는 것을 의미하는 것은 아니다. 타일러식 커리큘럼 모델은 기독교 교육의 어떤 영역, 특히 지식의 전수가 강조되는 영역에서는 여전히 유용하게 사용될 수 있다. 문제는 타일러식 커리큘럼 모델이 그 모델이 다루지 못하는 신앙의 중요한 측면들을 기독교 교육에서 제외시키는 경향이 있을 수 있다는 것이다.

제 7 장

새로운 기독교 교육 커리큘럼 모델을 위한 핵심 개념
- 성육신적 상상

　새로운 기독교 교육 커리큘럼 탐구를 위한 기초로서 이제까지 우리는 개혁 신학의 신앙 이해인 '하나님 알기'에서의 앎의 특성을 살펴보았고, 전통적인 서구 근대 인식론을 비판하고 새로운 인식론을 소개하였으며, 새로운 인식론에 근거해서 전통적인 서구 근대 인식론에 근거한 타일러식 커리큘럼 모델을 비판하였다. 이 장에서는 '하나님 알기'를 위한 기독교 교육의 새 커리큘럼 모델 탐구의 첫 단계로서 그 중심적인 통찰을 제공하는 핵심 개념인 '성육신적 상상'을 논의한다. 성육신적 상상이란 '성육신'이라는 신학적 개념과 신학자 개럿 그린(Garrett Green)의 '상상'에 대한 통찰력을 결합시킨 것이다. 먼저, '성육신'이 중요한 이유는 '성육신'이 사람들로 하여금 하나님을 알 수 있도록 하나님께서 하나님 자신을 열어 보이신 길이기 때문이고, 둘째로 '상상'은 그것을 통해 우리가 하나님을 알게 되는 '계시'의 자리이기 때문이다. 즉, '성육신적 상상'은 '상상'과 '성육신'이라는 이 두 개념을 끌어안으면서 '하나님 알기'를 위한 기독교 교육 커리큘럼 모델의 핵심이 된다. 이 장에서는 먼저 하나님을 아는 자리로서 '상상'을 논하고, 그 다음으로 성육신의 신학적 의미를 탐색한 후, 마지막으로 '성육신적 상상'이 어떻게 새 커리큘럼 모델의 핵심 단어가 되는지를 상세히 논할 것이다.

1. '하나님 알기'의 자리로서 상상

개럿 그린은 그의 책 『하나님 상상하기 : 신학과 종교적 상상력』 (Imagining God : Theology and the Religious Imagination)[461]에서 '상상'을 계시의 자리로 이해했는데, 이 절에서는 그린이 말하는 상상력이 무엇을 의미하는지를 네 가지 측면에서 논의하고자 한다. 그것은 (1) 계시의 인간학적 접촉점으로서의 상상 (2) 계시의 자리로서의 패러다임적(paradigmatic) 상상 (3) 계시의 내용으로서의 '하나님의 형상(imago Dei)' (4) 신학의 과제로서의 충실한 상상(faithful imagination)인데, 이러한 개럿 그린의 상상에 대한 이해는 '하나님 알기'에 대한 개혁 신학적 이해에 잘 부합될 뿐 아니라 새로운 인식론과 잘 조화된다.

1) 계시의 인간학적 접촉점으로서의 상상
개럿 그린의 '상상으로서의 신앙'에 대한 이해는 '어떻게 하나님을

---

461) Garrett Green, *Imagining God*, 장경철 역, 『하나님 상상하기』(서울 : 한국장로교출판사, 1996).

알 것인가'를 설명하는 데에 풍부한 통찰력을 준다. 그린은 개혁 신학의 전통의 관점에서, 상상력을 신적 계시에 대한 인간학적 접촉점으로 이해할 것을 제안한다. 그린은 그의 책 『하나님 상상하기』에서 먼저 '상상'을 '신-인 접촉점(Anknüpfungspunkt)'과 동일시함으로써 칼 바르트와 에밀 브루너 사이의 유명한 역사적 논쟁으로 분명하게 예시된 신학적 딜레마를 해결하려고 시도한다.

바르트와 브루너 사이에 벌어졌던 1934년 논쟁의 핵심 이슈는 '자연과 은혜'였는데 이것은 하나님 알기의 이슈와 직접적으로 관련된다. 바르트에 의하면, 인간은 오직 은혜를 통해서만 하나님을 알 수 있다. 바르트는 "하나님은 하나님에 의해서, 그리고 오직 하나님에 의해서만 알려진다."고 주장한다.[462] 계시 없이 인간 본성은 하나님의 지식을 가질 수 없다. 바르트는 브루너의 신학을 포함한 모든 자연 신학, 즉 "계시 그 자체가 필수적인 인간 접촉점마저도 창조한다는 것을 가정하는 대신에, 계시 외의 다른 접촉점에 대한 그릇된 가능성을 제기하는" 신학을 거부한다.[463]

브루너는 인간이 계시에 의해 하나님을 알게 된다는 데에는 동의하지만 거기에는 계시에 대한 인간학적 접촉점이 존재한다고 주장한다. 브루너는 바르트의 자연 신학에 대한 총체적 거부를 비판하면서, '질료적 형상(material imago)'은 타락 시에 상실되었지만, '형상적 하나님의 형상(formal imago Dei)'은 죄로 인해 손상된 것이 아니라고 주장한다.[464] 브루너에게 있어서 '형상적 하나님의 형상'은 하나님의 은혜

---

462) Barth, *Church Dogmatics*, 2/1 : 179.
463) *Ibid.*, 31.
464) Emil Brunner, "Nature and Grace" in *Natural Theology*, 24.

를 위한 접촉점이다. 그린은 바르트와 브루너 사이의 신학적 딜레마를 다음과 같이 설명한다.

> 인간이 하나님의 계시를 받는다는 것이 무엇을 의미하는가를 설명하기 위하여, 신학자는(신학 내부에 있는 사람들뿐 아니라 신학 외부에 있는 사람들에게) 계시의 만남 가운데 인간의 본성에 어떤 일이 일어나는지를 서술해야 하며, 따라서 하나님의 말씀이 어떻게 또는 어디에서 인간적으로 유효하게 되는지를 서술할 수밖에 없다. 바로 여기에 접촉점에 대한 브루너의 주장의 강점이 있으며, 우리는 이 점을 부인할 수 없다. 그러나 만일 신학자가 계시를 전제로 하지 않는 접촉점에 대한 인간학적 설명을 제공한다면, 그 계시의 사건은 명백히 하나님의 거저 주시는 은혜에 근거하기보다는 인간의 가능성에 근거하는 것으로 비쳐진다(바로 여기에 바르트의 반대 주장이 가지는 부인할 수 없는 강점이 있다).[465]

그린은 그 딜레마는 '신-인 접촉점'을 상상과 동일시함으로써 해결될 수 있다고 주장한다. 그린은 상상을 "직접적으로 도달할 수 없는 어떤 것을 나타낼 수 있는 수단"으로 정의한다.[466] 그린은 상상이 허구를 매개하는 수단일 수도 있지만 사실을 매개하는 수단이 될 수 있다고 주장한다. 그에게 있어서 하나님 상상하기는 환상이나 공상, 허구가 아니다. 상상은 신적 계시를 위한 인간학적 접촉점이 될 수 있다. 그린은 상상을 신-인 접촉점으로 이해함을 통해서 우리가 은혜로서의 계시의 특성을 인식할 뿐 아니라 인간이 계시를 받는다고 말하는 것이 무엇을 의미하는지를 '순수하게 형상적이거나 신학적으로 중립적인 개념으로

---

[465] Green, 『하나님 상상하기』, 59(원서 p. 34).
[466] Green, *Imagining God*, 66.

써' 분명하게 설명할 수 있다고 주장한다.[467] 그린은 말하기를 "상상의 견지에서 신-인 접촉점을 묘사하는 것은 신학으로 하여금 계시의 양 측면에 공평을 행하도록 한다. 상상을 계시에 대한 인간학적 접촉점으로 보는 것은 (1) 하나님의 행위로서의 은혜가, 인간의 어떤 능력이나 속성 또는 욕구로 감환되지 않게 하고 (2) 인간의 행위로서의 신앙이, 인간 경험의 다른 형태들과 몇몇 의미심장한 면에서 비교될 수 있게 한다."[468]

상상을 신-인 접촉점으로 이해하는 것은 신학뿐 아니라 기독교 교육이 두 차원을 갖는다는 것을 나타낸다. 그 중 한 차원은 신적 측면이고 다른 하나는 인간적 측면이다. 전자는 '은혜(grace)'와 관계가 있고 후자는 '자연(nature)'과 관계가 있다. 그 중심적 관심이 '하나님 알기'로서의 신앙인 기독교 교육은 이 두 차원 모두를 끌어안아야 한다. 하나님의 은혜 없이는 기독교 교육은 '기독교'이기를 중지하는 것이며, 한편 인간적 측면에의 접촉점 없이는 기독교 교육이 '교육'이기를 포기하는 것이다. 교육이 넓은 의미에서, 인간 행동의 변화에 관심이 있다면 기독교 교육은 신앙의 인간적 측면을 무시해서는 안 될 것이다.

상상을 계시에 대한 인간학적 접촉점으로 보는 것은 기독교 교육 분야에서 매우 의미심장한데, 이것은 우리가 상상을 통하여 하나님을 알 수 있다는 것을 암시하기 때문이다. 그린이 주장하는 바와 같이, 우리는 '상상'이라는 용어를 사용함으로써 신적 측면과 인간적 측면 어느 한 가지만을 선택하지 않아도 된다. 상상은 하나님의 은혜의 '통로'가 될 수 있으며 동시에 상상은 그것을 통해 우리가 다른 인간적인 학문들

---

467) *Ibid.*, 35.
468) *Ibid.*, 40.

과 의사소통할 수 있는 언어가 되어 준다. 그린이 논하는 '하나님 상상하기'는 우리의 이 탐구에서의 '하나님 알기'와 매우 유사하다. 두 가지 다 하나님 자신을 드러내는 것으로서의 계시와 이 계시를 위한 인간학적 접촉점과 관계가 있다. 우리는 하나님 상상하기를 통해 하나님을 알게 되고, 하나님께서는 '인간의 상상'을 계시의 자리로서 사용하시는 것이다.

2) 패러다임적 상상(Paradigmatic Imagination) : 계시의 자리

상상을 신-인 접촉점으로 이해함에 있어 상상이 계시의 내용이 아니라 계시의 자리라는 것을 이해하는 것이 중요하다. 그린은 신적 계시를 위한 인간학적 접촉점으로서의 상상력이 계시의 '기초'나 '목적론적 기초'가 아니라는 것을 강조하고 있다. 그린에게 있어서 상상력은 단지 계시가 일어나는 '장소'다.

상상력의 패러다임적 기능을 강조하기 위하여, 그린은 '패러다임적 상상'이라는 용어를 사용한다. 그린은 종교에 있어서의 상상의 역할과 과학에서의 상상의 역할을 비교함으로써 패러다임적 상상을 설명한다. 자연 과학과 신학은 그들의 대상물을 생각하는 데 패러다임들을 사용한다. 예를 들면, 과학자들은 빛의 속성을 알아내는 데에 패러다임을 사용하는 것같이 신학자들은 하나님에 대해 생각하기 위해 패러다임을 필요로 한다. 그린은 패러다임을 "지식을 위한 인간의 노력이나 지식의 대상을 위한 규범적인 모델로서 그 대상물이 무엇과 같은 지를 우리에게 보여 주는 전형적인 비유"라고 정의한다.[469]

패러다임적 상상은 우리가 직접적으로 접근할 수 없는 어떤 것을, 즉

---

469) Ibid., 54.

가상적인 세계나 실제 세계의 다루기 어려운 측면들을 그것을 통해 대표해서 나타낼 수 있게 해 주는 수단이다. 우리가 실제 대상물에 접근할 수 없을 때 우리는 현재의 일상생활의 경험이라는 매개적 세계(mesocosmic world), 즉 직접적으로 보고 듣고 만지고 느끼는 경험들로부터 오는 이미지를 통해 그것을 상상한다. 종교는 매개적 세계를 넘어서는 '초월적' 세계와 관계가 있기 때문에 종교는 상상력이 풍부해야 한다. "종교들은 그 특질상 종교의 궁극적 '모양', 구성 유형 또는 실제 그 자체에 접근하기 위해서 상상력이라는 이 힘을 사용하는데 그럼으로써 인생의 의미와 가치를 밝힌다."고 그린은 말한다.[470] 그린은 계시의 장소는 계시의 내용으로부터 구별되어야 한다는 것을 강조한다.

우리는 이러한 요점을 신학적인 용어로 다음과 같이 표현해 볼 수 있다. 상상력은 계시의 인간적 자리(human locus)를 지시해 주는 반면에, 그것은 계시의 원천이나 내용에 대해서는 아무것도 함축하지 않는다. … 우리는 이렇게 표현할 수 있는데 패러다임적인 상상은 계시의 형식이며, 그것의 실질적 내용은 종교적 상상의 특정한 구체화를 형성하는 패러다임 그 자체에 전적으로 달려 있는 것이다. 기독교 계시는 어떤 구체적인 패러다임에 의존하고 있다는 점에서 '실증성'을 가지고 있는데, 이러한 '실증성'은 '상상의 자연 신학'의 가능성을 배제한다. 특정하게 기독교적인 내용은 우리가 상상한다는 사실(that)로부터 나오는 것이 아니라, 우리가 상상하는 구체적 내용(what)으로부터 나오는 것이다.[471]

---

470) *Ibid.*, 83.
471) Green, 『하나님 상상하기』, 128(원서 p. 84).

계시의 '장소'로서의 패러다임적 상상에 대한 그린의 이해[472]는 기독교 교육에서의 가르치는 일을 "그 안에서 신앙이 깨워지며, 지지되며, 도전되는 컨텍스트를 만드는 것"으로 이해한 리처드 오스머(Richard Osmer)의 이해와 관련이 있다.[473] 또한 "그 안에서 진리에 대한 순종이 실천되는 공간을 만드는 것"이라고 가르침을 정의한 파커 팔머(Parker Palmer)의 이해와도 관련이 있다.[474] 계시를 위한 자리 또는 컨텍스트나 공간은 계시 그 자체와는 구별되어야 한다. 우리는 하나님의 자기 현현(Self-disclosure) 없이는 하나님을 알 수 없다. 계시는 오로지 하나님의 은혜에 달려 있다. 개혁 신학의 관점으로부터 보아서 우리는 오직 하나님의 은혜로 하나님을 알게 된다. 그러나 여기에서 또한 우리가 생각해야 하는 것은 하나님의 계시의 장소를 준비해야 하는 책임이 기독교 교육자들에게 있다는 것이다. 기독교 교육자들의 가장 중요한 과제는 하나님 알기가 전적으로 하나님의 은혜에 달려 있다는 것을 인식하면서 학습자들이 패러다임적 상상력을 통해 하나님을 상상할 수 있도록 성실하게 돕는 것이다. 하나님 알기를 위한 기독교 교육에서 기독교 교육자들의 결정적 역할이 바로 이것이다.

3) 하나님의 형상 : 계시의 내용

---

472) 더 나아가 그린은 성경적인 '마음(heart)'의 기능이 패러다임적 상상력의 기능과 매우 유사하다는 것을 설명한다. 마음과 상상력은 모두 지성과 감성이 기능하는 자리(locus)이며, 둘 다 진리는 물론 거짓의 가능성을 지니고 있다. 더욱이 마음은 패러다임적 상상력과 마찬가지로 신-인 접촉점의 자리다. 그린은 마음은 하나님의 말씀이 거하시는 장소이며, 신앙의 기관이라고 말한다. 이런 점에서 마음은 하나님 알기를 위한 기독교 교육의 자리로서 간주될 수 있다.
473) Osmer, *Teaching for Faith*, 12.
474) Palmer, *To Know as We Are Known*, 69.

그린은 패러다임적 상상은 계시의 장소인 반면, 하나님의 형상(imago Dei)이 계시의 내용이라고 논한다. 하나님께서 하나님의 형상대로 인간을 창조하셨기에 하나님의 형상은 신적 측면과 인간적 측면 사이의 접촉점이 될 수 있다는 것이다. 이것이 그린으로 하여금 하나님의 형상을 하나님에 대한 인간 지식의 모든 질문들에 대한 실마리로 이해하게 한다. 이것이 다음의 두 가지 중심 질문과 직접적으로 관련된다. "우리는 어떻게 하나님을 아는가?" "우리는 어떻게 학습자들이 하나님을 알도록 도울 수 있는가?"

고대와 중세 교회들이 이 '형상'을 이성으로 이해했던 반면 그린은 이 '형상'을 '상상력'과 관련시킨다. 그린의 선명한 논지는 이것이다. "계시를 위한 접촉점은 형식 면에서는(formally) 패러다임적 상상력이고, 내용 면에서는(materially) 하나님의 형상이다."[475] 그린에게 있어서 인간은 하나님의 형상을 통해 하나님을 상상할 수 있고 하나님은 인간의 상상력에 의해 접근 가능해진다. 그린은 인류의 타락을 기능적이며 관계적인 용어로 이해한다. 인간의 타락 이후로 인간은 그들이 여전히 하나님을 '상상'할 수 있음에도 불구하고 하나님을 바로 상상하기가 불가능해졌다. 그린은 그것을 가리켜 '악한 상상(evil imagination)'이라고 부른다.

> 죄에 의하여 파손된 것은 바로 이러한 '형상', 곧 하나님에 대한 이러한 유사성(likeness)이다. 하나님의 피조물로서 행동하지 않음으로써, 인간은 하나님과의 본질적 유사성을 지워 버리고 말았다. 그것의 한 가지 결과는 하나님이 어떤 분인가를 올바로 상상하는 능력의 상실인데, 그것

---

475) Green, *Imagining God*, 85.

은 자신과 하나님 사이에 더 이상 긍정적인 유비가 존재하지 않기 때문이다. 하나님의 형상, 곧 하나님을 상상하고 또 하나님과의 바른 관계 속에서 자신을 상상하는 가능성은 그들 자신의 행위, 곧 그들의 마음의 '악한 상상들'에 의하여 지워지고 말았다.[476]

그린에게 있어서 하나님의 형상은 인간의 상상력 자체로 여겨질 수 있다. 그린은 죄인은 "상상할 수 있는 능력은 보전하고 있는 반면, 그것을 기초로 하여 하나님을 상상하게 되는 그 무엇은 벌로써 몰수당했다."고 말한다.[477]

다른 피조물과는 달리 인간은 상상하는 능력에 있어서 가장 하나님 같다고 그린은 이해한다. 인간이 상상할 수 있다는 점에서, 상상으로서의 하나님 형상(imago Dei)은 계시의 접촉점이다. 그러나 상상할 수 있는 능력에도 불구하고 인간은 인간의 능력만 가지고는 하나님을 올바로 상상할 수 없다. 왜냐하면 인간은 내용 면에서(materially) 하나님의 형상을 잃어버렸기 때문이다. 인간은 하나님께서 하나님의 은혜로 인간의 상상을 사용하실 때만이 계시의 내용으로서의 하나님의 형상을 파악할 수 있다. 하나님 형상의 해석을 기초로 하여 그린은 "하나님의 형상을 죄 때문에 잃어버렸는지, 아니면 단지 손상을 받은 것인지에 대한 역사적인 논쟁은 대부분 개념적 혼란에 기인한 것이다."라고 지적한다.[478]

그린은 상상의 관점에서 형상(iamge)과 우상(idol), 성상(icon)의 관계를 논의한다. 그는 우상 숭배를 '종교적 상상력의 오용'으로, 우상을

---

476) Green, 「하나님 상상하기」, 135(원서 p. 89).
477) Green, *Imagining God*, 89.
478) *Ibid.*, 90.

'하나님을 그릇되게 보여 주는 패러다임'으로 간주한다. 그린에 의하면 "우상 숭배에 대한 기본적인 반대는 피조물과 창조주에 대한 혼동이며, 손으로 만든 것과 하나님에 의해 창조된 형상과 혼동한 것이다."[479] 그린은 또한 형상을 그림(picture)과 구별한다. 그린에 의하면 "그림은 그대로 재생하는 반면에, 형상은 예시한다. 형상이란 비본질적인 특성들이 삭제되고 본질적인 특성들이 강조된 그림을 의미한다. 우리는 다음과 같이 말할 수도 있는데 그림은 특징들을 무차별하게 표상하는 반면에, 이와 대조적으로 형상은 선택적으로 그 특징들을 표상한다."[480] 그린은 우상 숭배를 '하나님을 상상하기'보다는 '하나님을 그리기'로 이해했는데 그 이유는 우상 숭배는 하나님을 시각적으로 표상하는 것이기 때문이다. 하나님을 그리는 우상 숭배는 하나님을 그대로 모방하면서 표상하려는 행위인 반면에, 하나님을 상상하는 것은 하나님을 예배하기 위해 하나님에 대한 이미지들을 사용한다는 점에서 차이가 있는 것이다.

그린은 교회사에 있어서 동방 정교회의 다마스커스의 요한(John of Damascus)과 개혁 신학자 칼빈(John Calvin) 사이의 논쟁을 그림(picture)과 형상(image)의 차이라는 관점에서 해석하고 있다. 다마스커스의 요한은 예배에서 성상을 사용하는 것을 지지했는데, 칼빈은 이를 성상 숭배로 간주했다. 그린은, 칼빈이 일관되게 반대한 것은 유비적인 하나님의 형상(images)이 아니라 가시적인 그림(pictures)이라고 이해한다. 여기서 그린은 참된 하나님의 형상과 우상의 차이를 드러내고 있는데, 성상이 '그림'으로서가 아니라 '형상'으로서 이해된

---

479) Ibid., 91-92.
480) Ibid., 93.

다면 동방 정교회와 개혁 전통 사이의 '성상 논쟁'은 해결될 수 있을 것이다.

'하나님 상상하기'와 '하나님 그리기'에 대한 그린의 구별은 본서의 탐구에도 통찰을 주는데, 왜냐하면 이것이 참된 상상(imagination)과 거짓된 가상(imaginary)의 차이와도 관련되기 때문이다. 우리는 하나님을 그림으로써 하나님을 아는 것이 아니라 하나님을 상상함으로써 하나님을 알게 된다. 올바른 상상을 통해 하나님을 상상함으로써 하나님을 알 수 있도록 사람들을 돕는 것이야말로 기독교 교육의 가장 중요한 과제 중의 하나다.

• 충성스러운 상상(faithful imagination)

오직 믿음 안에서만 상상은 하나님과 어울려지는데, 특별히 그린은 이러한 상상을 '충성스러운 상상'이라고 부른다. 그린에게 있어서 신-인 접촉점은 충성스러운 상상과 동일시될 수 있는데 이것을 통하여 사람들은 하나님을 알게 된다. 그러므로 하나님과 인간 사이의 접촉점은 충성스러운 상상으로 표현될 수 있는데, 충성스러운 상상은 그것을 통해 우리가 하나님을 옳게 상상하는 상상을 의미한다. "올바른 상상은 전적으로 하나님의 은혜의 주도권에 기초하는데 그럼에도 불구하고 상상이라는 전적으로 인간적인 모양으로 나타난다."고 그린은 말한다.[481]

'패러다임적 상상'이라는 철학적 개념에 대한 기독교 교리 중에서 가장 가까운 유비는 '믿음'이라고 그린은 이해한다. 그에게 있어서 믿음은 패러다임적 상상과 같이 신-인 관계의 자리다. 이 둘 다 신적 측

---

481) Ibid., 112.

면과 인간적 측면을 수반한다. 그린은 이 '인간의 상상하기'라는 관점에서 기독교 신앙은 믿음이 넘치는 상상이라는 형태로 나타난다고 생각한다. 이런 문맥에서 그린은 상상은 믿음의 기관이라고 믿는다. 즉, 하나님의 은혜에 의한 충성스러운 상상을 통해 우리가 하나님을 알 수 있음을 의미한다.

그린은 신학의 과제가 충성스러운 상상이라고 간주한다. 충성스러운 상상은 종교적 상상을 성서의 패러다임적 비전에 복속시키는 것이라고 그린은 이해한다. 이 점에서 충성스러운 상상은 하나님을 옳게 상상하는 것이며, 이 충성스러운 상상은 믿음과 동일시될 수 있다. 역사적으로 볼 때 사람들은 이 충성스러운 상상을 통해서 하나님을 알게 되고 그럼으로써 변화되어 왔다고 그린은 믿는데, 그는 이것을 가리켜 "상상력이 풍부한 변형의 고리"라고 묘사한다. 그린은 다음과 같이 신약에서의 상상력이 풍부한 변형의 고리를 설명한다.

> 외적으로 하나님은 그리스도 안에서 형태를 취하며, 사도들의 상상력은 그리스도의 형상을 따라 변화되고, 사도들은 또한 성경의 형태를 제공한다. 내적으로 말씀을 읽고 듣는 자들의 상상력은 그리스도의 형상을 본받음으로 변화된다. 상상적인 변화의 고리는 더욱더 확장된다. 변화 받은 (성화된) 그리스도인들은(이들은 '그리스도의 몸'으로서 육신적 형태이다) 이 세계 속에서의 자신들의 행위의 유형을 통하여 계속해서 그 형상을 각인해 나간다.[482]

하나님, 그리스도, 사도들, 성경, 하나님의 말씀을 듣거나 읽는 이들

---

[482] Green, 『하나님 상상하기』, 154(원서 p. 102).

은 이 상상력이 풍부한 변형의 고리에 의해 연결되어 있다.[483]

그린은 '충성스러운 상상' 이라는 관점에서 선포의 기능을 강조한다. 설교자의 과제는 그 자신의 상상력을 사용하여 성서와 회중 사이를 매개하는 것이다. 그러므로 원전 언어 연구, 성서 주석 방법, 설교 구성, 언어의 능숙한 사용과 생생한 전달 등 설교자의 모든 기술적 준비도 이 중심적 목적에 복속하지 않는 한 헛될 것이다. 설교자가 해야 할 가장 중요한 과업은 하나님의 말씀을 가능한 한 가장 생생하게 상상력이 풍부한 방법으로 선포하는 것이다. 선포의 기능과 설교자의 역할에 대한 그린의 이해는 기독교 교육에도 통찰력을 준다.[484] 기독교 교육자들의 가장 중요한 역할은 충성스러운 상상을 통해 학생들이 하나님을 아는 것을 돕는 일이다. 기독교 교육자들의 주된 과제는 가장 상상력이 풍부한 방법으로 신-인 접촉점의 자리를 준비하는 것이다. 신앙은 오직 하나님의 은혜에 의지하지만, 기독교 교육자들은 충성스러운 상상을 통해 신-인 접촉점을 위한 컨텍스트를 마련해야 한다.

---

483) 그린은 또한 계시와 칭의, 성화 등과 같은 변형적 과정을 상상의 관점으로 이해하는 것은 우리들로 하여금 지, 정, 의 사이의 분리를 피할 수 있도록 하는 데 도움을 준다고 말한다. 그린은 상상의 변형은 지식과 양심, 감정을 포함하며 이들을 서로 개념적으로 연결시킬 필요가 없는 것이라고 주장한다.

484) 그린은 '충실한 상상력' 을 신학의 과제, 특히 성서 해석학의 과제로 제한시키는 경향이 있다. 그의 최근 저서 『신학, 해석학, 그리고 상상력』(Theology, Hermeneutics and Imagination)은 명백히 그의 중심 관심이 해석학인 것을 보여 주고 있다. 그는 계시에 대한 접촉점에 관한 이슈는 본래적으로 실천적인 것이라고 말하면서도, '충실한 상상력' 이 목회의 실제에 대하여 갖는 함의에 대해 심화시키고 있지 않은 것처럼 보인다. 그린은 그의 책 『하나님 상상하기』에서 기독교 교육의 중요성을 특별히 강조하고 있지는 않다. 그러나 그린이 상상을 계시에 대한 인간학적 접촉점으로 이해하는 것은 이것이 바로 기독교 교육의 핵심 이슈라고 할 수 있는 '하나님을 어떻게 알 것인가' 와 '다른 사람들로 하여금 어떻게 하나님을 알 수 있도록 도울 것인가' 와 관련되기 때문에 기독교 교육에 매우 중요한 통찰을 주고 있다.

2. 개혁 신학적 성육신 이해

개릿 그린의 상상 이해에 덧붙여서 신학적 개념인 '성육신'에 대한 이해가 하나님 알기로서 신앙을 위한 기독교 교육 커리큘럼 모델을 구상하는 데에 결정적으로 중요한데, 그것은 성육신은 하나님 자신을 인간들로 하여금 알게 하시기 위해서 하나님께서 사용하신 방법이기 때문이다. 성육신은 하나님을 알게 하도록 하나님께서 선택하신 하나님의 교육 방법인 것이다. 새로운 인식론과 개혁 신학적 이해, 이 두 가지의 관점 모두에서 성육신은 기독교 교육에 대한 가장 적합한 비유라고 할 수 있다. 이 부분에서는 성육신에 대한 신학적인 의미를 먼저 살펴보고 성육신의 네 가지 특성을 설명하려고 한다.

1) 성육신의 의미

성육신은 기독교의 중심 교리 중 하나다. 성육신 교리는 "하나님께서 육신을 입고, 그러면서도 영원하시고 무한하신 하나님이심이 전혀 손상받지 않는 방식으로 더욱 충분히, 더욱 구체적으로, 더욱 인격적으로 하나님 자신을 알리셨다."는 것이다.[485] 하나님께서 성육하신 하나님이신 예수 그리스도 안에서 하나님 자신을 알리시기로 작정하신 것이다.

칼빈은 예수 그리스도가 참 하나님이시면서 동시에 참 인간이심을 강조하며, 그리스도의 성육신의 유일한 목적은 우리의 구원임을 강조한다.[486] 칼빈은 하나님의 말씀은 바로 "하나님과 인간을 화해시키기

---

485) Brian Hebblethwaite, *The Incarnation : Collected Essays in Christology* (New York : Cambridge University Press, 1987), 21.
486) Calvin, *Institutes of the Christian Religion*, 2.12.1.

위해 오신 성육신하신 로고스이신 예수 그리스도"를 의미한다고 말한다. 칼빈은 '눈높이 맞추기(accommodation)' 로서 성육신을 이해한다. 성육신은 인간의 연약함에 대한 하나님의 '눈높이 맞추기' 다. 성육신은 "자신을 비어 인간 육체를 입으시고 중재자가 되심으로 우리에게 접근 가능한 존재가 되신 사건"으로 설명된다.[487]

칼 바르트는 성육신하신 하나님을 예수 그리스도 안에서 계시된 하나님의 말씀으로 이해하는데, 이 성육신하신 하나님이 삼중적 계시 중 가장 근원적인 계시라고 말한다. 바르트에 의하면 하나님의 말씀은 세 가지 형태를 지니는데, 계시된 하나님의 말씀, 기록된 하나님의 말씀, 선포된 하나님의 말씀이다.[488] 다니엘 밀리오리(Daniel L. Migliore)가 지적하듯이 이 세 가지 형태들은 "세 동심원처럼 서로에게 관련되어 있다."[489] 그들 중 가장 중심에 있는 원이 예수 그리스도 안에 계시된 하나님의 말씀이다. 바르트는 "사실, 계시는 예수 그리스도라는 인간과 다르지 않고, 그 안에서 성취된 화해와 다른 것이 아니다. 계시를 말하는 것은 '말씀이 육신이 되셨다' 는 것을 말하는 것이다."라고 설명한다.[490]

그러므로 성육신은 직접적으로 하나님을 아는 지식과 관련되어 있다. 하나님은 우리로 하여금 하나님을 알 수 있도록 성육신을 통해 하나님 자신을 계시하셨다. 로버트 마틴(Robert Martin)은 그의 책 『기독

---

487) Dawn DeVries, *Jesus Christ in the Preaching of Calvin and Schleiermacher* (Louisville : Westminster/John Knox Press, 1996), 19.
488) Barth, *Church Dogmatics*, 2/1 : 88-120.
489) Daniel L. Migliore, *Faith Seeking Understanding : An Introduction to Christian Theology* (Grand Rapids : Eerdmans, 1991), 35.
490) Barth, *Church Dogmatics*, 1/1 : 119.

교 신앙의 성육신적 근거』라는 책에서 성육신은 '하나님의 행동의 최고의 원리'라는 토렌스(T. F. Torrance)의 주장을 인용하면서 성육신은 우리가 하나님을 아는 지식을 가질 수 있는 유일한 수단이라고 주장한다. 그는 성육신이야말로 신학적 인식론의 근본적인 논리라고 역설하며 이러한 성육신이 없이는 하나님의 초월적 실재에 대한 지식을 가질 수 없다고 주장한다. 즉, 성육신이란 "피조물과 하나님과의 연합의 존재론적 근거이며 우리가 하나님을 알 수 있는 인식론적 수단"이라는 것이다.[491] 이런 점에서 성육신이야말로 기독교 교육의 원형이라고 할 수 있다.

성육신 이해에 있어서는 개혁 신학적 입장과는 다른 다양한 신학적 입장이 있음을 주목하는 것이 중요하다. 특별히 성육신에 대한 개혁 신학적 관점과 과정 신학적 관점을 구별하는 것이 필요한데, 왜냐하면 몇몇 기독교 교육 이론가들이 그들의 이론에서 성육신의 개념을 다루지만 그것은 과정 신학에 근거한 것들이기 때문이다.[492] 과정 신학자들도

---

491) Robert K. Martin, *The Incarnate Ground of Christian Faith : Toward a Christian Theological Epistemology for the Educational Ministry of the Church* (New York : University Press of America, 1998), 281.

492) 무어(Mary Elizabeth Moore)는 '성육신' 개념을 그녀의 이론에 중요하게 사용하는 기독교 교육 이론가다. 무어의 성육신에 대한 이해는 과정 신학에 뿌리박혀 있다. 그녀는 성육신을 세상 안에 있는 하나님의 육화 또는 현존으로 정의 내리면서 과정 신학자들의 성육신에 대한 이해는 '하나님이 모든 것 안에 성육신' 하는 것임을 주장하고 있다. 이러한 가정은 두 가지를 전제하는데 하나는 실재가 하나님을 계시하고 있다는 것이고, 다른 하나는 모든 것이 의미의 그물망 안에서 서로 연계되어 있다는 것이다. 무어는 신적 계시는 오직 예수 그리스도 안에 있다는 주장을 비판한다. 오히려 무어는 실재의 가장 작은 요소도 하나님을 계시할 수 있다고 주장한다. 그녀에게 있어서는 모든 것이 거룩하기 때문에 인간은 모든 것 안에서 하나님의 말씀을 들을 수 있다는 것이다(Moore, *Teaching from the Heart*, 92-108.).

구체적인 입장은 다양한데 일반적으로 예수를 말씀이 육신이 되신 것으로서보다는 우주적 힘의 중심으로 보는 경향이 있다.[493] 개혁 신학자들이 하나님이 예수 그리스도 안에서 인간이 되셨을 때 역사 안에서 오직 하나의 성육신이 있었다고 믿는 것과 달리, 과정신학자들은 이것을 부인한다.[494] 과정 신학자들은 우주적 성육신을 말하면서 예수는 그 대표적 표상이라고 주장한다. 존 콥(John B. Cobb)이 "그리스도는 세상 안의 세상의 창조적 변형 과정으로서 성육하신 로고스를 의미한다."고 말하였듯이, 과정 신학자들은 성육신하신 로고스는 모든 인간과 피조물에 나타난다고 주장한다.[495]

이 글에서 성육신 개념은 과정 신학자들의 성육신 이해와는 구분되는 성육신에 대한 개혁 신학적 이해에 근거하고 있다. 기본적으로, 하나님이 인간 예수가 되셨음을 의미하는 성육신은 독특하다. 브라이언 헤블스웨이트(Brian Hebblethwaite)는 "오직 한 분의 실제 인간만이 이 땅에서 하나님의 도구요 표상이 될 수 있다."고 말한다.[496] 우리가 많은 인간들을 하나님의 성육신으로 생각할 수 있지만 그것은 단지 비유적 표현일 뿐이다. 이들은 인간으로 나타나신 하나님 자신이 아니다. 이 글에서도 가끔 성육신 개념을 비유적으로 사용할 때가 있지만, 그 의미는 오직 성육신하신 하나님이신 예수 그리스도의 의미에 붙박여 있는 것이다. 역사에 있어서 유일한 사건으로서 성육신만이 '성육신적 상

---

493) Donald G. Bloesch, "Process Theology and Reformed Theology," in *Major Themes in the Reformed Tradition* ed. Donald K. McKim (Grand Rapids : Eerdmans, 1992), 391.
494) *Ibid.*
495) John B. Cobb, Jr., *Christ in a Pluralistic Age* (Philadelphia : Westminster, 1975), 76.
496) Hebblethwaite, *The Incarnation*, 50.

상'의 근원이며, 그것으로부터 '성육신적 커리큘럼 모델'이 발현되는 것이다.[497]

2) 성육신의 네 가지 특성

성육신은 '하나님 알기'에서의 앎의 네 가지 특성인 인격적, 공동체적, 상상적, 참여적 성격을 지니고 있다. 성육신에 관한 가장 중요한 성경 구절은 요한복음 1장 14절일 것이다. "말씀이 육신이 되어 우리 가운데 거하시매 우리가 그 영광을 보니 아버지의 독생자의 영광이요 은혜와 진리가 충만하더라" 우리는 이 말씀 속에서 성육신 사건이 지닌 네 가지 중요한 특성을 발견하게 된다.

첫째, 성육신은 인격적이다. 요한복음 1장 14절에서 '말씀이 육신이 되었다'는 것은 하나님이 '인간(a Person)'이 되셔서 사람들로 하여금 사람이신 그리스도와 인격적인 관계를 맺을 수 있게 하셨다는 것이다. 빌립보서 2장 7-8절은 분명하게 하나님이 인간이 되심을 보여 주시고

---

[497] 마리아 해리스는 그녀의 책 『가르침과 종교적 상상력』에서 '성육신'의 개념을 사용한다. 그녀는 가르침을 '교과 내용(subject matter)의 성육신'으로 이해한다. 그런데 해리스는 성육신을 기독론적으로보다는 비유적으로 이해하려는 경향이 있다. 그녀는 성육신 개념을 사용해서 '육화'와 '형태 주기' 등을 강조한다. 해리스는 가르침의 성육신적 형태로서 언어적 형태, 땅의 형태, 육화된 형태, 발견을 위한 형태, 예술적 형태 등을 강조한다. 필자가 개혁 신학적 관점에서 볼 때 이러한 해리스의 접근은 몇 가지 약점을 지님을 알 수 있다. 첫째, 해리스는 성육신에 대한 신학적 의미에 집중하고 있지 않다. 그녀는 성육신의 내용보다는 성육신의 육화되는 과정에 초점을 맞추고 있다. 둘째, 해리스는 예수 그리스도의 성육신이 독특한 것이고 최고의 것이라고 이해하지 않는다. 그녀는 하나님이 모든 것에 성육신하신다는 과정 신학의 관점에 동의하고 있다. 마지막으로 해리스는 가르침을 이해하는 데 있어서 오직 성육신을 교과 내용과만 관련시키고 있다. 가르침은 교과 외에도 교사, 학습자, 환경 등을 포함하는데 그녀의 성육신으로서 가르침 이해는 이들 중 하나에만 제한되어 있다.

있다. "오히려 자기를 비어 종의 형체를 가져 사람들과 같이 되었고, 사람의 모양으로 나타나셨으매" 성육신은 하나님이 인간이 되셔서 사람들로 하여금 하나님을 인격적으로 알게 하신 사건이다. 밀리오리는 성육신의 인격적 특성을 다음과 같이 강조한다.

> 하나님께서는 모든 자연과 역사 가운데 현존하시고 행동하시지만, 기독교 신앙과 신학에 있어서 계시의 충만함은 오직 인격적 삶 안에서 다가온다. 오직 인격을 통한 계시만이 인간인 우리들에게 온전히 이해될 수 있으며, 오직 인격적인 계시만이 가장 인격적인(supremely personal) 하나님의 실재를 우리에게 온전히 드러낼 수 있다.[498]

밀리오리는 인간 간의 커뮤니케이션이 계시에 대한 가장 적절한 비유라고 주장한다. 예수 그리스도와의 인격적 관계는 하나님을 아는 가장 최선의 길이다.

둘째, 성육신은 공동체적이다. 요한복음 1장 14절에서 '우리 가운데 거하시매'는 성육신의 공동체적 특성을 분명히 보여 준다. 성육신은 사적인 사건이라기보다는 공동체적 사건이다. 왜냐하면 하나님께서 공동체 안에 있는 '사람들'에게로 오셔서 그 공동체의 구성원이 되셨기 때문이다. 성육신하신 하나님은 공동체의 하나님이며, 교회의 하나님이다. 성육신은 한 개인의 경험이나 고백이 아니다. 요한일서 1장 1절에 "태초부터 있는 생명의 말씀에 관하여는 우리가 들은 바요 눈으로 본 바요 자세히 보고 우리 손으로 만진 바라"고 말씀하듯이, 성육신하신 하나님을 '우리'가 보고, 만지고, 교제하는 것이다. 성육신하신 하

---

498) Migliore, *Faith Seeking Understanding*, 29.

나님이 '우리 가운데' 살아 계시기 때문에, 교회의 구성원들인 우리가 서로 나누고 교제할 수 있다. 리처드 니버(H. Richard Niebuhr)가 지적하고 있듯이, 신앙은 한 개인 안에 존재하는 무엇이 아니다.[499] 성육신은 공동체 안에 있는 실재이며, 공동체의 고백이다.

셋째, 성육신은 상상적이다. 요한복음 1장 14절에서 "우리가 그 영광을 보니 독생자의 영광이요"라는 말씀은 성육신이 상상적 특성을 지님을 의미한다. 믿음으로 충만한 상상을 통해 제자들은 하나님의 영광을 볼 수 있었다. 성육신하신 하나님은 하나님의 형상이다(고후 4 : 4). 골로새서 1장 15절이 말씀하듯이 "그는 보이지 아니하시는 하나님의 형상이요 모든 창조물보다 먼저 나신 자"이다. 예수가 살았던 당시의 믿지 않는 사람들도 예수를 보았지만 예수의 얼굴에 있는 하나님의 영광을 볼 수 없었다. 오직 상상으로서의 믿음을 통해 제자들은 하나님의 영광을 볼 수 있었다. 하나님은 하나님의 이미지로서 성육신 하나님을 통해서 하나님 자신을 계시하신다. 그러므로 오직 하나님을 상상함을 통해서 우리는 하나님을 알 수 있다. 하나님은 하나님 자신을 계시하시는 데에 인격적, 공동체적, 상상적 방식을 사용하심으로 사람들로 하여금 하나님을 알게 하신다.

넷째, 성육신은 참여적이다. 요한복음 1장 14절에서 "말씀이 육신이 되어 우리 가운데 거하시매"는 성육신의 참여적 특성을 보여 주고 있다. 라틴어 'incarnatio'는 육체를 갖는 것 또는 육체가 되는 것을 의미하는데, 영어의 'embodiment'는 성육신 개념과 동일시될 수 있다. 하나님은 육체가 되심으로 인간 공동체에 참여하셨다. 칼빈의 '눈높이 맞추기'로서의 성육신 이해는 성육신의 참여적 특성을 강조한다. 성육

---

499) Niebuhr, *Faith on Earth*, 109.

신은 인간 연약함에 대한 눈높이 맞춤이다. 오직 성육신을 통해서 하나님은 인간에게 접근하신다. 예수 그리스도는 우리 속으로 오셨고 우리의 삶에 참여하셨다.

위의 내용을 정리하면, 성육신은 인격적, 공동체적, 상상적, 참여적이다. 다른 말로 표현해서 하나님은 성육신을 통해 인격적, 공동체적, 상상적, 참여적 방식으로 하나님 자신을 알게 하신다. 성육신은 구속론의 중심일 뿐만 아니라 기독교 인식론의 핵심 개념이다. 성육신은 그 관심이 '하나님 알기'로서의 신앙인 기독교 교육의 근거임이 분명하다. 왜냐하면 성육신은 하나님이 사람들로 하여금 하나님을 알도록 하기 위해 사용하신 방법이기 때문이다. 본서의 탐구에서 기독교 교육 커리큘럼의 새로운 모델로서 성육신 커리큘럼 모델은 이러한 성육신 논리에 뿌리박혀 있다.

특별히 성육신의 두 가지 측면이 기독교 교육에 대해 통찰을 준다. 하나는 '성육신적 과정'이다. 이것은 시간적 순서를 의미하는 것이 아니다. 성육신은 그 자체로 하나의 과정으로서, 성육신을 통해서 하나님이 인간이 되셨다. 이 '됨(becoming)'으로서의 과정이 하나님 알기를 위한 기독교 교육의 커리큘럼 과정의 모델이 될 수 있다. 다른 하나는 성육신의 내용으로서 '하나님의 형상'이다. 이 내용이 '하나님 알기'를 위한 기독교 교육의 내용이 무엇이어야 할지를 지시하고 있다. 성육신은 방법과 내용 둘 다에 있어서 기독교 교육의 뿌리이며, 하나님 알기를 위한 기독교 교육의 원형으로 간주될 수 있다.

3. 성육신적 상상

'성육신'에 대한 개혁 신학적 의미와 그린의 '상상'에 대한 이해를 근거로, 이제 필자는 하나님 알기를 위한 기독교 교육의 새로운 커리큘럼 모델을 탐구하기 위한 중심 개념으로 '성육신적 상상(Incarnational Imagination)'을 제안한다. 성육신적 상상은 두 가지 중요한 개념을 포용하는데, 그것은 '성육신'과 '상상'이다. 성육신적 상상은 하나님 알기를 위한 가장 적절한 자리다. 이 절에서는 먼저 '성육신적 상상'을 정의내리고 그 한 예를 제시한 후 성육신적 상상과 기독교 교육의 관계를 논의할 것이다.

1) 성육신적 상상의 정의

앞에서 논의한 대로 개럿 그린은 상상을 신적 계시를 향한 인간학적 접촉점으로 보고, 상상을 우리가 하나님을 알게 되는 자리(locus)로 이해하고 있다. 특별히 그린은 계시의 자리로서 '충실한 상상'의 중요성을 강조하고 있다. 그런데 무엇이 하나님을 알게 하는 충실한 상상이 될 수 있을까? 무엇이 우리가 하나님을 올바르게 상상할 수 있도록 하는 상상인가? 어떤 종류의 상상이 우리로 하여금 하나님을 알고, 다른 사람이 하나님을 알도록 가장 잘 도울 수 있을 것인가? 성육신이 하나님께서 하나님 자신을 알리신 하나님의 방법이기 때문에 성육신의 특징을 지닌 '성육신적 상상'이 하나님을 알 수 있는 최선의 자리가 된다. 필자는 본서의 탐구인 새로운 기독교 교육 커리큘럼을 위한 핵심 단어로서의 이 '성육신적 상상'을 하나의 그림으로 묘사해 보았다.

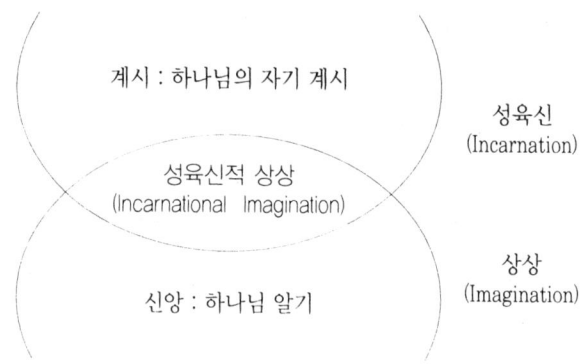

[그림 3] 성육신과 상상 사이의 관계

위의 그림이 보여 주듯이, 성육신적 상상은 신-인 접촉점으로서 그곳에서 계시로서의 성육신은 인간의 상상을 만나게 된다. 이 접촉점이 바로 신앙의 자리다. 계시는 하나님의 자기 현현이고 신앙은 하나님 알기인데, 이 두 가지의 접촉점이 성육신적 상상이라고 할 수 있다. 즉, 성육신적 상상은 하나님이 자기를 계시하는 자리이며, 동시에 인간이 하나님을 알게 되는 자리다.

성육신적 상상은 두 가지 차원을 지닌다. 하나는 신적인 차원이고 다른 하나는 인간적인 차원이다. 무엇보다 하나님 알기는 하나님의 은혜로서만 가능함을 인식하는 것이 중요하다. 은혜로서의 하나님의 자기 계시 없이는 인간이 하나님을 상상할 수 없고, 하나님을 알 수도 없다. 이것은 인간이 초월적인 하나님과 성령의 사역을 향해 열려 있어야 함을 의미한다. 이러한 개방성은 교사(기독교 교육자)의 하나님의 은혜를 향한 사모함과 관련된다. 초월을 향한 개방성은 교사의 영적인 덕목일 뿐만 아니라 인식론적 덕목이기도 하다. 이러한 개방성은 성령이 역사하시는 공간을 만든다. 다른 말로 표현해서 하나님을 향한 갈증은 동시에 인간의 겸손을 의미하는 것이다.

또 하나의 차원은 인간적인 차원이다. 하나님은 하나님의 사역의 통로로서 인간의 충실성을 사용하신다. 이런 점에서 성육신적 상상은 인간의 '충성스러운 상상'이다.

성육신적 상상은 바로 신적인 차원과 인간적인 차원이 만나는 자리이고, 그 성육신적 상상을 통해서 하나님을 알 수 있는 것이다. 궁극적인 기독교 교육의 과제는 학생들이 하나님을 알 수 있도록 성육신적 상상을 불러일으키는 것이다.

앞장에서 설명한 대로, 성육신은 인격적, 공동체적, 상상적, 참여적이다. 성육신적 상상 역시 아래 그림에서 볼 수 있듯이 네 가지 차원을 지닌다. 이러한 네 가지 특성을 동시에 지닌 성육신적 상상은 충실한 상상이어야 하고, 이것이 신 - 인 접촉점을 위한 자리가 될 수 있다.

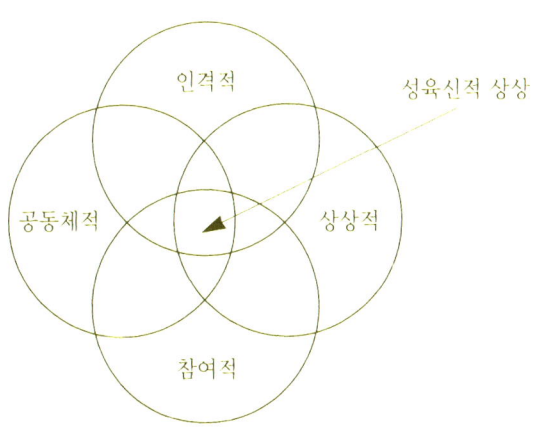

[그림 4] 성육신적 상상

성육신적 상상은 인격적, 공동체적, 상상적, 참여적 성격을 동시에 지니고 있다. 성육신적 상상은 앞의 네 가지 특성을 모두 포함하고 있다는 점에서 단지 앎의 네 가지 특징 중 하나인 '상상적인 것'과는 구별되어야 한다. 성육신적 상상은 위의 그림이 보여 주듯이, 단지 상상적 특성뿐만 아니라 인격적, 공동체적, 참여적 성격을 포용한다.

성육신적 상상은 그리기 식(pictorial) 상상과는 다른데, 그리기 식 상상은 인격적, 공동체적, 참여적 특성이 부족하다. 그린이 말하듯이, '하나님 그리기(picturing God)'는 '하나님 상상하기(imagining God)'와 구별되어야 한다. 우리는 하나님을 그림으로써 하나님을 아는 것이 아니라 하나님을 형상을 통해 하나님을 상상함으로 하나님을 알 수 있다. 성육신적 상상은 모방적으로가 아니라 비유적으로 하나님을 지시한다. 성육신적 상상은 변형시키는 데 있어서 그리기 식 상상과는 비교할 수 없는 힘이 있다. 왜냐하면 후자는 앎의 특성 중 하나만을 지니는 반면, 전자는 앎의 네 가지 특성을 모두 지니기 때문이다.

하나님의 형상은 성육신에서 가장 분명하게 표현되어진다. 성육신하신 하나님은, 앞장에서 논의했듯이, 육화된 하나님의 형상이다. 육화된 하나님의 형상은 인격적, 공동체적, 상상적, 참여적 성격을 지닌다. 성육신적 상상은 육화된 하나님의 형상으로부터 발현된다. 성육신적 상상을 위한 장(context)을 준비하기 위해 우리는 육화된 이미지의 네 차원과 관련되는 다음의 네 가지 질문을 던져야 한다. (1) 그 이미지는 인격적인가? (2) 그 이미지는 공동체적인가? (3) 그 이미지는 상상적인가? (4) 그 이미지는 참여적인가?

육화된 이미지의 개념은 추상적 이미지와는 구별되어야 한다. 예수 그리스도가 하나님의 이미지라고 할 때, 그 이미지는 육화된 이미지다. 말씀이 육신이 되셨다. 그의 인격과 행동 안에서 하나님이 우리를 위해 나타나셨다.

대부분의 기독교 교육 이론가들은 그들의 기독교 교육 이론에서 성육신적 상상의 네 가지 특성 중 어느 부분만을 강조하는 경향이 있다. 예를 들어 신앙 공동체를 강조하는 어떤 기독교 교육 이론은 공동체적 특성과 참여적 특성만을 강조하는 경향이 있는가 하면, 기독교 교육에서 예술의 역할을 강조하는 이론은 상상적 특성에만 초점을 맞추는 경향이 있다. 다시 말하면, 기독교 교육에 대한 심리학적, 사회학적, 예술적, 해방 신학적(또는 비판 이론적) 접근들은 각각 인격적, 공동체적, 상상적, 참여적 특성들 중 어느 하나만을 강조하는 경향이 있는 것이다. 반면, 앞장에서 논의한 대로 새로운 인식론에 근거한 팔머, 로더, 해리스의 기독교 교육 이론들은 각각 이 네 가지 특성 중에서 세 가지 특성들만을 강조하는 경향이 있다. 팔머의 이론은 인격적, 공동체적, 참여적 특성을, 로더의 이론은 인격적, 상상적, 참여적 특성을, 해리스의 이론은 상상적, 인격적, 공동체적 특성을 지닌다. 그러나 이들 중 어느 하나도 네 가지 특성을 모두 포함하고 있지는 못하다.

성육신적 상상은 인격적, 공동체적, 상상적, 참여적 성격을 지닌다. 이 점에서 성육신적 상상은 사람들로 하여금 하나님을 알도록 돕기 위한 기독교 교육의 가장 적절한 통로다. 왜냐하면 개혁 신학에서 신앙 이해인 '하나님 알기'에서의 앎이 인격적, 공동체적, 상상적, 참여적이기 때문이다. 기독교 교육의 중심적 관심이 '하나님 알기'로서 신앙이라는 전제 하에서 기독교 교육이 하나님을 아는 변형적인(transformative) 방식이 되기 위해서는, 기독교 교육의 커리큘럼은 '성육신적 상상'이라는 관점에서 구성되어야 한다.

2) 성육신적 상상의 예

우리는 성경 안에서 셀 수 없을 정도로 많은 성육신적 상상의 예들을 발견할 수 있다. 그 가운데 엠마오로 가는 두 제자 이야기는 가장 선명한 예들 중의 하나일 것이다(눅 24 : 13 - 35). 이 이야기는 '앎의 사건'이라고 말할 수 있는데, 이 사건을 통해 두 제자는 하나님을 알게 된다. 이 이야기는 성육신적 상상이 무엇이며, 성육신적 커리큘럼 모델이 어떠해야 하는지를 이해하는 데에 중요한 통찰을 준다.

첫째, 이 이야기 안에서 커리큘럼은 여정(journey)이며, 커리큘럼의 목적은 '하나님 알기'이다. 예루살렘으로부터 엠마오로 가는 여정은 커리큘럼의 과정이다. 그것은 계단이나 사닥다리의 단계가 아니다. 예수와 더불어 걷는 여정이다. 하나님을 알지 못하는 무지로부터 하나님을 알게 되는 인식으로 이르는 여정이다. 처음에는 16절에서 묘사하고 있듯이 두 제자는 예수 그리스도를 인식하지 못했다. 그러나 31절이 말해 주고 있듯이 그들은 예수 그리스도를 인식하게 된다. "그들의 눈이 밝아져 그인 줄 알아보더니" 성육신 커리큘럼은 하나님을 알지 못하는 상태에서부터 하나님을 아는 곳에 이르는 여정이다.

둘째, 우리는 이 이야기 안에서 성육신적 상상의 네 가지 특성들인 인격적, 공동체적, 상상적, 참여적 특성들을 발견할 수 있다. 15절이 묘사하고 있듯이 예수는 제자들과 인격적인 관계를 갖기 위해서 그들의 여정 속으로 들어오셨다. 이것이 성육신적 과정이다. 칼빈의 개념으로는 '눈높이 맞추기'의 과정(a process of accommodation)이다. 예수 그리스도와 두 제자들은 교수 - 학습 공동체가 되었다. 그들은 함께 이야기했고(17 - 27절), 함께 머물렀고(29절), 함께 먹었다(30절). 특별히 식탁 공동체는 분명하게 성육신적 상상의 공동체적 특성을 보여 주고 있다. 또한 31절, "그들의 눈이 밝아져 그인 줄 알아보더니"에서 '눈'은 상상을 상징하고 있는데, '그들의 눈이 밝아져'는 그들이 하나님을 올바르게 상상하게 되었음을 의미한다. 이 이야기는 또한 참여적 차원을 강조한다. 두 제자는 자신들을 예수님의 말씀에 헌신하여 "곧 그 때로 일어나"(33절) 예루살렘에 들어가게 되었다. 그들의 하나님 알기는 그들의 행동에의 참여와 분리되지 않았다. 이 네 가지 특성들이 함께 겹쳐지면서 육화된 이미지가 발현되고 성육신적 상상이 일어나게 된다.

셋째, 이 이야기는 상상으로서의 신앙이 사고, 감정, 의지를 통합한다는 것을 의미한다. 32절에서 '뜨거워진 마음'은 지적, 정적, 의지적 차원을 포용한다. 이것은 생명의 진리이신 예수 그리스도에 대한 통전적인 반응이었다. 그들이 서로 더불어 이야기했을 때는(14절) 그들이 예수에 관해서(about) 알게 되었을 뿐이었다. 그러나 그들의 마음이 타올랐을 때, 그들은 예수 그리스도를 알게 되었다. 다른 말로 그들은 하나님에 대한 신앙을 갖게 된 것이다. 신앙은 하나님을 아는 것인데 이것은 상상의 자리이며 신앙의 기관인 마음(heart)과 관련된다.

마지막으로 이 이야기는 하나님 알기를 위한 커리큘럼은 예배, 선포, 가르침, 교제, 봉사를 포함해야만 함을 보여 준다. 예수와 두 제자는 함께 예배했고(30절), 특별히 함께 성례전에 참여했다. 또한 예수는 선포했고, 성경을 가르쳤다(25 - 27, 32절). 동시에 그들은 함께 교제를 나누었고(29 - 30절), 두 제자는 증인이 되었다(33 - 34절). 이러한 측면들은 성육신적 커리큘럼 모델의 다섯 가지 범위를 예시하는 것이다.

3) 성육신적 상상과 기독교 교육

기독교 교육의 중심 관심이 하나님 알기로서 신앙이라면, 그리고 기독교 교육이 하나님을 알게 되는 변형(transformation)의 통로가 되기 위해서는 '성육신적 상상'이라는 개념이 기독교 교육의 중심 개념이 되어야 한다. 기독교 교육이 '하나님 알기'를 위한 자리를 준비하는 것이기에, 기독교 교육은 '성육신적 상상'이라는 개념에 의해서 잘 설명된다. '하나님 알기'를 위한 기독교 교육은 성육신적 상상을 통한 상상적 변형의 과정과 동일시될 수 있다. 왜냐하면 성육신적 상상이 하나님 알기를 위한 자리이기 때문이다. 하나님께서 성육신을 통해 자신을 계시하셨고, 성육신을 통해 사람들로 하여금 하나님을 알게 하셨기 때문에, 성육신이야말로 하나님을 알고 다른 사람이 하나님을 알도록 돕는 기독교 교육의 원리임이 분명하다. 이러한 점에서 잭 세이무어(Jack Seymour), 마가렛 크레인(Margaret Crain), 조셉 크로켓(Joseph Crockett)이 말하듯이 예수 그리스도가 대문자 성육신(the Incarnation)인 반면, 기독교 교육자들은 소문자를 지닌 성육신(incarnation with a lower-case 'i')이다.[500] 즉, 기독교 교육은 기독교 교육자의 연속적인 성육신적 삶을 통해 계속적인 변형의 과정 안에서 이루어진다.

기독교 교육의 역사는 '성육신적 과정'과 동일시될 수 있는데 이를 통해 하나님은 예수 그리스도 안에 성육신하셨고, 예수 그리스도는 제자들과 사도들 안에 성육신하셨으며, 기독교 교육자들로서 제자들과 사도들은 다음 세대의 학생들 안에 계속적으로 성육신한 것이다. 이런 점에서 기독교 교육의 역사는 계속적인 '성육신적 과정'을 통해 이루어지는 '하나님 알기'의 역사이며 다른 사람들로 하여금 하나님을 알도록 돕는 역사다. 하나님 알기의 역사로서 기독교 교육의 역사 속에서 우리는 성육신적 상상을 통한 '상상적 변형의 연결 고리'를 보게 된다. 첫째, 하나님이 하나님 자신을 성육신적 상상으로서 예수 그리스도 안에서 계시하셨다. 이것은 하나님의 교육(God's pedagogy)이라고 불릴

---

500) Jack Seymour, Margaret Crain, and Joseph Crockett, *Educating Christians : The Intersection of Meaning, Learning, and Vocation* (Nashville : Abingdon Press, 1993), 186.

수 있을 것이다. 둘째, 예수 그리스도는 성육신적 상상을 통해서 그의 제자들을 가르치셨다. 이것은 예수 그리스도의 교육이라고 불릴 수 있을 것이다. 계속적으로 성령은 사도들과 기독교 교육자들의 성육신적 상상을 통해서 사람들로 하여금 하나님을 알도록 하신다. 이 점에서 '성육신적 상상'을 통한 '하나님 알기'를 위한 교육은 삼위일체 하나님이 하나님 자신을 알리시고 사람들로 하나님을 알게 하는 바로 그 방법인 것이다.

요 약

7장에서는 개혁 신학과 새로운 인식론에 기초해서 '하나님 알기'로서 기독교 교육을 위한 새로운 커리큘럼 모델의 핵심 개념으로 '성육신적 상상'을 제안하였다. 개럿 그린의 계시의 자리로서 상상 이해와 성육신에 대한 개혁 신학적 이해는 우리에게 '성육신적 상상'이라는 새로운 개념을 제공해 준다. 성육신적 상상은 신-인 접촉점을 위한 자리인데, 이곳을 통해 하나님은 자신을 계시하시고 사람들은 하나님을 알게 된다. 성육신적 상상은 인격적, 공동체적, 상상적, 참여적 특성을 지님으로 이를 통해 하나님을 알 수 있기에 하나님 알기를 위한 기독교 교육의 가장 적절한 방식이다. 여기에서 기독교 교육의 가장 중요한 과제는 성육신적 상상을 위한 자리를 준비하는 것이라는 결론이 도출되었다.

다음 장에서는 이 '성육신적 상상'의 이해를 기초로 하여 타일러식 커리큘럼 모델에 대한 대안이라고 할 수 있는 새로운 기독교 교육 커리큘럼 모델로서 '성육신적 커리큘럼 모델'을 제안할 것이다.

제 **8** 장

새로운 기독교 교육 커리큘럼의 실제
- 성육신 커리큘럼 모델

이제 필자는 그 동안 탐구해 온 신앙 이해와 인식론 논의를 통해 얻은 새로운 커리큘럼 모델의 핵심 단어인 '성육신적 상상'을 기초로 하여 구체적인 커리큘럼 모델을 제시하려고 한다. 이 커리큘럼 모델의 구체적인 고안에서는 타일러 커리큘럼 모델에 대한 비판들이 주는 통찰과 팔머, 로더, 해리스의 기독교 교육 이론들의 함의가 공헌하고 있다. 그것을 그림으로 나타내면 다음과 같다.

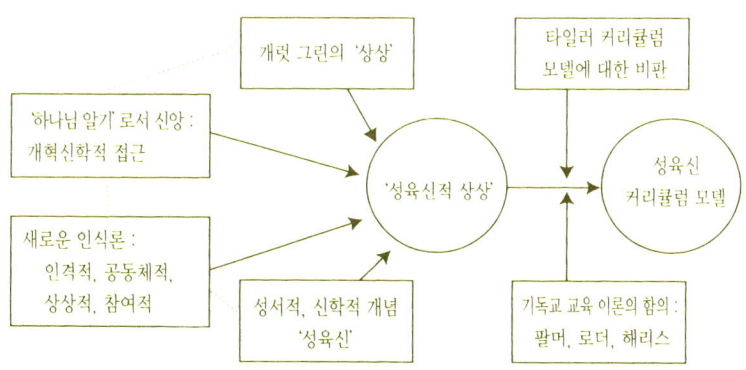

[그림 5] 성육신 커리큘럼 모델

이 장에서 우리는 먼저, 성육신 커리큘럼 모델의 개관을 목적, 내용, 범위, 장, 작성 원리, 표현 양식, 특징들을 통해 파악하고,[501] 그 다음에 성육신 커리큘럼 모델의 네 가지 차원들을 논의할 것이다. 그리고 마지막으로, 성육신 커리큘럼 과정의 여섯 가지 운동을 교사 수준, 교회 수준으로 제안할 것이다.

1. 성육신 커리큘럼 모델의 개요

근대 서구 인식론에 기초한 타일러식 커리큘럼 모델에 대한 대안으로서 새로운 인식론을 바탕으로 하는 성육신 커리큘럼 모델은 다음 몇 가지 기준을 만족시키는 것이다. 첫째, 성육신 커리큘럼 모델은 '하나님 알기'로서의 신앙을 위한 커리큘럼이다. 둘째, 성육신 커리큘럼 모델은 '기독교 교육'을 위한 것이다. 셋째, 성육신 커리큘럼 모델은 '새로운 인식론'에 근거한 것이다. 넷째, 성육신 커리큘럼 모델은 타일러 커리큘럼 모델에 대한 '대안적'인 것이다. 이제 우리는 이러한 기준에 근거해서 성육신 커리큘럼 모델의 개요를 살펴보려고 하는데, 첫째 기준은 커리큘럼에서의 목적과 내용을 지시하고, 둘째 기준은 범위와 장을 규정한다. 또한 셋째 기준은 커리큘럼 작성의 원리와 표현 양식을, 넷째 기준은 성육신적 커리큘럼 모델의 특성들을 보여 준다.

---

501) 아이즈너는 커리큘럼 작성의 차원들을 목적, 내용, 학습 기회의 형태, 학습 기회의 조직, 내용 영역의 조직, 표현의 양식, 그리고 평가 절차의 형태 등으로 열거하고 있다 (Eisner, *The Educational Imagination*, 125-153.). 이 장에서 필자는 아이즈너의 커리큘럼 작성의 차원들을 재구성하여 사용하였다. 범위, 내용, 작성의 원리 등은 학습 기회의 형태와 조직, 그리고 내용 영역의 조직에 관련된다. 평가 절차의 형태는 커리큘럼 모델의 특성 안에 포함되어 다루어진다.

1) 목적 : 하나님 알기

성육신 커리큘럼 모델의 목적은 '하나님 알기(knowing God)'이다. 앞의 1부에서 논의한 대로 기독교 교육의 주된 관심은 신앙인데, 이 신앙은 개혁 신학적 관점에서 하나님 알기와 동일시될 수 있다. 이 하나님 알기는 다음의 몇 가지 특성을 지닌다.

첫째, '하나님 알기'는 '하나님에 관해서 아는 것'과 구별되어야 한다. 하나님 알기는 하나님과의 인격적인 관계를 의미한다. 이런 종류의 앎은 인식론적 차원만이 아니라 존재론적 차원을 갖는다. 하나님 알기는 명제적이지도, 객관적이지도, 관객 조망적이지도 않다. 하나님 알기에서의 앎은 '나와 그것'의 관계가 아니라 '나와 너'의 관계다. '하나님에 관해서 아는 것'이 신념(belief)과 관련되는 반면, '하나님 알기'는 신앙(faith)과 관련된다. 하나님에 관해서 아는 것으로서의 신념도 기독교 교육 안에서 중요한 위치를 차지한다. 기독교 교육의 목적이 신앙이라는 것이 신념의 중요성을 무시해도 된다는 것을 의미하는 것은 아니며, '하나님에 관해서 아는 것'도 기독교 교육의 필수 요소다. 왜냐하면 신앙이 신념을 포함하기 때문이다. 그러나 하나님에 관해서 아는 것은 기독교 교육의 필요 충분 조건은 아니며, 그 자체가 기독교 교육의 목적이 아니다.

이 점에서 지식(knowledge)으로부터 앎(knowing)을 구별하려는 몇몇 교육학자들의 의도를 이해할 수 있다. 웨스터호프(John H. Westerhoff)와 유스든(John Dykstra Eusden)은 앎은 무엇에 관해서 아는 지식과 구별되어야 한다고 주장한다. 그들은 "무엇에 관해서 아는 것(to know about)은 객관성을 개념화하는 것이고, 무엇을 아는 것(to know)은 주관적으로 만나는 것이다."라고 말한다.[502] 그들은 '하나님을 말하는 것(to speak of God)'과 '하나님에 관해서 말하는 것(to talk about God)'을 구분한다.[503] 아이즈너(Elliot Eisner) 역시 앎(knowing)을 분석적이거나 실증주의적 성향을 지닌 철학자들에 의해 사용되어지는 지식(knowledge)으로부터 구별한다.[504] 아이즈너에게 있어서 '지식' 개념은 '보증된 확신'인 반면에 '앎'은 인격적인 경험과 관련이 있다.[505] 하나님에 관해서 아는 것(하나님에 관한 지식)보다는 하나님을 아는 것(하나님 알기)이 성육신 커리큘럼 모델에서 기독교 교육의 목적이다.

둘째, '하나님 알기'에서의 앎은 인격적, 공동체적, 상상적, 참여적이다. 이미 앞에서 논의한 대로 이러한 앎의 특성들은 새로운 인식론에서의 앎의 특성들과 일맥상통한다. 동시에 새로운 인식론에서의 앎의 특성들은 전통적인 서구 근대 인식론에서의 앎의 특성들인 객관주의적, 개인주의적, 실증주의적, 관객 조망적 특성들과는 대조를 이룬다. 첫째로, '하나님 알기'에서의 앎은 인격적이다. 하나님 알기는 하나님과의 인격적인 관계를 맺는 것과 동일시 될 수 있다. 그것은 '나-그것'의 관계라기보다는 '나-너'의 관계다. 그러나 그것은 하나님 알기가 개인주의적이라는 것을 의미하는 것은 아니다. 둘째로, '하나님 알기'에서의 앎은 공동체적이다. 리처드 니버가 강조하듯이 앎은 공동체 안에서 일어나며, 기독교 신앙은 개인의 경험이나 고백에 기초한 것이 아니라 기독교 공동체의 경험과 고백에 기초해 있다.[506] 셋째로, '하나님 알기'는 상상적이다. 개럿 그린이 주장하듯이 '상상'은 신적 계시를

---

502) John Dykstra Eusden and John H. Westerhoff Ⅲ, *Sensing Beauty : Aesthetics, the Human Spirit, and the Church* (Cleveland, Ohio : United Church Press, 1988), 31.
503) *Ibid.*
504) Eisner, *Cognition and Curriculum Reconsidered*, 31.
505) *Ibid.*, 32.
506) Niebuhr, *Faith on Earth*, 109.

위한 인간학적 접촉점이다.[507] 우리는 오직 하나님을 상상함으로써 하나님을 알 수 있다. 마지막으로, '하나님 알기'에서 앎은 참여적이다. 하나님 알기는 인식자의 하나님에 대한 헌신을 먼저 요구한다. 그러므로 하나님 알기에서 앎은 행함과 분리될 수 없고, 행함이 앎과 분리될 수 없다. 이러한 앎은 아는 자(인식자)의 알려지는 것(인식대상)에 대한 참여를 전제하고 있다.

셋째, '하나님 알기'에서 앎은 전인(a whole being)으로서 인간과 관련이 있다. 하나님 알기는 단지 인지적 차원만이 아니라 정의적, 의지적 차원을 갖는다. 개혁 신학자들이 '마음(heart)'이 '하나님 알기'의 자리라고 강조하는 것은 앎이 '인지(cognition)'로만 제한되는 것이 아님을 드러내 준다. 개럿 그린에 의하면 성경적 개념으로서 '마음'은 상상의 자리이며 동시에 신앙의 기관이다.[508] 상상 안에서는 인간 존재의 지성적, 정서적, 의지적 차원이 상호 분리되지 않는다. '하나님에 관한 지식'이 개념과 뇌와 관련된다면, '하나님 알기'는 개념과 뇌뿐만 아니라 상상과 마음에 관련된다. 즉, '하나님 알기'에서 앎은 인지적 차원에서의 변화만이 아니라 정서적, 의지적 차원에서의 변화를 포함한다.

마지막으로, '하나님 알기'는 인간의 행위일 뿐만 아니라 하나님의 선물이다. 우리는 오직 하나님의 은혜를 통해서 하나님을 안다. 우리는 사람들로 하여금 하나님을 알도록 만들 수(to make)는 없다. 기독교 교육자들이 할 수 있는 일은 신적 계시의 인간학적 접촉점을 위한 자리(locus)를 준비하는 것이다. 이 점에서, 기독교 교육자의 겸손과 영성은 기독교 교육에 있어서 결정적인 요소들이 된다. 하나님을 알고 또 학습

---

507) Green, *Imagining God*, 40.
508) *Ibid*., 110.

자들로 하여금 하나님을 알도록 돕기 위해서는 이 두 가지 측면에서 충성스러워야 한다. 먼저, 기독교 교육자는 하나님을 향하여 충성스러워야 한다. 우리는 우리를 향한 하나님의 은혜와 사랑, 긍휼을 기대해야 한다. 우리는 하나님의 은혜와 하나님의 임재를 위해 기도하고, 사모하고, 기다려야 한다. 이러한 기독교 교육자의 영성은 단지 영적인 덕목일 뿐만 아니라 기독교 교육에서 인식론적, 교수론적 덕목이 된다. 동시에 우리는 우리 자신과 학습자들에 대해 충성스러워야 한다. 왜냐하면 하나님께서 은혜의 수단으로 인간의 충실성을 사용하시기 때문이다. 우리 기독교 교육자들은 그것을 통해 하나님을 알 수 있게 되는 신-인 접촉점으로서 '성육신적 상상'을 위한 자리를 준비하는 일에 최선을 다하여야 하는 이유가 여기에 있다.

2) 내용 : 하나님의 형상

성육신 커리큘럼의 핵심적인 내용은 '하나님의 형상(the image of God)'이다. 상상이 계시의 자리라면, '하나님의 형상'이 계시의 내용이다.[509] 하나님 알기는 어떤 종류의 인간 상상에 의해서 이루어질 수 있는 것이 아니라, 오직 그 내용이 '하나님의 형상'인 상상에 의해서 이루어진다. 하나님은 하나님 자신을 성육하신 하나님, 하나님의 형상이신 예수 그리스도를 통해서 계시하신다. 우리는 하나님을 하나님의 형상이신 예수 그리스도를 봄으로써 알 수 있다. 그러므로 예수 그리스도 안에 있는 하나님의 형상은 성육신 커리큘럼 모델에 있어서 내용의 중심이다.

성육신 커리큘럼 모델에서 모든 교육 내용과 자료의 궁극적인 기능

---

509) *Ibid.*, 85.

은 그것을 통해 우리가 하나님을 알게 되는 하나님의 형상을 가리키는 것이다. 하나님의 형상은 아이디어, 개념, 명제와는 다른데, 다른 말로 하면 우리는 하나님을 형이상학이나 신학을 통해서는 알 수 없다. 논리적 사고, 개념화, 설명은 종종 '하나님에 관해서 아는 것'에 도움을 주지만 그들 중 어느 하나도 '하나님 알기'와 동일시될 수는 없다. 그리고 하나님의 형상은 우리가 하나님을 알게 되는 계시의 접촉점 자리를 제공해 준다.

둘째, 이미지(형상)는 단지 시청각 이미지만이 아니라 행동까지 포함한다. 로더가 주장하듯이 이미지는 "단지 그림이나 개념이 아니라 계속적인 행위의 도장"이다.[510] 성경은 예수 그리스도가 하나님의 이미지라고 말할 때,[511] 그것은 예수의 외적 모습이 하나님의 이미지임을 의미하는 것이 아니다. 하나님의 이미지는 예수 그리스도의 삶을 가리킨다. 그의 희생적 사랑은 십자가에서 나타났으며, 그의 부활은 우리에게 하나님의 이미지가 무엇인가를 보여 주고 있다. 그러므로 하나님의 이미지는 육화된 삶을 통해 계시되는 것이다.

마지막으로, 하나님의 이미지는 인격적, 공동체적, 상상적, 참여적 특성을 갖는다. 앞에서 논의한 대로 예수 그리스도 안에 있는 하나님의 이미지는 인격적("말씀이 육신이 되어")이며, 공동체적("우리 가운데 거하시매")이며, 상상적("우리가 그의 영광을 보니")이고, 참여적("말씀이 육신이 되어 우리 가운데 거하시매")이다. 그것은 사람들로 하여금 하나님의 이미지를 통해 하나님을 알게 하기 위해서는 기독교 교육자가 이 네 가지 특성을 포함한 성육신적 상상을 위한 자리를 준비하여야 한다

---

510) Loder and Neidhart, *The Knight's Move*, 249.
511) 고후 4 : 4, 골 1 : 15.

는 것을 의미한다. 우리는 하나님의 이미지를 객관적으로 제안할 수는 없다. 하나님의 이미지는 객관주의적이지도, 개인주의적이지도, 실증주의적이지도, 관객주의적이지도 않다. 하나님의 이미지는 교사의 존재와 삶, 행위, 학습자와의 관계, 공동체 안에서의 공동의 사건을 포함한 '육화된 이미지'를 통해서 드러나게 된다. 로더가 지적하듯이 하나님 알기는 객관주의적 앎이 아닌 사건적 앎인데, 이를 통해 인식자가 변형된다.[512]

3) 범위 : 예배, 선포, 가르침, 교제, 봉사[513]

성육신 커리큘럼은 '기독교 교육'의 커리큘럼이다. 마리아 해리스가 지적하듯이 '교육의 커리큘럼(curriculum of education)'은 '학교 교육의 커리큘럼(curriculum of schooling)'과는 구별되어야 한다.[514] 학교 교육의 커리큘럼은 디다케로 제한되는 경향이 있지만, 교육의 커리큘럼은 '교회 생활의 전 과정 : 레이투르기아, 케리그마, 디다케, 코이노니아, 디아코니아'를 포함한다. 따라서 성육신 커리큘럼의 범위는 해리스의 커리큘럼 모델처럼 예배, 선포, 가르침, 교제, 봉사를 포함한다.

---

512) Loder, *The Transforming Moment*, 33.
513) 셀리어스(Don E. Saliers)가 주장하듯이 예배(worship)가 생동감 있는 활동으로서 삶의 전체적인 형태라는 점에서 역사적으로 전수된 의식을 강조하는 좁은 의미의 예전(liturgy)보다 커리큘럼의 영역으로서 적절하다[Don E. Saliers, *Worship as Theology : Foretaste of Glory Divine* (Nashville : Abingdon Press, 1994), 16.] 오스머(Richard Osmer)가 지적하듯이 복음서에서 가르침과 설교를 정확하게 구분하는 것은 쉽지 않다. 넓은 의미에서 가르치는 사역은 설교(선포)를 포함한다. 성도의 교제는 신앙 공동체 안에 있는 구성원들 간의 공동체적인 관계를 의미한다. 봉사는 단지 신앙 공동체 안에서의 섬김만이 아니라 사회적 돌봄이나 사회적 행동과 같은 사회를 향한 섬김을 포함한다.
514) Harris, *Fashion Me A People*, 64.

그러나 그것은 커리큘럼의 범위가 교회의 모든 활동과 동일시될 수 있다는 것을 의미하는 것은 아니다. 성육신적 커리큘럼에서 커리큘럼의 범위는 기독교 교육자가 학습자들로 하여금 하나님을 알도록 의도적으로 돕기 위한 교회 생활의 활동들로 제한된다. 예컨대 성육신 커리큘럼의 범위는 예배의 모든 측면들을 포함하는 것은 아니다. 예배의 기본적인 의도는 하나님을 경배하는 것이다.[515] 웨스터호프와 윌리몬(William H. Willimon)이 지적하듯이 예배의 목적은 "하나님의 백성들이 하나님을 만나고 찬양하는 것"이다.[516] 예배는 기본적으로 인간이 아니라 하나님께 초점이 맞추어져 있다. 인간 행위의 의도적인 변화는 예배의 일차적인 목적이 아니다. 그러나 예배는 또한 교육적인 기능을 갖는다. 예배를 통해서 우리는 '의도적'으로 사람들로 하여금 하나님을 알 수 있도록 도울 수 있다.[517] 이 점에서 예배는 기독교 교육의 중요한 부분이다. 예배가 하나님 알기의 통로가 되기 위해서는 기독교 교육자는 "어떻게 우리가 예배를 통해서 사람들이 하나님을 알 수 있도록 도울 수 있는가?" "사람들이 하나님을 가장 진지하게 알 수 있는 충실한 예배가 되도록 준비하기 위해서 우리가 무엇을 해야 하는가?"를 물어야 한다.

충실한 예배, 선포, 가르침, 교제, 봉사를 준비하기 위해서 기독교 교육자는 각각의 영역에서 인격적, 공동체적, 상상적, 참여적 차원을 심

---

515) Groome, *Sharing Faith*, 339.
516) John Westerhoff Ⅲ and William H. Willimon, *Liturgy and Learning Through the Life Cycle* (Akron, Ohio : OSL Publications, 1994), 7.
517) 토마스 그룹이 주장하듯이 우리는 교육하기 위해 예배를 이용해서는 안 된다. 그러나 "어떻게 공동체가 함께 예배하는가는 그 자체로 매우 교육적이다."(Groome, *Sharing Faith*, 339.) 우리는 그 예배를 통해서 하나님을 더욱 깊이 알아 갈 수 있는 그런 충실한 예배를 의도적으로 준비할 수 있다.

화시켜야 한다. 하나의 간단한 예로서, 목회자를 포함한 기독교 교육자들이 예배에서 이 네 가지 차원을 심화시킬 때 사람들이 하나님을 더 충실히 상상할 수 있고, 하나님을 더 깊이 알 수 있다. 첫째, 예배를 보다 인격적 만남의 장이 되도록 심화시키는 노력을 한다. 예배를 통해서 사람들은 하나님을 만난다. 사람들과 하나님의 인격적인 관계는 '나-너'의 관계다. 기독교 교육자는 하나님과의 인격적인 관계를 심화시키는 예배가 되도록 하기 위하여 충실하게 상황을 준비하여야 한다. 둘째, 예배를 개인적 사건이 아니라 보다 깊은 공동체의 사건이 되도록 심화시키는 노력을 한다. 기독교 공동체가 없이는 기독교 예배는 있을 수 없다. 예배는 '나'의 행위가 아니라 교회, '우리'의 행위다.[518] 사람들이 모여 있다고 해서, 그리고 함께 예배를 드린다고 해서 예배가 저절로 공동체적 사건이 되는 것은 아니다. 기독교 교육자는 예배가 공동체를 경험하는 공간이 될 수 있도록 예배를 설계하여야 한다. 셋째, 예배에서 상상적 특성을 심화시키는 노력을 한다. 미국 장로교의 예배 모범이 진술하고 있듯이 "사람들이 하나님께 반응하고 하나님의 임재를 나눌 때에, 그들은 상징적 수단을 사용할 수밖에 없다. 왜냐하면 하나님은 피조 세계를 초월해 계시고 피조 세계 안에 있는 어떤 것으로 감환될 수 없기 때문이다."[519] 사람들로 하여금 하나님을 충실하게 상상할 수 있도록 하기 위해 기독교 교육자는 예배에서 언어를 포함한 상징, 음악, 의식을 사용할 수 있다.[520] 마지막으로, 사람들 각각이 예배자로서 예배에 적극적으로 참여하는 예배가 되도록 참여적 특성을 심

---

518) Groome, *Sharing Faith*, 350.
519) Presbyterian Church of USA, *Book of Order* (Louisiville : Office of the General Asembly, 1997), W-1.2002.
520) Saliers, 40.

화시키는 노력을 한다. 예배 안에서 모이는 행위는 단지 "사람들로 하여금 청중으로 객석에 앉게 하는 것이 아니다."[521] 기독교 교육자는 사람들을 기꺼이 그리고 적극적으로 예배에 참여적으로 임하도록 격려해야 한다. 사람들로 하여금 예배의 인도자, 대표 기도자, 성가대원, 헌금위원, 간증자 등으로 가능하면 많이 참여할 수 있도록 격려하며, 또한 회중석에서도 찬양을 통해, 율동의 몸짓을 통해, 의식에의 화답을 통해 예배에 적극적으로 참여하는 예배자가 되는 경험을 하도록 격려할 수 있다.

요컨대 성육신적 상상은 이렇듯 앎의 네 가지 특성을 충족시키는 충실한 행위로부터 나온다. 성육신 커리큘럼 모델에서 예배, 선포, 가르침, 교제, 봉사는 신-인 접촉점을 위한 자리로서 성육신적 상상을 위한 공간을 만든다. 성육신 커리큘럼의 과제는 사람들로 하여금 하나님을 알도록 하기 위해 예배, 선포, 가르침, 교제, 봉사의 영역에서 이 네 차원을 모두 심화시키는 것이다.[522]

4) 장 : 가정, 교회, 학교 등

---

521) Groome, *Sharing Faith*, 350.
522) 인격적, 공동체적, 상상적, 참여적인 차원들을 심화시키기 위한 다양한 방법들이 있다. 어떤 방법들은 이 네 차원 중 하나에 초점이 있는가 하면 어떤 방법들은 네 가지 차원 모두에 관련되기도 한다. 예컨대 가르침에 있어서 멘토링(mentoring)은 인격적인 차원을 심화시키는 데에 사용될 수 있고, 협동 학습(cooperative learning)은 공동체적 차원을 심화시키는 데에 사용될 수 있다. 그러나 이야기 엮기(story linking)는 학생들의 개인적인(인격적) 이야기(상상적)가 이야기 엮기를 통해서 다른 사람들과(공동체적) 나누어질 수(참여적) 있다는 점에서 네 가지 차원과 모두 관련된다. 사람들로 하여금 하나님을 알도록 하기 위해서 성육신 커리큘럼 모델은 예배, 설교, 가르침, 교제, 봉사의 다섯 가지 영역 안에서 이 네 가지 차원을 심화시키는 모든 방법들을 포용한다.

성육신 커리큘럼의 장은 단지 교회만이 아니라 가정, 학교 등과 같이 우리가 하나님을 알 수 있고 다른 사람들을 하나님을 알도록 도울 수 있는 모든 장소를 포함한다. 가브리엘 모란(Gabriel Moran)이 주장하듯이 교육기관은 단지 학교만이 아니라 가정, 교회, 직장도 포함된다.[523] 그러나 오랜 기간 기독교 교육은 주일학교와 동일시되어 왔고 주일학교 교실이 기독교 교육의 유일한 장으로 간주되어 왔다. 웨스터호프가 주장하듯이, "기독교 교육자들과 지역 교회들은 학교식 - 수업 패러다임(a schooling - instructional paradigm)에 의해서 움직여 왔다."[524]

기독교 교육의 커리큘럼으로서 성육신 커리큘럼은 주일학교의 커리큘럼이나 교회의 커리큘럼으로 제한될 수 없다. 성육신 커리큘럼의 장은 하나님 알기를 위한 자리가 될 수 있는 모든 장들을 포용한다. 교회처럼 가정도 사람들(아동, 청소년, 성인)이 성육신적 상상을 통해 하나님을 알 수 있는 중요한 장이다. 가정 예배, 가정에서의 경건의 시간, 식사 전에 드리는 가족 식사 기도 등은 가족 구성원들, 특별히 아동이나 청소년들이 성육신적 상상을 통해 하나님을 알 수 있는 자리가 될 수 있다. 아이들은 신실한 믿음의 삶을 사는 아버지나 어머니의 삶을 통해 하나님의 형상을 알아 갈 수 있다. 기독교 교육자는 잘 구성된 부모 교육을 통해 이러한 가정에서의 아동들의 '하나님 알기'를 심화시킬 수 있다. 교회 생활처럼 가정 생활도 예배, 설교, 가르침, 교제, 봉사를 포함하는데 이 영역들이 하나님을 알 수 있는 공간을 제공한다.

---

523) Gabriel Moran, *Religious Education as a Second Language* (Birmingham, Ala. : *Religious Education*, 1989), 39.
524) Westerhoff Ⅲ, *Will Our Children Have Faith?*, 6.

교회와 가정 외에도, 기독교 교육자(또는 부모)가 의도적으로 하나님 알기를 위한 자리를 준비하는 한, 학교와 그 외의 다른 공동체들도 성육신 커리큘럼의 장이 된다. 특별히 기독교 학교에서 신실한 기독 교사들이 학생들과 인격적인 관계를 맺고, 기독교 동아리 등의 공동체를 형성하고, 다양한 간접적인 의사 소통을 통해서 하나님 알기를 위한 자리를 마련할 수 있다.

그런데 여기서 유의해야 할 것은 성육신적 커리큘럼 모델에서 기독교 교육은 기독교 교육자의 의도와 관계없이 어떤 상황에서나 저절로 일어나는 것이 아니라는 것이다. 기독교 교육은 모든 상황에서 기독교 교육자의 의도적인 노력을 통해 더 효과적으로 실현될 수 있다.

5) 작성의 원리 : 인격적, 공동체적, 상상적, 참여적

성육신 커리큘럼 모델은 앎의 인격적, 공동체적, 상상적, 참여적 성격을 강조하는 새로운 인식론에 근거되어 있다. 성육신 커리큘럼 모델은 인격적, 공동체적, 상상적, 참여적 앎을 촉진하도록 고안되어져야 하는데 이러한 앎을 가장 잘 촉진시키는 길은 커리큘럼 자체가 인격적, 공동체적, 상상적, 참여적 성격을 지니게 하는 것이다.

• **인격적**

새로운 인식론은 앎의 인격적 요소의 중요성을 강조한다. 모든 앎은 암묵적 차원을 지니고 있고, 인식자의 인격적 요소가 앎에 개입되어 있다.[525] 즉, 인식자와 인식되는 대상 사이는 분리될 수 없다. 새로운 인식론의 관점에서 볼 때, 커리큘럼은 인식자(학습자나 교사)로부터 분리

---

525) Polanyi, *Knowing and Being*, 144.

된 지식 더미를 전수하는 것이 아니다. 성육신적 커리큘럼은 교사와 학생들로부터 분리되지 않는다. 성육신 커리큘럼 모델에서는 인간(person) 자신이 커리큘럼의 일부다. 커리큘럼은 정적이지 않고 역동적이다. 또한 여기에서의 커리큘럼은 교육 자료를 의미하는 것이 아니라 관계를 의미한다.

성육신 커리큘럼의 원형은 성육신이다. 하나님이 인간이 되심으로 하나님 자신을 알리셨다. 이러한 성육신적 과정 자체가 커리큘럼이다. 이 점에서 성육신 커리큘럼 모델에서 '인간'은 커리큘럼 작성의 첫 번째 원리다. 구체적으로 말해서 교사와 학생 간의 인격적인 관계가 앎에 있어서 결정적이라는 것이다. 교사 자신이 어떤 다른 교재보다 중요하다. 교사의 신앙, 영성, 열정이 학생들의 '하나님 알기' 학습에 결정적인 영향을 미친다. 따라서 성육신 커리큘럼 모델에서 교사-학생 관계는 '나와 너'의 관계가 되어야 한다. 이 부분에 대해서는 교사의 성육신을 설명하는 절에서 더 깊이 다루기로 하겠다.

• 공동체적

새로운 인식론은 앎의 공동체적 특성을 강조한다. 모든 앎은 공동체에 뿌리박혀 있다. 모든 상징, 비유, 언어는 공유된 암묵적 추론에 의존되어 있다. 즉, 모든 앎은 '암묵적 상호 작용들의 네트워크'에 근거되어 있다.[526] 세상에 대한 우리의 인식은 이미 집단적인 개념들과 이미지들에 의해서 형성된다.[527] 모든 앎은 함께 아는 자들이 있음을 전제한다. '하나님 알기'는 단지 개인적인 앎이 아니라 기독교 공동체의 고

---

526) Polanyi, *Personal Knowledge*, 203.
527) Sloan, *Insight-Imagination*, 170.

백에 근거한 앎이다.

새로운 인식론에 기초한 성육신 커리큘럼 모델은 커리큘럼 작성에 있어서 공동체적 특성을 강조한다. 성부, 성자, 성령 삼위 하나님이 하나의 공동체를 이루고 계시듯, 예수 그리스도의 제자들이 하나의 공동체이듯, 교사와 학생들은 학습 공동체이다. 특별히 교사와 학생들 사이의 관계에 못지 않게 학생들 상호간의 관계도 중요하다. 성육신 커리큘럼 모델에서 학습자들 사이의 상호 주고받는 영향은 하나의 핵심적인 요소이며, 학습자들 사이의 대화 자체가 커리큘럼이다.[528] 인간이 공동체를 이루시는 삼위일체 하나님의 형상을 따라 창조함을 받았다는 점에서 공동체적 삶은 '하나님 알기'를 위한 필수적인 장이며 그 공동체에서의 상호작용은 커리큘럼 작성의 중요한 원리다.

- **상상적**

새로운 인식론은 앎의 상상적 성격을 강조한다. 낭만적 상상과는 구별되는 육화된 상상은 인간의 육체적 경험에 붙박여 있고[529] 우리는 오직 상상을 통해서만 지식을 갖게 된다. 상상은 사고, 감정, 의지, 가치판단을 포용하는 것이다. 생각하는 것만이 아니라 느낌도 앎의 하나의 방식이다.[530]

새로운 인식론에 기초한 성육신 커리큘럼 모델은 상상적 앎을 촉진한다. 상상적 앎에 있어서 장애물은 오히려 '체계적인' 커리큘럼 모델이며 '지나치게 구체적으로 미리 정해진' 교육 목표들이다. 무엇보다

---

528) Applebee, *Curriculum as Conversation*, 35-50.
529) Johnson, *The Body in the Mind*, xiv.
530) Sloan, *Insight-Imagination*, xiii.

우리가 오직 상상을 통해, 하나님을 상상함으로써 하나님을 알 수 있기 때문에 기독교 교육자는 하나님 알기를 위한 커리큘럼을 고안할 때 상상적 특성을 고려해야 한다. 성육신 커리큘럼은 학생들로 하여금 하나님의 형상을 드러내는 비유, 상징물, 이야기, 이미지들을 통해 하나님을 올바르게 상상할 수 있도록 돕는다. 성육신 커리큘럼 모델은 사고, 감정, 의지, 가치 판단을 포함하는 전인을 포용하도록 고안되어야 한다.

• 참여적

새로운 인식론은 앎의 참여적 성격을 강조한다. 인식자와 인식 대상의 관계는 상호 참여적이다.[531] 참된 앎은 참여적이어야 하고, 인식자와 인식 대상 사이의 상호 작용의 한 부분이어야 한다.[532]

새로운 인식론에 기초한 이러한 커리큘럼 모델에서 커리큘럼은 인식자(학습자)와 교수-학습 과정으로부터 분리되어 '바깥 어디에' 존재하는 그 무엇이 아니다. 커리큘럼 자체가 참여적 성격을 갖는다. 교사와 학생들은 커리큘럼을 작성하는 데에도 함께 참여하도록 초청된다. 성육신적 커리큘럼 모델은 교수-학습 공동체 밖에서 주어지는 것이 아니다. 커리큘럼 작성자는 교수-학습 공동체와 분리되어 있는 관찰자가 아니다. 커리큘럼 작성자는 공동체에 참여한다. 성육신적 커리큘럼은 교수-학습 공동체로부터 발현된다. 이 점에서 성육신 커리큘럼은 어떤 산물이 아니라 과정이다. 그것은 존재하는 청사진이 아니고, 계속되는 여정이다.

성육신을 통해 하나님이 인간 세상에 참여하신 것처럼, 성육신하신

---

531) Polanyi, *Knowing and Being*, 152.
532) *Ibid.*, 170.

하나님 안에서 하나님을 알게 되는 인식자는 신적 실재에 참여한다. 성육신 커리큘럼은 하나님과 인간의 상호 참여를 위한 자리다. 성육신 커리큘럼은 또한 사회경제적 상황으로부터 분리되지 않는다. 이미 인식자의 상황이 앎의 과정에 참여하고 있고, 그 상황이 커리큘럼 속으로 스며들어 오게 된다.

6) 표현 양식 : 육화된 이미지

성육신 커리큘럼 모델에서 표현 양식은 이미지다. 엘리엇 아이즈너가 주장하듯이 "대부분의 학교 교과들과 학생들이 접하는 표현 양식은 언어적 또는 문자적 양식이다."[533] 그러나 학습이 일어나는 형태는 언어적 또는 문자적 방식보다 더 넓다. 피에르 바뱅은 그의 책 『종교 커뮤니케이션의 새 시대』[534]에서 상징적 언어와 개념적 언어를 구분하고 있다. 그에게 있어서 상징적 언어는 몸짓・느낌・감각들을 포함하는 반면, 개념적 언어는 실제에 대한 추상적이고 제한되고 고착된 정신적 표현을 제공할 뿐이다.[535] 하나님 알기를 위한 성육신 커리큘럼은 개념적 언어뿐만 아니라 상징적 언어를 포함한다. 개념은 단지 이미지의 한 형태일 뿐이다. 이미지는 사고, 감정, 의지, 가치를 포용하기 때문에 성육신 커리큘럼 모델에 적합한 표현 양식이다.

특별히 성육신 커리큘럼 모델에서 '육화된 이미지'는 가장 좋은 표현 양식인데, 왜냐하면 성육신이 하나님의 육화된 이미지이기 때문이다. 성육신 안에서 하나님이 육체가 되셨고, 사람들은 그분을 볼 수 있

---

533) Eisner, *The Educational Imagination*, 147.
534) Pierre Babin, *The New Era in Religious Communication* (Minneapolis : Fortress, 1991).
535) *Ibid.*, 151-153.

없을 뿐만 아니라 만질 수 있었다. 육화된 이미지는 두 가지 차원을 가지는데 하나는 인간적 차원이고, 다른 하나는 신적 차원이다. 성육신하신 하나님이 육체가 되셨고 우리 가운데 사시게 된 것처럼,[536] 육화된 이미지는 인간성으로 구성된다. 육화된 이미지는 '육체성'을 갖는다. 동시에 육화된 이미지는 육체성의 한계(개럿 그린의 개념으로 말하자면 매개적 세계의 한계)를 넘어서 초월적인 하나님을 가리킨다.

예를 들면, 세례와 성만찬은 기독교회에 있어서 두 가지 대표적인 육화된 이미지라고 할 수 있다. 그리고 이 성례전들에서 '하나님 알기'에서의 앎의 특성 네 가지가 나타나는데, 기독교 교육자는 이 앎을 극대화시키는 노력을 할 수 있다. 이 두 이미지는 "그들이 과거에도 그러했듯이 현재와 미래의 기독교 교육 사상과 실천을 위한 하나의 패러다임"[537]으로 작용한다.

먼저 세례는 "예수 그리스도의 이름으로, 그리고 그의 명령을 따라 물로써 씻기는 것으로, 그렇게 씻음 받은 자는 하나님의 얼굴과 음성 앞에서, 성령 안에서, 모든 교회의 공동체 안에서 그리스도와 합하게 되는 것"[538]이다. 세례는 매개적 세계의 한 부분인 '물'을 통해서 초월적인 하나님을 지시하는 육화된 이미지다. 세례는 세례를 받는 인간과 하나님과의 인격적인 관계를 상징한다. 세례는 그리스도 안에서 하나됨의 띠이다. 세례 안에서는 신앙을 고백하는 신자와 인격이신 하나님,

---

536) 요 1 : 14(NRSV).
537) Robert W. Pazmino, *Latin American Journey : Insights for Christian Education in North America* (Cleveland, Ohio : United Church Press, 1994), 145.
538) Gordon Lathrop, *What Are the Essentials of Christian Worship?* (Minneapolis : Augsburg Fortress, 1994), 19.

죄를 용서하시는 예수 그리스도 사이의 '나-너'의 관계가 있다(인격성). 세례는 신앙 공동체에 소속하는 예식이다. 세례를 통해서 세례받는 사람은 "완전히, 그리고 충분히 하나님께, 또한 교회 구성원 서로에게 속하게 된다."[539] 세례는 사적이거나 개인적인 일이 아니라 공적이고 공동체적이며 협동적인 일이다(공동체성).[540] 또한 물은 하나의 이미지다. 그것은 '씻음(고전 6 : 11)' '탄생(요 3 : 5, 딛 3 : 5)' 그리고 '죽음과 삶(롬 6 : 4)'을 상징한다. 세례의 형태가 뿌리는 것이든 붓는 것이든 또는 잠그는 것이든 사람들은 그 물의 이미지를 통해서 하나님의 용서를 상상하게 된다(상상적). 그리고 세례는 예수의 죽음과 부활에 참여하는 것이다. '예배 지침서'가 진술하듯이 "세례 속에서 우리는 하나님과 우리를 분리하는 것에 대하여 죽고, 그리스도 안에서 새로운 생명에 대하여 살게 된다."[541] 세례 안에서 사람들은 기꺼이 예식에 참여할 뿐만 아니라 그들 자신을 그리스도의 몸인 교회에 헌신하게 된다(참여적).

성만찬은 또 다른 육화된 이미지다. 성만찬 안에서 사람들은 육화된 이미지로서 매개적 세계의 부분들인 '떡'과 '잔'을 통해 초월적인 하나님을 만나게 된다. 성만찬에서도 '하나님 알기'에서의 앎의 네 가지 특성인 인격성, 공동체성, 상상성, 참여성이 나타나는데, 기독교 교육자는 이 앎을 심화시킬 수 있다. 첫째, 성만찬은 성도들과 예수 그리스도가 그 몸을 공유하는 인격적인 관계를 나타내는데, 예배 인도자는 성만찬 예식에서 성도들로 하여금 예수 그리스도와의 인격적인 관계를 인식하도록 도울 수 있다. 웨스터호프와 윌리몬은 성만찬의 인격적인

---

[539] Westerhoff III and Willimon, 65.
[540] Ibid., 12.
[541] Presbyterian Church of USA, "Directory of Worship," W 2.3002.

성격을 강조하여, "떡과 잔이 각자에게 주어질 때, 그 순간은 인격적이고 친밀해야 한다. 성도의 이름이 불려지는 것이 좋은데 예컨대 '존, 이것은 당신을 위해 주시는 그리스도의 몸입니다.' 라고 말할 수 있다. 눈맞춤이 일어나는 것도 중요하다."[542]고 조언한다. 이 순간은 한 사람이 성령의 임재하심을 인격적으로 깊이 느끼며 하나님을 알게 되는 시간이 될 수 있는 것이다(인격적). 둘째, 성만찬은 기본적으로 공동체적이다. 공동체적 식탁은 성만찬이 하나님을 사적으로 만나는 시간이 아니고 공동체적 교제를 위한 시간임을 상징한다.[543] 웨스터호프와 윌리몬은 "성만찬을 나눌 때 평신도들이 함께 참여하는 것은 시간을 절약하는 것만이 아니라 함께 세례받은 모든 믿는 사람들이 제사장직을 공유하고 있다는 아름다운 상징이기도 하다."[544]고 하면서 평신도들이 성만찬에서 리더십을 공유하도록 초대받을 수도 있다고 제안한다. 이러한 공동체의 구성원들은 함께 그리스도의 몸으로서, 그 머리이신 그리스도를 알아 가는 것이다(공동체적). 셋째, 떡과 포도주는 이미지로서 이것들을 통해 사람들은 예수 그리스도의 희생적 사랑을 상상하게 된다. 떡과 잔을 잡고, 축복하고, 떼고, 나누는 이 네 가지 식탁의 행위는 역시 상상적이면서 하나님의 사랑을 알아가는 행위다. 성만찬 안에서 "우리의 모든 감각이 멀티미디어적이고 감각적이고 다양한 측면을 지닌 신-인 만남의 경험 속에 개입된다."[545] 웨스터호프와 윌리몬은 "떡을 떼는 것은 이러한 예배의 풍부하고 상징적인 행위에 적합한 경외스

---

542) Westerhoff III and Willimon, 47.
543) Ibid., 34.
544) Ibid., 47.
545) Ibid., 35.

러움을 가지고 극적으로 행해져야 한다."[546]고 한다(상상적). 마지막으로, 성도들은 떡과 잔을 함께 나누는 것을 통해 공동체적 교제에 적극적으로 참여할 수 있다. 성만찬에서 "그리스도의 육화인 성육신은 특별히 선명한 '참여적 방식'으로 경축되어야 한다."[547] 성만찬은 우리들로 하여금 그리스도의 몸과 피를 나누는 예식에 참여함으로써 하나님에 대한 참여적 경험을 맛보게 하는데, 이 예식을 통하여 우리는 신앙에 대한 소극적, 비참여적, 이성적, 합리적 이해의 한계[548]를 극복할 수 있게 된다(참여적).

사람들로 하여금 이러한 세례와 성만찬과 같은 육화된 이미지들을 통해서 하나님을 보다 더 깊이 있게 알도록 돕기 위해, 목사를 포함한 기독교 교육자들은 성도들이 보다 더 인격적이고 공동체적이고 상상적이고 참여적인 충실한 이미지를 가질 수 있도록 성례전이라는 교육의 장을 준비해야 할 것이다. 육화된 이미지는 신적 계시를 향해 인간의 마음을 열리게 할 수 있다. 그리고 이러한 육화된 이미지를 통해 사람들은 하나님을 알게 된다.

7) 특성들 : 타일러식 커리큘럼 모델에 대한 대안적 특성들

성육신 커리큘럼 모델은 타일러식 커리큘럼 모델에 대한 대안이기도 하다. 새로운 인식론에 근거한 성육신 커리큘럼 모델의 특성들은 전통적인 서구 근대 인식론에 근거한 타일러식 모델의 특성들과는 대조된다. 앞에서 논의한 대로, 타일러식 커리큘럼 모델은 '하나님 알기'로서

---

546) *Ibid.*, 46-47.
547) *Ibid.*, 35.
548) *Ibid.*

신앙을 위한 기독교 교육에 적합하지 않다. 오랜 기간 타일러식 커리큘럼 모델이 일반 교육과 기독교 교육 모두에 강한 영향을 주었고 또한 이러한 체계적인 모델이 교육의 어떤 측면에 대해서는 나름대로의 공헌도 했지만, 타일러식 커리큘럼 모델은 특별히 기독교 교육에 대해서는 분명한 한계를 지니고 있다.

아래 도표는 타일러식 커리큘럼 모델과 비교해서 성육신 커리큘럼 모델이 지니는 특성들을 보여 준다. 이들 각각의 대조되는 특성들을 살펴보면 다음과 같다.

[표 2] 성육신 커리큘럼 모델의 특성들

타일러식 커리큘럼 모델	성육신 커리큘럼 모델
• 학교 교육	• 교육
• 개념	• 이미지
• 양적	• 질적
• 생산적	• 과정적
• 신비를 제외	• 신비를 포함
• 지·정·의의 분리	• 통전적
• 인식론	• 존재론적 인식론

• 학교 교육이냐 교육이냐(Schooling vs. Educating)

성육신 커리큘럼은 '학교 교육'의 커리큘럼으로 제한되지 않는 '교육'의 커리큘럼이다. 학교 교육은 교육의 특별한 형태다.[549] 가브리엘 모란(Gabriel Moran)은 학교 교육의 커리큘럼으로서 타일러식 커리큘

---

549) Gabriel Moran, *Religious Education as a Second Language*, 51.

럼 모델의 한계에 대해 "학교에서의 커리큘럼 작성은 대체로 타일러가 묘사하는 것이지만, 교육의 커리큘럼은 다른 종류의 질문이다."[550] 라고 지적한다. 타일러식 커리큘럼 모델은 가르침이나 학교 교육에 초점을 두지만, 성육신 커리큘럼 모델은 단지 가르침뿐만 아니라 예배, 선포, 교제, 봉사를 포용한다. 그러나 예배, 선포, 교제, 봉사의 영역들은 자동적으로 기독교 교육의 영역에 포함되는 것이 아니다. 이러한 활동들이 '사람들로 하여금 하나님을 알도록 돕는' 활동들일 때 이들이 기독교 교육의 영역으로 간주될 수 있다. 예컨대 토마스 그룹이 지적하듯이 예배의 본래적인 의도는 하나님을 예배하는 것이지만, "예배는 늘 참여자의 삶에 대한 실존적인 영향을 지니는 것으로 매우 교육적이다."[551]

기독교 교육의 목적은 '하나님 알기'(학습자의 측면에서)이고 '하나님을 알도록 돕는 것'(교사의 측면에서)이기 때문에 기독교 교육은 단지 가르침만이 아니라 교회의 다른 활동들도 그것들이 하나님 알기를 위한 통로인 한 다른 활동들도 포함한다. 성육신 커리큘럼은 '가르침'의 커리큘럼으로 제한되지 않는다. 성육신 커리큘럼은 '교육'의 커리큘럼인 것이다.

• 개념이냐 이미지냐(Concept vs. Image)

성육신 커리큘럼은 '이미지'를 포용하는데, 이 이미지에는 언어도 포함된다. 행동적 목표 진술의 중요성을 강조하는 타일러식 커리큘럼은 언어적으로 묘사 가능한 목표들로 커리큘럼을 제한시키는 경향이

---

550) *Ibid.*, 55.
551) Groome, *Sharing Faith*, 339.

있으며, 학습자가 할 수 있는 것은 언어적으로 예측될 수 있다고 본다. 아이즈너는 타일러식 커리큘럼 모델을 비판하면서 대안적 커리큘럼 모델을 위한 결정적인 개념으로서 '이미지'를 강조한다. 아이즈너는 실재 세상은 이미지를 통해서 경험되며, 심지어 개념의 형성도 이미지의 구성에 의존되어 있다고 주장한다.552) 키에란 이건(Kieran Egan)은 『교수와 학습에서의 상상』에서 이미지는 커뮤니케이션의 효과적인 수단이 될 수 있다고 지적한다. "만약 이해가 – 지식과 그것의 의미를 붙잡는 – 그것을 듣고, 읽고, 보는 사람의 마음으로 전달되기를 원한다면, 그 메시지는 감성적인 이미지를 통해서 가장 효과적으로 전달될 수 있다."는 것이다.553)

성육신 커리큘럼 모델에서 이미지는 개념보다 더 중요하다. 성육신 커리큘럼의 중심적인 내용은 '하나님의 이미지'다. 특별히 성육신이 우리에게 보여 주는 것과 같은 육화된 이미지는 성육신 커리큘럼에서 핵심적인 역할을 수행한다. 이미지(또는 육화된 이미지)에 대한 강조는 인쇄된 커리큘럼 자원의 한계를 극복한다. 성육신 커리큘럼에서 청각적, 시각적 이미지, 예술적 이미지, 다차원적 영상 이미지는 커리큘럼 자료로서 중요하게 사용된다. 예컨대 파멜라 미첼 렉(Pamela Mitchell Legg)이 주장하듯이 이미지의 대중적인 형태로서 영화는 "그것이 이미지와 운동, 소리의 종합적 경험(total experience)이기 때문에 영향력이 있고 효과적이다."554) 더욱이 인격적, 공동체적, 상상

---

552) Eisner, *Cognition and Curriculum Reconsidered*, 28.
553) Kieran Egan, *Imagination in Teaching and Learning*, 115.
554) Pamela Mitchell Legg, "Contemporary Films and Religious Exploration : An Opportunity for Religious Education,"*Religious Education* 91, No. 3(1996), 400.

적, 참여적 특성을 지니는 육화된 이미지는 사람(학습자)들로 하여금 하나님을 알 수 있도록 돕는 가장 힘있는 방식이다. 이것은 성육신 커리큘럼이 개념, 강의, 인쇄된 자료들을 사용할 수 없다는 것을 의미하는 것이 아니다. 이런 것들은 기독교 교육에서의 어떤 영역에서는 여전히 필수적이다. 그러나 기독교 교육의 중심적 관심이 '하나님 알기'로서 신앙일 때, 개념보다는 이미지가 기독교 교육의 중요한 수단으로 간주되어야 한다. "어떻게 내가 효과적으로 개념을 전달할 것인가?"라는 질문은 "어떻게 내가 사람들로 하여금 보다 충실히 하나님을 상상할 수 있도록 도울 것인가?"라는 질문으로 바뀌어야 한다.

- **양적이냐 질적이냐(Quantitative vs. Qualitative)**

성육신 커리큘럼은 질적인 실재로서의 앎을 포용한다. 타일러식 커리큘럼 모델에서 목표들은 관찰될 수 있고 측정될 수 있는 개념으로 묘사되어야 하고 앎은 양적 실재라는 것을 가정하는 반면, '하나님 알기'에서는 앎을 수량화할 수 없다. 하나님을 아는 앎은 관계적이고 역동적이며 자서전적이고 참여적이기에 관찰에 의해서 측정될 수 없다. 성육신 커리큘럼은 표준적인 규준을 전제하지 않는다.

제임스 맥밀란(James H. McMillan)과 샐리 슈마허(Sally Schumacher)의 양적 연구와 질적 연구 사이의 구분은 커리큘럼 작성에 있어서 양적 접근과 질적 접근 사이의 차이를 이해하는 데 매우 유용한 통찰을 준다. 과학에 있어서 양적 연구와 커리큘럼에 있어서 양적 접근은 모두 세상에 대한 같은 가정과 같은 인식론적 전제들을 공유하기 때문이다. 이들은 "양적, 그리고 질적 연구 방법들은 세계와 연구 목적, 연구 방법, 연구의 역할, 연구에 있어서 상황의 중요성 등에 대한 서로 다른 가정에 근거하고 있다."[555]고 주장한다. 양적 연구는 단 하나의 객관적 실재를 가정하는 반면, 질적 연구는 사회적으로 구성된 다양한 실재를 가정한다. 양적 연구는 원인을 설명하려고 노력하지만, 질적 연구는 참여자의 관점에서 실재를 이해하는 데에 초점이 있다. 양적 연구는 '선재된 디자인'을 사용하지만, 질적 연구는 '과정에서 출현되는 디자인'을 사용한다. 양적 연구는 실험적이지만, 질적 연구는 '참여 관찰법'을 사용한다. 양적 연구자는 편견을 피하기 위해 연구로부터 분리되어야 하지만, 질적 연구는 상황 안에 침잠한다. 마지막으로 양적 연구는 어떤 상황에도 적용될 수 있는 일반화를 추구하지만, 질적 연구는 인간의 행위는 상황에 의해 강하게 영향을 받는다고 전제한다.[556] 커리큘럼을 작성하는 데 있어서 타일러 커리큘럼 모델은 양적 접근을 사용하지만 성육신 커리큘럼 모델은 질적 접근을 사용한다.

- **산출이냐 과정이냐(Product vs. Process)**

성육신 커리큘럼은 산출이 아니라 과정이다. 타일러 커리큘럼 모델에서 행동적 목표들은 미리 설정되며, 교육의 과제는 이러한 주어진 목표들을 성취하는 것이다. 그러나 아이즈너가 지적하듯이 목표들이 반드시 활동들보다 앞서야 하는 것은 아니다. 오히려 목표들이 과정에서 창조될 수도 있다.[557] 타일러 커리큘럼 모델은 지식이 인식자와 분리된 '바깥 어디에' 존재한다고 가정하고 있는데, 이것은 '상황 밖의 지식'[558]이

---

555) James H. McMillan and Sally Schumacher, *Research in Education : A Conceptual Introduction* (New York : HarperCollins College Publishers, 1993), 14.
556) *Ibid.*, 15.
557) Eisner, *The Educational Imagination*, 115.
558) Applebee, 32 - 33.

다. 타일러가 '학습 경험'이라는 개념을 사용하지만 이 학습 경험들은 '바깥 거기에서' 학습자들에게 주어지는 것이다. 반면, 성육신 커리큘럼은 '상황 밖의 지식'을 전수하는 것이 아니다. 그리고 선재된 목표들을 성취하는 것이 목적이 아니다. 성육신 커리큘럼 모델에서는 윌리엄 파이너가 주장하듯이 커리큘럼이 동사이고 활동이며 하나의 교육적 여정이요 순례이다.[559] 성육신 과정 자체가 커리큘럼이다. 하나님이 자신을 계시하시기 위해 인간이 되셨다. 이러한 성육신 과정이 사람들로 하여금 하나님을 알도록 돕는 커리큘럼이 될 수 있다. 여정으로서 예수 그리스도의 삶이 제자들을 위한 커리큘럼이었다. 성육신 커리큘럼 모델에서 성육신적 과정 자체가 가르치는 방법이며 동시에 내용인 것이다.

- 신비를 제외하느냐 신비를 포함하느냐(Excluding Mystery vs. Including Mystery)

성육신 커리큘럼 모델은 개방된 체제다. 이것은 하나님의 영을 향하여 열려 있다. 타일러식 커리큘럼 모델은 폐쇄된 체제이며, 이 모델에서 지식은 바깥에 존재하며 고정되어 있어서 학습은 선재되어 있고 이미 알려진 것들의 발견에 제한된다. 그러므로 타일러식 모델에서는 인격적인 느낌이나 직관, 상상은 지식의 자원이 될 수 없다. 타일러 모델은 일련의 선적인 질서를 갖고 있기 때문에 '예기치 못한' 신비나 계시적 순간, '상상적 도약'을 포함하지 못한다.

그러나 인간은 하나님의 은혜에 의해서 하나님을 알기 때문에, 하나님을 알기 위해서는 우리가 하나님의 은혜를 향하여 열려 있어야 한다.

---

[559] Pinar, "Currere : Toward Reconceptualization," 400.

이렇기에 신학적 논의의 관점에서 우리는 하나님이 참 교육자요 궁극적인 교육자라고 말할 수 있다. 하나님의 자기 현현은 기독교 교육의 원형이다. 하나님은 하나님의 백성으로 하여금 하나님을 알게 하시기 위해 교육하셨고, 교육하시고, 교육하실 것이다. 이 점에서 기독교 교육은 계시적이다. 만약 기독교 교육의 중심 관심이 신앙이고 우리가 눈으로 볼 수 없는 하나님을 아는 것이라면, 그리고 오직 계시에 의해서만 하나님을 알 수 있다면, 중간 우주적 세계(mesocosmic world)를 넘어설 수 있는 상상이야말로 기독교 교육에서 근원적이다. 성육신 커리큘럼은 상상과 직관, 통찰을 기독교 교육의 중심에 위치시킴으로 하나님의 신비를 포용할 수 있게 된다.

• **지 · 정 · 의 사이의 분리냐 통전적이냐(Split among Thinking, Feeling, Willing vs. Holistic)**

성육신 커리큘럼은 통전적이다. 타일러식 커리큘럼 모델은 지 · 정 · 의를 분리시킨다. 블룸의 교육 목표 분류학은 분명하게 이러한 경향성을 보여 준다. 타일러식 커리큘럼 모델은 그것의 강조점을 '인지'에 둔다. 이것과 대조적으로 성육신 커리큘럼 모델은 지 · 정 · 의를 분리시키지 않는다. 실제로 생각과 느낌, 느낌과 의지, 생각과 의지를 분리시키는 것은 불가능하다. 상상은 이 모든 차원을 포함하고 상상 안에서 이러한 것들은 나뉘어 존재하지 않는다. 상상은 인간 존재의 모든 차원을 포용한다. 특별히 성육신하신 예수 그리스도 안에 있는 하나님의 이미지는 모든 인간의 감각을 사로잡는다. '하나님에 관해서 아는 것'이 단지 지적인 동의라고 한다면, 이와는 대조적으로 '하나님 알기'는 하나님에 대한 통전적인 반응이다. 성육신 커리큘럼 모델은 하나님과의 전적인 만남을 통해 학습자의 전인이 변화되는 것을 추구한다.

• 인식론적이냐 존재론적 인식론적이냐(Epistemological vs. Ontologic - Epistemological)

성육신 커리큘럼은 인식론적일 뿐 아니라 존재론적이다. 이런 종류의 인식론은 '존재론적 인식론'이라고 불릴 수 있다. 기본적으로 타일러식 커리큘럼 모델에서 앎은 존재로부터 분리된다. 인식자는 인식 대상으로부터 분리되어 존재한다. 지식은 무엇인가를 소유하는 것으로 여겨진다. 그러나 성육신 커리큘럼 모델에서는 앎이 존재로부터 분리될 수 없다. 앎은 인식론적 차원만이 아니라 존재론적 차원을 지닌다. '믿는다'라는 단어의 어원인 라틴어 'credo'가 '내가 나의 심장을 드린다'는 의미를 가지고 있듯이,[560] 하나님 알기는 하나님께 자신을 드리는 것을 전제한다. 기독교 신앙은 예수 그리스도에 대한 지적인 앎이나 예수의 가르침에 대한 인지적 동의가 아니라 삶으로 예수 그리스도를 따르는 것이다. 성육신 커리큘럼 모델에서 교육은 교사의 지식을 학생들에게 전수하는 것이 아니라, 오히려 공동체로서 교사와 학생들 모두의 존재가 성령의 임재 안에서 변형되는 것이다. 이러한 성육신적 기독교 교육 커리큘럼 안에서의 존재론적 변형이야말로 앎과 존재, 앎과 행위 사이의 분리를 극복할 수 있다.

2. 성육신적 커리큘럼 모델의 차원

교육의 네 가지 필수 요소를 교사, 학습자, 교재, 상황이라고 할 때 성육신 커리큘럼 모델은 '교사의 성육신' '학습자의 성육신' '교재의 성육신' '상황의 성육신'의 네 가지 차원을 포함한다. 이러한 차원의

---

560) Smith, *Faith and Belief*, 76.

각각은 앎의 네 가지 성격인 '인격적' '공동체적' '상상적' '참여적' 성격 중 어느 하나를 강조하는 경향이 있다. 교사의 성육신은 앎의 인격적 성격을 강조하며, 학습자의 성육신은 공동체적 앎을 강조한다. 같은 방식으로 교재의 성육신은 앎의 상상적인 특성을 강조하며, 상황의 성육신은 앎의 참여적 성격과 관련된다.

아래의 그림이 보여 주듯이 육화된 이미지(embodied image)는 모든 교육적 요소의 성육신을 통해서 형성된다. 성육신적 커리큘럼은 '하나님 알기'를 위한 육화된 이미지를 드러내 주는 성육신의 과정이다.

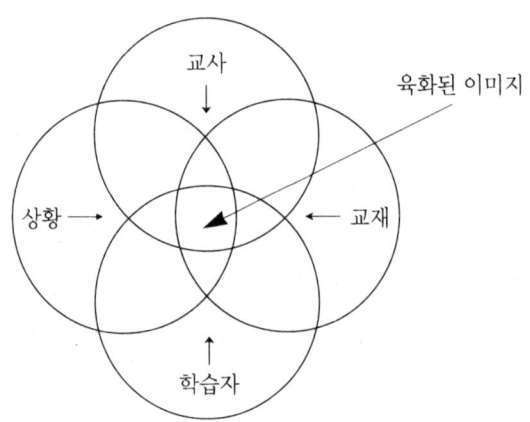

[그림 6] 성육신 커리큘럼 모델의 차원들

1) 교사의 성육신 : 인격적 차원

교사의 성육신은 교사가 학습자들 속으로 성육신되어야 함을 의미한다. 이것은 타일러식 커리큘럼 모델이 앎의 객관주의적 특성을 강조하는 반면, 성육신 커리큘럼은 교사의 성육신이라는 차원을 통해 앎의 인격적 특성을 강조한다. 예수 그리스도 자신이 바로 진리(the

Truth)[561]이신 것처럼 교사의 존재 자체가 기독교 교육의 커리큘럼 안에 포함된다. 교사의 인격적 요소가 커리큘럼의 과정과 가르침 안에 개입된다는 것이다. 이런 점에서 교사의 존재(being)는 교사의 가르침(teaching)이나 학생의 앎(knowing)과 분리될 수 없다. 그러므로 성육신 커리큘럼 모델에서는 교사 자신이 하나의 커리큘럼으로 간주될 수 있다. 수잔 존슨(Susanne Johnson)이 말하듯이, "가장 중요한 커리큘럼은 이미 교사 '안에' 존재한다."[562] 이것은 단지 '교사 중심 교육과정'과는 구별되어야 하는데, 교사 중심 교육과정은 학습자들에 대한 교사의 일방통행적 지식 전수를 강조하고 있다. 그러나 성육신 커리큘럼 모델에서는 교사가 학생들의 자유를 존중하고 지식 전수보다는 대화를 강조한다.

"교사가 커리큘럼이다."라는 명제는 교사가 학생과 더불어 갖게 되는 인격적 사랑의 관계가 신앙을 위한 기독교 교육에 있어서 가장 중요함을 의미한다. 학습자들은 단지 교재에 의해서 가르침을 받는 것이 아니라 교사와의 '나와 너'의 관계 속에서 가르침을 받는 것이다. 이 점에서 마샬 맥루한(Marshall McLuhan)의 유명한 말인 "전달 매체가 전달 내용이다."[563]라는 말이 기독교 교육의 영역에서 잘 이해될 수 있는

---

561) 요한복음 14장 6절에서 예수님은 "내가 곧 길이요 진리요 생명이라"고 말씀한다. 파커 팔머는 이 구절의 의미를 다음과 같이 설명한다. "예수는 내가 너희에게 참된 말을 하겠다거나 진리에 관해 말하겠다고 하시지 않고, 그는 진리가 그의 인격 안에 내포되어 있음을 말씀한다. 진리를 알기를 원하는 사람들에게 예수님은 논리에 의해서 검증될 수 있는 명제들이나 또는 실험실에서 검증될 수 있는 데이터를 제시하지 않았다. 그분은 그 자신과 그의 삶을 제시하고 있다."(Palmer, *To Know as We Are Known*, 47.)

562) Susanne Johnson, *Christian Spiritual Formation in the Church and Classroom* (Nashville : Abingdon Press, 1989), 140.

563) Marshall McLuhan, *Understanding Media, The Extensions of Man* (New

데, 교사(전달 매체)가 교육적 내용(전달 내용)을 이미 담고 있다는 것이다. 교사의 존재는 교사의 가르침과 분리될 수 없다. 교사의 존재론적 차원(ontological dimension)은 교사의 교수적 차원(pedagogical dimension)과 분리될 수 없다. 피에르 바뱅(Pierre Babin)에 의하면, 기독교 안에서의 메시지는 그리스도에 의해서 말해진 말들(the words)이 아니라 그리스도 자신(Christ himself)이며 그의 사역(ministry)이다.[564]

교사의 성육신은 기독교 교육에 있어서 교사의 인격적 이미지가 매우 영향력 있음을 의미하는데, 교사는 학습자들에 대한 생애적 영향력(a life-long influence)을 지닌다. 비록 학습자가 교사의 말들을 기억할 수 없다 할지라도, 교사의 이미지는 학습자의 내면에 남아서 학습자의 상상력을 사로잡게 되는 것이다.[565] 교사의 이미지, 즉 교사의 미소, 침묵, 눈맞춤, 눈물, 관용의 태도, 학생들과의 친밀함, 성실함 등과 같은 교사의 존재와 삶을 통해 형성되는 이미지는 학생들의 마음에 남아 평생에 영향을 주게 되는 것이다.

교사의 성육신의 중요성을 강조하고 있는 커리큘럼의 인격적 차원은, 교육적 구조로서 교사와 학습자의 인격적 관계가 중요시되는 '멘토링' '도제 방식' '제자 훈련' 등을 가치 있는 구조로 재고려할 것을 요청하고 있다. 이는 동시에 기독교 교육에 있어서 교사의 영성, 교사의 친절, 교사의 개인적 삶의 중요성 등을 드러내 주고 있다. 교사의 과

York : McGraw-Hill, 1964), 9.
564) Pierre Babin, *The New Era in Religious Communication*, 5.
565) 또한 이것은 가정에서의 기독교 교육에도 적용되어질 수 있다. 예컨대 어머니의 이미지는 어머니의 말보다도 더 영향력이 있다. 매일 아침 자녀들을 안아 주며 그들을 위해 기도하는 어머니의 모습이 하나의 이미지로 자녀들의 가슴에 각인될 때, 그 영향력은 생애를 통해 나타나게 된다.

제는 학습자의 앎의 과정에 교사의 인격적인 개입 없이 순수하게 객관적인 지식을 가르치는 것과는 결코 동일시될 수 없다. 반면 교사 자신의 삶의 이야기를 학생들과 함께 나누고 그들을 교사의 삶의 현장으로 초대하는 것이 성육신 커리큘럼 모델에서 교육의 가장 좋은 방법들이 될 수 있는 것이다.

2) 학습자들의 성육신 : 공동체적 차원

'학습자들의 성육신'의 의미는 학습자들이 서로에게로 성육신되어야 함을 의미한다. 이것이 이 절의 제목이 학습자(단수)가 아닌 학습자들(복수)의 성육신이라는 복수 형태로 표현되고 있는 이유다. 타일러식 커리큘럼 모델이 앎에 있어서 개인주의적 성격과 경쟁을 강조하는 데 비하여 성육신 커리큘럼은 학습자들의 성육신이라는 차원을 통해 앎의 공동체적 성격을 강조하고 있다. 커리큘럼은 이미 고정된 지식을 전수하는 것이라기보다는 대화여야 한다. 학습자들의 성육신은 학습자들이 서로를 받아들이는 '간주관성(intersubjectivity)'의 개념으로 잘 이해되어질 수 있다. 엘리자베스 무어(Mary Elizabeth Mullino Moore)가 주장하듯이, 간주관성은 "다른 사람들에게 자신을 노출할 것을 요청하고 다른 사람들을 진지하게 받아들이고 진솔하게 서로 변화될 수 있는 기회를 갖는 것"[566]이다.

성육신 커리큘럼 모델에 있어서 공동체성에 대한 강조는 '진리가 공동체적'이라는 이해에 기초되어 있다. 모든 지식, 상징, 비유, 이미지는 공동체 안에 뿌리박혀 있다. 오랜 세월 동안 학교는 공동체로서보다는 '개인들의 집합체'로 이해되어 왔다. 또한 개인적인 성취를 강조하

---

566) Moore, *Teaching from the Heart*, 92.

는 경향이 있는 타일러식 커리큘럼 모델이 학교 교육을 지배해 왔다. 불행히도 학교 교육의 형태를 띤 주일학교 체제가 이러한 경향을 기독교 교육의 영역에까지 받아들이게 하였다. 그러나 학교도 가정, 팀, 그룹, 마을, 몸과 같은 공동체적인 개념으로 이해되어야 한다. 그리고 기독교 교육에 있어서 회중은 교육적인 공동체로 이해되어야 한다. 엘리스 넬슨(C. Ellis Nelson), 존 웨스터호프(John H. Westerhoff III), 찰스 포스터(Charles R. Foster)는 회중을 교육적 공동체로 이해하게 하는 데에 공헌하였다. 넬슨은 미국의 개인주의를 비판하면서 '회중적 교화 모델(the congregational edification model)'[567]을 제안하고 있고, 웨스터호프는 '학교-교수형 패러다임(a schooling-instructional paradigm)'에 대한 대안으로서 '신앙 공동체 문화화 패러다임(a community of faith-enculturation paradigm)'을 제시하고 있고,[568] 포스터는 회중을 교육 목회의 중심에 위치하는 가르침과 배움의 공동체(a teaching and learning community)로 간주한다.[569]

성육신 커리큘럼 모델에서는 주일학교가 공동체로서 이해되는 한에 있어서만 여전히 그 중요성이 인정된다. 다음의 그림이 보여 주듯이 주일학교는 소그룹이나 팀으로서 이해될 수 있는데, 이 각각은 예배 공동체로서의 회중의 한 부분이다. 기독교 교육에 있어서 공동체의 개념은 소그룹과 회중 모두를 포함하는 것이다.

---

567) C. Ellis Nelson, *How Faith Matures* (Louisville : Westminster/John Knox Press, 1989), 24.
568) Westerhoff III, *Will Our Children Have Faith?*, 50.
569) Charles R. Foster, *Educating Congregations : The Future of Christian Education* (Nashville : Abingdon Press, 1994).

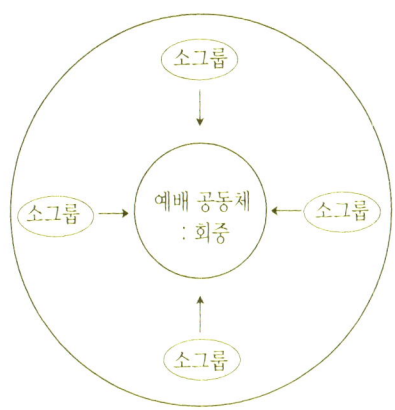

[그림 7] 주일학교 분반과 예배 공동체

학습자들의 성육신이라는 차원은 또한 잠재적 교육과정의 하나로 간주될 수 있는 또래 문화의 중요성을 드러내 준다. 예수의 제자들이 하나의 공동체를 형성하였듯이 '함께 살고 함께 그 삶을 나누는' 것이 가장 중요한 교육 방법이 되는 것이다. 이 모델에서는 협동 학습과 서로의 삶의 이야기 나누기 등이 가르침의 방법으로서 강조된다.

3) 교재의 성육신 : 상상적 차원

교재의 성육신은 기독교 교육의 내용, 특히 '하나님 알기'를 위한 내용이 학습자들로 하여금 하나님을 상상할 수 있도록 돕는 충실한 이미지로 성육신되어야 함을 의미한다. 타일러식 커리큘럼 모델이 앎의 실증주의적 특성을 강조하는 것과는 달리, 성육신 커리큘럼은 교재의 성육신이라는 차원을 통해 앎의 상상적 성격을 강조한다. 인간은 오직 신-인 접촉점의 자리라고 할 수 있는 상상을 통해서 하나님을 알 수 있기 때문에 기독교 교육자의 가장 중요한 과제 중의 하나는 학습자들이 그것을 통해 하나님을 알 수 있는 충실한 이미지를 준비하는 일이다. 이 점에서 마리아 해리스가 가르침을 교재의 성육신으로 이해한 것은 훌륭한 통찰력이다.[570] 가르침은 이미지를 통해 교육 내용을 표현하고 학습자들로 하여금 그들의 상상력을 사용하여 그 이미지를 붙들 수 있도록 돕는 것이다.

비유들, 상징들(신호가 아닌), 성상들(우상이 아닌)을 포함하는 이미지들은 계시의 자리라고 할 수 있는 우리의 상상을 사용하여 하나님을 알 수 있도록 하는 매개체가 될 수 있다. 사람들로 하여금 하나님을 상상할 수 있도록 돕는 기독교 교육에 있어서 하나님의 형상은 교육 내용의 핵심이다. 기독교 교육 내용의 자원은 하나님의 이미지가 그 안에서 드러날 수 있는 성경, 신학, 기독교 전통, 예전, 기독교적 삶을 포함한다. 기독교 교육의 자원은 인쇄된 매체에 제한되어서는 안 된다. 교재의 성육신적 과정은 모든 종류의 간접적 의사 소통의 종류들을 포용한다. 사라 리틀은 죄렌 키르케고르의 사상에 기초하여 하나님을 상상하도록 돕기 위하여 간접적 의사 소통의 다양한 교수 방법을 사용할 것을 제안하고 있는데, 여기에는 이야기, 드라마, 시각 예술, 그리고 다른 예술적인 방법들이 포함된다.[571] 하워드 가드너(Howard Gardner)의 다중 지능들(언어 지능, 논리-수리 지능, 공간 지능, 음악 지능, 신체 운동 지능, 대인 관계 지능, 내면 성찰 지능)[572]과 아이즈너의 다양한 표현 양식들(예컨대 청각, 시각, 촉각, 후각 등)[573]이 사용될 수 있다. 팔머는 침묵, 고독,

---

570) Harris, *Teaching and Religious Imagination*, 41.
571) Little, *To Set One's Heart*, 59.
572) Howard Gardner, *Multiple Intelligences : The Theory in Practice* (New York : BasicBooks, 1993), 8-9.
573) Eisner, *Cognition and Curriculum Reconsidered*, 17.

기도를 포함한 몇 가지 영적 훈련들은 그것들을 통해 학습자들이 하나님의 초월적인 영을 접촉할 수 있기 때문에 하나님을 상상하는 데에 유용하다고 제안한다.[574] 이러한 영적 훈련들이 또한 '하나님을 알기'의 자리가 될 수 있다.

'충실한' 기독교 교육자의 과제는 학습자들로 하여금 하나님을 알 수 있도록 돕기 위하여 육화된 이미지를 준비하는 것이다. 가장 힘이 있는(충실하고 생생한) 육화된 이미지는 단지 상상적인 차원만을 지니는 것이 아니라 인격적이고 공동체적이고 참여적인 차원을 지니는 것이다. 성육신은 바로 이러한 육화된 이미지의 원형이라고 할 수 있다. 성육신적 커리큘럼 모델에 있어서 육화된 이미지는 좁은 의미의 '예술적 상상력'과는 구별되는 '성육신적 상상력'과 관계된다. 성육신적 상상력은 예술적 상상력을 포함할 수는 있지만 예술적 상상력이 언제나 성육신적 상상력의 통로가 될 수 있는 것은 아니다. 왜냐하면 이것은 예술적 상상력이 모든 종류의 이미지를 향해 열려 있는 반면, 성육신적 상상력은 하나님의 이미지에 초점을 두고 있기 때문이다. 또한 예술적 상상력은 앎의 네 가지 성격 중 상상적 특성을 강조하는 반면, 성육신적 상상력은 이 네 가지 성격을 모두 포용하고 있다. 구체적으로 말해서, 예술적 상상력은 세상의 존재의 신비를 드러내 주는 데에 사용될 수 있는 반면, 성육신적 상상력은 하나님만을 가리키며 하나님의 신비를 드러낸다. 다음의 그림은 이 두 가지의 차이를 이해하는 데에 도움을 줄 것이다.

---

574) Palmer, *To Know as We Are Known*, 117, 124.

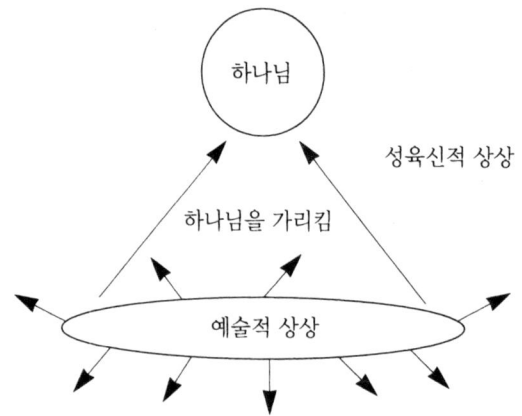

[그림 8] 예술적 상상력과 성육신적 상상력

마지막으로, 교재의 성육신은 전인과 관련됨을 주목할 필요가 있다. 상상에 있어서는 인지적, 정의적, 의지적 요소 사이가 분리되지 않는다. 성육신적 상상에 있어서는 생각하는 것이 느끼는 것과 분리되지 않고, 느끼는 것은 행동하는 것과 분리되지 않으며, 또한 생각하는 것은 행동하는 것과 분리되지 않는다.

4) 상황의 성육신 : 참여적 차원

상황의 성육신은 교사와 학습자의 상황이 교수나 학습 속으로 스며드는 것을 의미한다. 타일러식 커리큘럼 모델이 앎의 관객 조망적(a spectator-like) 성격을 강조하는 데 반하여, 성육신적 커리큘럼은 상황의 성육신이라는 차원을 통해 앎의 참여적 성격을 강조한다. 앎 그 자체는 상황적이고 또한 상황적이어야 한다. 교육은 교육의 현장이 어떤 상황인가를 고려하는 것 없이 어디에나 적용될 수 있는 '상황 밖의 지식(knowledge-out-of-context)'을 전수하는 것이 아니다.[575] 모든 지식은 상황적이다. 사실 심지어 성경도 특정 시대 상황에서의 신앙 공동체의 고백이며, 이것은 그 공동체의 정치적, 사회적, 문화적 상황의 영향으로부터 벗어날 수 없다(물론 이러한 모든 과정을 통해 하나님은 그 계시를 나타내신다).

　기독교 교육자들은 교육에 대한 정치적, 사회적, 문화적, 역사적 상황의 영향을 인식해야 한다. 비유, 상징, 이미지를 포함한 모든 교육 내용들은 어떤 공동체의 상황에 뿌리박혀 있다. 학습 공동체의 상황에 깊이 뿌리내리고 있는 육화된 이미지는 사람들로 하여금 하나님을 상상할 수 있도록 돕는 데 있어서 가장 유용한 이미지로 사용될 수 있다. 하나님의 이미지라고 하는 것도 그 공동체(사회)의 상황으로부터 분리된 이미지일 수는 없다. 예컨대 아시아 사람들을 위한 하나님의 이미지는 아시아 문화와 상황과 분리될 수 없을 것이다. 그러므로 하나님의 이미지를 가장 잘 표현하는 방법은 그 공동체의 상황에 뿌리박혀 있는 가장 적절한 이미지를 사용하는 것인데, 공동체의 상황을 반영하는 공동체의 이야기들이 가장 힘있는 이미지들이다.

　또한 상황의 성육신은, 앎은 실천을 포용할 때 진정한 앎임을 의미한다. 진정한 앎에 있어서는 앎과 행위가 분리되지 않는다. 실천은 단순히 이론을 적용하는 것이 아니다. 하나님을 아는 것은 이미 하나님의 뜻을 아는 것만이 아니라 지금 하나님의 뜻을 행하는 것을 포함한다. 상상이 생각과 감정, 의지를 포함하고 있는 것처럼 하나님을 상상하는 것은 자신의 상황에서 하나님의 뜻을 실천하는 것을 포용하고 있다. 예수 그리스도를 진정으로 안다고 하는 것은 그를 따르는 것을 의미한다. 그러므로 교육은 삶에 대한 준비가 아니다. 교육은 실천 안에서의 삶

---

575) Applebee, *Curriculum as Conversation*, 2.

자체다. 성육신적 기독교 교육은 사회적 상황과 분리된 학교 교실에서 일어나는 것이 아니라 공동체의 정치적, 사회적, 문화적 상황 안에서 일어나며, 그것은 상황 안에서의 실천을 이미 포용하고 있다.

3. 성육신적 과정으로서 커리큘럼 작성

타일러 커리큘럼과는 달리 성육신 커리큘럼은 하나의 계획이 아니다. 성육신 커리큘럼은 상황 밖에서 작성될 수 없다. 성육신 커리큘럼 모델에서는 커리큘럼이 실천과 괴리된 객관적 지식들을 잘 전수하기 위해서 계획하는 것이 아니다. 성육신 커리큘럼은 살아 있는 교수-학습 공동체로부터 나타나게 된다. 커리큘럼 작성자는 그가 교사든 아니면 교육 담당 교역자든 그 공동체의 교육과정(educational process)에 참여하여야만 한다. 다르게 말하면 커리큘럼 작성은 교육 실천으로부터 분리될 수 없다는 것이다. 커리큘럼을 작성하는 것 자체가 커리큘럼 안에 포함된다. 만약 한 교회의 목회자가 커리큘럼을 작성한다면 그 목회자는 이미 성육신 과정으로서의 커리큘럼 안에 참여하고 있는 것이다.

하나님은 사람들로 하여금 하나님을 알게 하시기 위해 성육신을 사용하신 것이 아니라 '하나님 자신'이 성육신하셨음을 기억하는 것이 중요하다. 성육신적 과정 자체가 커리큘럼이다. 순수하게 객관적인 '계획으로서의 교육과정'을 작성하는 것은 불가능하다. 기독교 교육 이론가들, 커리큘럼 이론가들, 심지어 신학자들도 커리큘럼 자료들은 만들 수 있다. 그러나 성육신적 커리큘럼을 작성하기 위해서는 커리큘럼 작성가들이 교수 학습 공동체에 참여하여야만 한다. 그러므로 성육신적 커리큘럼 모델에서는 그 커리큘럼을 사용할 지역 교회의 교사, 교육사(교육 담당 교역자), 또는 목사가 커리큘럼 작성의 주도권을 가져야 한다. 커리큘럼을 사용하는 사람들의 참여 없이 관객과 같은 이론가들에 의해서 만들어진 커리큘럼은 객관주의적 오류에 빠질 수밖에 없다. 성육신적 커리큘럼 모델에서의 커리큘럼 작성은 가르침과 교육 목회의 한 부분이다.

타일러식 커리큘럼 모델과 대조적으로, 성육신적 커리큘럼은 기계적인 순서를 지니지 않는다. 성육신적 커리큘럼의 과정은 계단이나 사닥다리와는 다르다. 앞에서 언급한 대로 성육신적 커리큘럼은 하나의 여정이요, 순례요, 흐름이라고 할 수 있다. 이러한 과정은 단계라기보다는 '운동(movement)'으로 불릴 수 있다. 성육신적 커리큘럼 모델에서 운동으로서의 순환 과정은 나선형의 흐름의 과정이라고 할 수 있다.[576] 교수 학습 공동체의 실제에서 이 운동은 중복될 수도 있고 회귀될 수도 있으며, 다시 시작될 수도 있다. 비록 여기에서는 순서를 따라 운동을 설명하지만 각각이 고정되어 있는 것이 아니다. 성육신적 과정에 있어서 운동은 역동적이고, 살아 있고, 유동적인 과정이다.

성육신적 과정으로서의 커리큘럼은 다음의 그림에서 보듯이 여섯 가지의 운동으로 이루어져 있는데, 그것은 (1) 비전 보기(visioning) (2) 사람에게 초점 맞추기(focusing on people) (3) 상호 참여하기(mutual engaging) (4) 하나님과 만나기(encountering with God) (5) 시간과 공간 안에서 행동하기(acting in the time and space) (6) 다시금 비전 보기(re-visioning) 등이다. 사람에게 초점 맞추기에서부터 시간과 공간

---

[576] 제롬 브루너(Jerome Bruner)는 그의 커리큘럼 모델을 '나선형 교육 과정'이라고 불렀는데, 나선형 과정 안에서 주제들은 계속 반복되지만 이는 그 이전의 내용과는 다른 차원에서 심화된다[Jerome Bruner, *The Process of Education* (Cambridge : Harvard Univ. Press, 1960), 13.].

안에서 행동하기에 이르는 각 운동은 앎의 네 가지 특성들과 각각 관련되어 있다. 비록 각 운동은 모든 앎의 특성들을 포함하지만, 사람에게 초점 맞추기는 특별히 앎의 인격적 특성과 관련되고, 상호 참여하기는 공동체적 특성, 하나님과 만나기는 상상적 특성, 시간과 공간 안에서 행하기는 참여적 특성과 관련되어 있다. 이 운동의 명칭을 의도적으로 동명사 형태(ing-form)로 표현하고 있는데 왜냐하면 이러한 운동은 정체적이지 않고 역동적이며 살아 있는 과정이기 때문이다. 이러한 순환 과정을 커리큘럼의 작성자가 누구냐에 따라서 두 가지 차원에서 설명하려고 하는데, 하나는 교사 차원의 커리큘럼 과정이며, 다른 하나는 교회 차원의 커리큘럼 과정이다.[577]

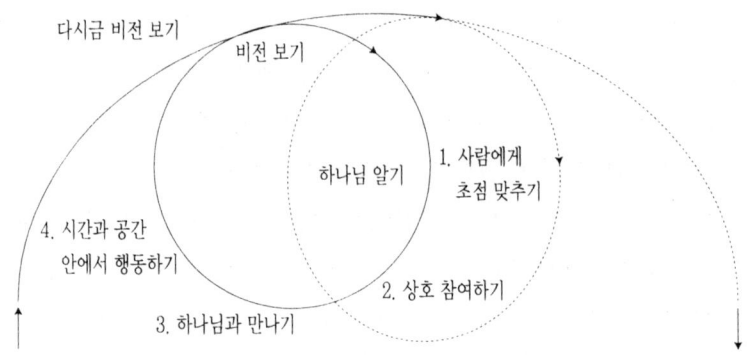

[그림 9] 성육신적 커리큘럼의 나선형 과정

---

577) 이러한 커리큘럼의 작성 과정은 교단적인 차원에도 적용될 수 있다. 이 경우에는 리차드 오스머가 강조하듯이 교단은 '교육 목회자'(또는 기독교 교육자)로서의 자기 인식을 가져야 하고, 교단적인 실천으로서 교수-학습 공동체에 참여하여야 한다 (Osmer, A Teachable Spirit, 178-179.).

1) 교사 수준의 커리큘럼 작성 과정

성육신적 커리큘럼에서, 그 원형은 성육신하신 하나님으로서 예수 그리스도의 생애와 가르침이다. 특별히 예수의 제자 훈련에서 보여지는 예수의 가르침은 우리들에게 커리큘럼의 과정이 어떠해야 함을 보여 준다. 예수의 가르침에 근거해서 여기에서는 교사 수준에서 커리큘럼의 무브먼트의 의미를 설명하려고 한다.

(1) 비전 보기

첫 번째 무브먼트는 '비전 보기'인데, 이는 교사가 하나님의 부르심을 그의 비전으로 보는 것이다. 커리큘럼 작성에서 비전 보기는 세 가지 결정적인 요소를 지니는데 '사명(mission)' '의도성(intentionality)' '사랑(compassion)'이다. 예수의 가르침은 이러한 요소들과 함께 시작된다. 성육신하신 하나님이신 예수 그리스도는 하나의 사명을 갖는다. 하나님은 자신을 계시하셔서 사람들로 하여금 하나님을 알게 하시기 위해 인간이 되셨다. 또한 성육신은 인류를 구원하기 위한 하나님의 의도적 행위다. 또한 예수께서는 의도적으로 그의 제자들을 부르셨고 의도적으로 그들을 가르치셨다. 예수의 가르침의 사역은 또한 사람들에 대한 그의 사랑에 기초되어 있다. 사랑은 교사의 인격성과 학생의 인격성을 연결시킨다. 사랑을 통해서 교사는 각 사람(학생)에 초점을 맞추기 시작한다.

성육신 커리큘럼 모델에서 기독교 교육은 사명과 의도성, 사랑을 지닌 헌신된 교사와 더불어 시작된다. 기독교 교육자는 자신이 하나님을 알 뿐 아니라 사람(학생)들로 하여금 하나님을 알도록 도와주는 일에 부르심을 받았다. 기독교 교육자의 비전은 하나님의 부르심에 뿌리박혀 있다. 따라서 성육신 커리큘럼은 교사의 영성을 포함한다. 비전 보기는 교사의 기도, 묵상, 겸손을 포함한다. 하나님의 부르심을 그의 사명으로 인식하는 교사는 그 사명을 충족시키기 위해 하나님의 은혜를 갈망하며 사람들로 하여금 하나님을 알도록 돕기 위해 자신을 헌신한다. 교사의 전체 삶과 영성은 성육신 커리큘럼 모델에서 비전 보기의 한 부분이다.

성육신 커리큘럼 모델에서 비전 보기는 교사의 가르치는 사역의 초기뿐만 아니라 교육의 모든 과정에서 일어나야 한다. 교사들이 교육 기간 계속, 모든 개개의 수업에 앞서 스스로 비전 보기의 과정을 갖는 것이 필요하다.

(2) 사람에게 초점 맞추기 : 인격적

두 번째 무브먼트는 '사람에게 초점 맞추기'인데, 이는 특별히 앎의 인격적 특성과 관련이 있다. 기본적으로 성육신은 하나님이 인간이 되셔서 사람들 사이에서 살게 되었음을 의미한다. 하나님이 인격적이신 하나님이기 때문에, 인격적인 관계를 통해서 하나님을 가장 잘 알 수 있고 사람들로 하여금 하나님을 알도록 도울 수 있다.[578] 그래서 신앙이 '하나님과의 인격적 관계'로 정의될 수 있는 것도 이러한 맥락에서다.

성육신 커리큘럼 모델에서 교사와 학생의 인격적인 관계는 결정적이다. 마치 제자들이 예수님과의 관계 속에서 예수 그리스도의 존재로부터 배웠던 것처럼, 학생은 교사와의 관계 속에서 교사의 존재로부터 배우게 된다. 예수님의 가르침 안에서 예수님의 초점은 사람들에게 있었다. 예수님은 사람들을 그의 제자들로서 선택하셨고(막 3 : 13 - 19, 눅

---

578) Migliore, 29.

6:13-16), 그들을 예수님 자신과의 인격적인 관계로 초청하셨는데 이는 그가 사람들에게 초점을 맞추는 것을 얼마나 중요시했는지를 보여준다. 예수님의 방법은 사람들을 선택하고 그들에게 초점을 맞추는 것을 포함한다. 토마스 그룸이 지적하고 있듯이 예수님의 사역의 스타일은 그가 제자들을 선택했다는 점에서 그 당시의 종교 지도자들과는 달랐는데, 왜냐하면 당시에는 제자들이 그들의 선생을 선택하는 것이 일반적이었기 때문이다.[579]

칼빈의 '눈높이 맞추기(accomodation)'[580]로서의 성육신 이해는 교사와 학생들 간의 인격적 관계의 중요성을 함의하고 있다. 예수님이 그의 제자들과 '나와 너'의 관계 속으로 들어가신 것처럼, 교사는 학생들과 '나와 너'의 관계를 가져야 한다. 교사와 학생들 사이의 인격적 관계는 교사가 마치 하나님이 성육신 안에서 자신을 드러내신 것처럼 '자기 노출'을 실천해야 함을 의미한다. 학생들이 교과 내용과 만나기 전에 그들은 교사의 존재와 만나게 된다. 교사의 존재는 교사의 삶과 영성으로부터 분리될 수 없고, 앎은 교사의 존재와 학생의 존재 사이의 인격적 관계로부터 발현되는 것이다. 이러한 무브먼트 안에서 학생들의 이름을 부르는 것은 교사와 학생들 간의 인격적 관계를 강화하기 위해서 매우 중요하다. 이 점에서 "학급의 규모나 학생들의 나이에 관계없이 교사는 모든 학생들의 이름을 알 책임이 있다."[581]는 마리아 해리스의 견해는 옳은 것이다.

---

579) Groome, *Sharing Faith*, 303.
580) DeVries, *Jesus Christ in the Preaching of Calvin and Schleiermacher*, 19.
581) Harris, *Teaching and Religious Imagination*, 161.

(3) 상호 교류하기 : 공동체적

세 번째 무브먼트는 상호 교류하기(mutual-engaging)로서 기독교 교육에서 공동체적 차원의 중요성을 강조한다. 성육신 커리큘럼 모델에서 공동체를 세우는 것 자체가 교육적 과제다. 예수님의 가르침과 제자 훈련은 공동체를 세우는 것으로부터 시작되는데, 그 공동체 안에서 예수님과 열두 제자들은 함께 살아가게 된다. 학생은 공동체로부터 분리되어 존재하는 개인이 아니다. 오히려 제자들의 공동체야말로 학습 공동체다. 예수님이 그의 제자들에게 기도를 가르쳐 주셨을 때 예수님은 '우리'라는 개념을 강조함으로 공동체의 기도임을 강조하셨다. 그리고 식탁 교제(마 26 : 20-30, 막 14 : 17-26, 눅 22 : 14-20)는 예수님의 사역의 핵심이 공동체임을 분명하게 보여 주고 있다.

성육신 커리큘럼 모델에서 공동체 안에서의 대화는 커리큘럼의 중요한 부분이다. 성육신 커리큘럼 모델에서 교사와 학생간의, 학생들 사이의 상호 작용은 교사의 교과 가르침보다 덜 중요하지 않다. 학생들 사이의 대화가 커리큘럼의 결정적인 부분이다.[582] 교육이 '상황과 분리된 지식(knowledge-out-of-context)'을 전수하는 것이 아닌 한, 학생들이 대화를 통해 '행동 안의 지식(knowledge-in-action)'을 나누는 것이 중요하다.

상호 교류하기에서 삶의 이야기들을 나누는 것은 공동체를 세우는 가장 영향력 있는 방법이다. 이야기들을 나눔으로써 학생들은 서로를 더 깊이 이해할 수 있고, 서로의 차이점을 통해서도 배울 수 있다.[583]

---

582) Applebee, *Curriculum as Conversation*, 37.
583) Charles R. Foster and Theodore Brelsford, *We Are the Church Together : Cultural Diversity in Congregational Life* (Valley Forge, PA : Trinity Press, 1996), 163.

이야기를 나누는 것은 느낌과 감정을 나누는 것을 포함한다. 종종 함께 놀고 더불어 작품을 만드는 것은 학생들로 하여금 서로의 생각을 공유할 뿐 아니라 그들의 느낌을 공유하는 데에 매우 유용하다. 학습은 사적인 행위가 아니라 공동체적 사건이다. 성육신적 커리큘럼 모델에서는 공동체 안에서의 상호 관계 자체가 학습자들을 가르친다.

(4) 하나님과의 만남 : 상상적

네 번째 무브먼트는 '하나님과의 만남'인데 이는 앎의 상상적 특성을 강조한다. '상호 교류하기'가 교수-학습 공동체 안에서 수평적 관계에 초점을 두는 반면, '하나님과의 만남'은 초월적 하나님과의 수직적 만남을 강조한다. 기독교 교육자는 성육신적 상상을 위한 공간을 마련함으로써 학습자들로 하여금 하나님을 상상하고 하나님을 알 수 있도록 도울 수 있다. 성육신적 상상을 위한 자리를 준비하기 위해서 기독교 교육자는 그것들이 학습자의 상상과 하나님의 이미지 사이를 매개하는 데에 도움이 되는 한 비유, 상징, 이야기, 예술, 영화, 성상 등의 모든 시청각 이미지를 사용할 수 있다.

예수님의 가르침은 사람들로 하여금 하나님을 알도록 돕기 위해 육화된 이미지를 사용하셨음을 보여 준다. 헤르만 호온(Herman H. Horne)은 그의 책 『예수, 교사 중의 교사』(Jesus : The Master Teacher)에서 예수님의 가르침의 방법들을 설명한다. 호온은 예수님이 이야기, 비유, 상징 등을 포함하는 모든 교육 방법들을 사용하셨다고 주장한다.[584] 이러한 방법들 안에서 예수님은 분명히 이미지들을 사용하셨다.

---

[584] Herman H. Horne, Jesus - The Master Teacher (New York : Association Press, 1922), 63-129.

그러나 예수님의 삶과 사역 자체가 이미지들이었다. 예컨대 제자들의 발을 씻기셨던 것은 하나님의 사랑을 드러내는 가장 선명한 이미지들 중의 하나다. 종려주일에 나귀를 타신 것, 성만찬, 십자가에 달리심은 그것으로부터 성육신적 이미지가 발현되어 나오는 육화된 이미지들이다. 예수님 자신이 성육신하신 하나님, 즉 하나님의 형상이시기 때문에 그분은 사람들이 하나님을 알게 해 주는 매개체가 되신다.

이 무브먼트 안에서 기독교 교육자가 해야 할 것은 계시를 위한 '자리(locus)'를 준비하는 것이다. 그린이 지적하고 있듯이 상상은 계시를 위한 인간학적 접촉점이다. 기독교 교육자의 과제는 충실한 이미지를 준비함으로써 학습자들이 감동을 받고 신적 계시를 향하여 열려지게 하는 것이다. 충실한 상상을 준비함에 있어 기독교 교육자는 논리적인 사고도 역시 사용할 수 있다. '하나님과의 만남'은 말이나 인쇄된 매체, 강의나 질문, 토의를 포함하는 언어적 교수 방법을 배제하지 않는다. 오히려 '하나님과의 만남'은 충실한 상상을 준비하는 데 유용한 한 모든 가르치는 방법들을 포용한다.

앞장에서 논의한 대로 가장 충실한 상상이라고 할 수 있는 '성육신적 상상'은 단지 앎의 상상적 차원만이 아니라 인격적, 공동체적, 참여적 차원을 포함한다. 상상을 사용하는 교사의 존재가 학습자들의 상상에 영향을 미친다. 사실, 중개자로서 교사는 메시지로서의 이미지로부터 분리될 수 없다. 학습자들이 인식하게 되는 이미지는 교과의 이미지는 물론 교사의 이미지를 포함한다. 그러므로 로버트 마틴(Robert Martin)이 주장하듯이 기독교 교육자의 리더십은 성상(icon)에 비유될 수 있는데, 성상이란 학습자들이 그것을 통해 하나님의 이미지를 보게 되는 것이다.[585] 또한 선명한 이미지를 만들기 위해서는 그 이미지가 공동체의 상황과 연계되어야만 한다. 학습자들의 경험을 내포하는 육화된 이미지는 학습자들의 마음을 사로잡을 수 있다.

마지막으로, '충성스러운 상상'을 준비하는 인간의 노력은 학습자들로 하여금 하나님을 알도록 하는데는 불충분하다는 것을 기억하는 것이 중요하다. 하나님의 은혜가 없이는 인간은 하나님을 알 수 없다. 그러므로 침묵과 기도를 포함하는 영성 훈련은 성육신적 상상을 위한 공간을 준비하는 데에 긴요하다.[586] 특별히 하나님 앞에서의 겸손은 성령이 역사하시는 공간을 창조하는 좋은 방법이다. 이 무브먼트는 로더의 개념으로 말하자면 '상상적 도약'이 일어나는 자리다.[587] 그것이 바로 '삶이 변형되는 순간'인데 그 곳에서 사람들은 하나님을 알게 된다.

(5) 시간과 공간 안에서의 행위 : 참여적

성육신적 커리큘럼 모델에서 다섯 번째 무브먼트는 '시간과 공간 안에서의 행위'인데 이것은 앎의 참여적 성격을 강조한다. 이 무브먼트는 반드시 '하나님과의 만남' 다음에 일어나야만 하는 것은 아니다. '시간과 공간 안에서의 행위'는 모든 무브먼트 속으로 스며 들어가는데, 각각의 무브먼트는 참여적 특성을 지닌다.

특별히 '시간과 공간 안에서의 행위'는 두 가지 참여적 특성을 지닌다. 하나는 인식자가 인식 과정에 기꺼이 참여하는 것이다. 앞의 제1부에서 논의한 대로 개혁 신학의 전통에서는 순종이 신앙의 선재적 조건

---

585) Robert K. Martin, "Encountering God in the Image of Christ : Iconic Leadership as an Incarnational Ministry" (paper presented at the annual meeting of the Association of Professors and Researchers in Religious Education, Atlanta, GA, 3-5 November 2000).
586) Palmer, To Know as We Are Known, 117-125.
587) Loder, The Transforming Moment, 24.

이다. 기독교 교육에서 이것은 하나님께 대한 순종과 헌신이 하나님 알기보다 앞서서 있어야 한다는 것을 의미한다. 하나님 알기는 관찰을 통해서 얻어질 수 있는 것이 아니고 하나님과의 관계 속에 헌신할 때만이 얻어지는 것이다. 다른 하나는 인식 과정 안에서 인식자의 상황이 참여하게 된다는 것이다. 앎 자체는 어떤 시간과 공간 안에서 이루어지는 사건이다. 정치적, 사회적, 문화적 상황은 인식자와 인식 대상에 스며든다. 그러므로 앎은 상황적이고 고백적이며, 모든 앎은 특수성과 독특성을 지니는데 이는 앎은 시간성과 공간성을 지니기 때문이다.

예수님의 가르침은 '시간과 공간 안에서의 행위'의 무브먼트를 분명하게 보여 준다. 무엇보다 예수님의 "나를 따르라"(마 4 : 19)는 말씀은 앎이 순종과 헌신을 요구함을 의미한다. 학습자(또는 교사)의 참여는 하나님 알기의 필수 조건이다. 요한복음의 순종과 앎의 관계에 대한 묘사는 이러한 무브먼트를 이해하는 데에 중요한 통찰을 준다. 요한복음 14장 21절에 의하면 예수님은 "나의 계명을 지키는 자라야 나를 사랑하는 자니 나를 사랑하는 자는 내 아버지께 사랑을 받을 것이요 나도 그를 사랑하여 그에게 나를 나타내리라"고 하셨다. 이 구절에서 '계명을 지킴' '사랑' '나타내리라' 등의 중요한 단어들을 발견하게 된다. 마지막 단어인 '나를 나타내리라'는 사람들로 하여금 하나님을 알게 하는 '자기 계시'로 해석될 수 있다. 즉, '계명을 지키는 순종'이 '사랑'의 필수 조건이고, 이 두 가지가 예수 그리스도를 알기 위한 필수 조건임을 의미한다. 바꾸어 말하면 무엇을 안다는 것은 이미 순종하고 있고 사랑하고 있음을 함의하고 있는 것이다. 이것이 바로 "영혼 없는 몸이 죽은 것 같이 행함이 없는 믿음은 죽은 것이니라"(약 2 : 26)는 야고보 사도의 말씀의 의미이다.

'시간과 공간 안에서의 행위'는 또한 인격적이고 공동체적인 행위를 포함한다. '하나님 알기'는 학습자들로 하여금 그들 자신의 정치적, 사회적, 문화적 상황 안에서 '하나님 알기'를 실천할 것, 즉 하나님께 대한 순종과 헌신을 요청한다. 동시에 '하나님 알기'는 공동체(학습 공동체 또는 회중)로 하여금 공동체의 상황 속에서 '하나님 알기'를 실천할 것을 촉구한다.

(6) 다시금 비전 보기

'다시금 비전 보기'는 마지막 무브먼트이며 동시에 커리큘럼 작성 과정에 있어서 새로운 출발점이 된다. 이것은 두 가지 측면을 지니는데 하나는 안식(rest)이고 다른 하나는 재창조(re-creation)이다. 안식이라는 관점에서 '다시금 비전 보기'는 안식일 정신(창 2:1-3, 출 20:8-11)의 실천이다. 그러나 안식으로서 안식일은, 마가복음 2장 27-28절에서 재해석되고 있듯이 우리가 아무것도 해서는 안 된다는 것을 의미하는 것이 아니다. 안식은 재창조를 위한 것이다. 이 무브먼트에서 기독교 교육자는 재창조를 위한 공간을 가져야만 한다. 공간을 만드는 데 있어서 팔머가 교사의 영성을 위한 훈련으로 제안하고 있는 침묵, 고독, 기도는 이 무브먼트를 위해 매우 적절하다. 팔머가 말하듯 고독은 가능한 한 우리의 일상적인 방식으로부터 멀어지는 것이다.[588] 그것은 우리의 눈이 새로운 방향을 향할 것을 요청한다. 이러한 영성 훈련을 통해서 기독교 교육자는 교육 목회에 대한 새로운 비전을 가질 수 있다.

'다시금 비전 보기'는 단지 교사들 자신만이 아니라 교사와 학생, 교과목, 상황과의 관계에도 관련된다. 다시금 비전 보기를 통해서 교사는

---

588) Palmer, *To Know as We Are Known*, 121.

자신과 학생의 관계를 다시금 생각하고 교과의 이미지를 재구성하고 정치적, 경제적, 문화적 상황을 재인식하게 된다. 이러한 '다시금 비전 보기'의 무브먼트는 새로운 비전 보기가 되어서 기독교 교육자들로 하여금 교수 학습 공동체 속으로 새롭게 들어가도록 만든다.

2) 교회 수준의 커리큘럼 작성 과정

교회 수준에서는 목사, 기독교 교육사(DCE), 또는 교사 팀이 교회 안에서의 교육 목회를 위한 커리큘럼 작성자가 되어야 한다. 성육신 커리큘럼 모델에서 커리큘럼 작성은 커리큘럼 실천을 위한 준비가 아니다. 커리큘럼 작성 자체가 교육의 한 과정이며 가르치는 사역 안에 포함된다. 교회 상황 밖에 존재하는 누군가에 의해 만들어진 커리큘럼 자료는 커리큘럼 자체가 아니라 커리큘럼의 자원일 뿐이다. 각 교회(교육 목회의 단위)는 그 교회를 위한 자신의 독특한 커리큘럼을 가져야 한다. 교회에서 교육 목회를 위한 커리큘럼 작성의 과정 역시 교사 수준에서의 커리큘럼 작성 과정에서와 같이 여섯 가지 무브먼트를 포함하는데, 그것은 비전 보기, 사람에게 초점 맞추기, 상호 교류하기, 하나님과 만나기, 시간과 공간 안에서 행위하기, 그리고 다시금 비전 보기 등이다.

(1) 비전 보기

커리큘럼 작성의 첫 번째 무브먼트는 비전 보기다. 비전 보기의 무브먼트에서 첫째 과제는 커리큘럼 위원회를 구성하는 것이다. 먼저 성육신 커리큘럼 모델에서 지역 교회의 커리큘럼 작성자는 목사(또는 교육사) 또는 목사와 교육사, 교사 대표들로 구성되는 사역 팀이다. 이 커리큘럼 작성자는 몇 명의 리더십을 지닌 충실한 교사들을 커리큘럼 위원회에 참여하도록 격려할 수 있다.

비전 보기는 두 가지 중요한 과제를 갖는데 하나는 '비전 갖기'이고 다른 하나는 '비전 공유하기'이다. 비전 갖기는 커리큘럼 작성자와 궁극적인 커리큘럼 작성자이신 하나님과의 수직적 관계와 관련이 있다. 커리큘럼 위원회는 비전 갖기를 위해 수련회를 계획할 수도 있다. 예배, 성경 공부, 침묵, 기도, 묵상을 포함하는 영성 훈련을 통해 커리큘럼 작성자들은 교육 목회의 사명이 무엇이고 교육 목회의 비전이 무엇인지를 명료하게 할 수 있다. 이러한 과정을 통해 사람들로 하여금 하나님을 알도록 돕는 기독교 교육의 목적을 더욱 선명하게 드러낼 수 있다. 비전 공유하기는 커리큘럼 위원들 간의 수평적인 관계와 관련된다. 그들은 그들의 교육 목회에 대한 이해와 신앙에 대한 고백들, 하나님의 부르심에 대한 생각들을 나눌 수 있다. 이러한 과정을 통해서 위원회의 구성원들은 서로서로 연결되며 그들이 함께 추구해야 할 교육 목회에 대한 하나의 비전을 갖게 된다.

(2) 사람에게 초점 맞추기 : 인격적

커리큘럼 작성의 두 번째 무브먼트는 사람에게 초점 맞추기다. 이 무브먼트에서 가장 중요한 커리큘럼 작성자의 과제는 교육 목회 안에서 사람들을 이해하는 것이다. 사람들은 회중을 포함하며 더 구체적으로는 교사와 학습자들을 말한다. 이때 참여 관찰 연구(ethnography)가 매우 유용한데 회중과 학습자에 대한 참여 관찰 연구는 교육 목회의 명시적 교육과정만이 아닌 잠재적 교육과정을 이해하는 데에 도움을 준다.

양적인 연구보다는 질적인 연구가 성육신 커리큘럼 작성을 위해서는 더 적절하다.[589] 커리큘럼 위원회의 구성원들이 학생들의 좌석에 앉아

---

589) 양적인 접근은 "객관성과 현상의 수량화를 강조하는 앎의 실증주의적 철학에 기초하

서 함께 예배를 드리거나 성경 공부를 하는 것도 학생들을 이해하기 위해 필요하다. 또한 위원들은 학생들의 학교, 가정, 놀이터, 음식점에서 학생들을 만나 이야기함으로 그들에 대한 더 깊은 이해를 도모할 수 있다. 필요하고 또한 가능하다면, 위원들 중 몇 사람이 얼마 동안 학생들과 같이 생활할 수도 있다. 이러한 참여 관찰 연구는 한두 달 또는 일년, 심지어 그 이상의 시간이 소요될 수도 있다. 그리고 커리큘럼 위원들은 그들의 참여 관찰의 결과를 보고하며 다른 위원들과 그 결과를 나눈다. 위원들은 이러한 연구 결과를 토대로 현재의 가르치는 사역의 문제점들을 알 수 있다. 그리고 그들은 함께 성육신 커리큘럼의 영역인 가르침, 선포, 예배, 교제, 봉사의 영역에 따라 문제점들을 분류할 수 있다.

(3) 상호 교류하기 : 공동체적

상호 교류하기의 무브먼트에서는 모든 교사들과 학습자 대표들이 커리큘럼 작성의 과정에 참여하도록 초청받는다. 그들 각각은 교회의 교육 목회를 위해 소위원회를 선택할 수 있는데, 예컨대 성경 공부 위원회, 예배 위원회, 친교 위원회, 봉사 위원회, 선교 위원회 또는 특별 위원회(예 - 대중 문화 위원회, 학교 활동 위원회, 수련회 위원회 등) 등이 가능하다.

각 소위원회에서 위원들은 두 가지 과제를 지닌다. 하나는 커리큘럼 위원회에서 보고된 문제점들에 기초해서 문제점들을 구체화시키는 작

고 있다." 그러므로 양적인 접근은 "숫자, 통계, 구조, 그리고 실험 통제를 사용함으로써 객관성을 극대화"하는 접근이다. 반대로 질적인 접근은 "다시 재현할 수 없는 상황에서 자연스럽게 일어나는 행동과 관련되고 거기에는 조건이나 경험의 조작이 없다."(McMillan and Schumacher, *Research in Education*, 32 - 37.)

업이고, 다른 하나는 그 문제들을 해결하기 위한 공동의 탐구다. 그들은 다음과 같은 질문에 대답하려고 노력할 수 있다. "현재의 교육 목회에서 왜곡된 이미지들은 무엇인가?" "무엇이 학생들로 하여금 하나님을 상상하고 아는 것을 방해하고 있는가?" "우리가 학생들로 하여금 하나님을 올바르게 상상할 수 있도록 돕기 위해 어떤 새로운 이미지들을 사용할 수 있을까?" 각 위원회는 몇 권의 책을 읽고 공부하거나, 함께 영화나 비디오를 시청하거나, 현장을 이해하기 위해 몇몇 기관들을 방문하도록 계획을 세울 수 있다. 그러나 가장 중요한 해결 방법은 대화의 방식으로 모임을 진행하여 개인적인 경험들을 서로 나누며 새로운 이미지들을 제안하는 것이다. 팔머가 제안한 것처럼 공동체적인 진리를 추구하는 공동체적인 과정이라고 할 수 있는 '합의에 이르는 탐구'[590]도 이러한 대화 과정에서 좋은 방법이 될 것이다.

커리큘럼 위원회는 모든 소위원회를 모이게 하고 그 대화의 이슈들을 나누도록 해야 한다. 각 소위원회는 해결책을 위한 그들 자신의 탐구를 발표하도록 요청받는다. 각 소위원회는 예술적인 형태, 드라마, 다른 이미지 형태를 포함하는 다양한 미디어를 사용하여 발표할 수 있다. 종종 나눔의 과정 자체가 커리큘럼 작성에 통찰을 줄 수 있고, 새로운 이미지가 공동체적인 과정으로부터 도출될 수 있다.

(4) 하나님과 만나기 : 상상적

'하나님과 만나기'의 무브먼트에서 커리큘럼 위원회의 구성원들은 함께 모여 소위원회들 간의 대화에 기초해서 '충실한 이미지'를 그려볼 수 있다. 이 무브먼트는 신-인 접촉점을 위한 자리를 준비하기 위

---

590) *Ibid.*, 94.

해 커리큘럼의 다섯 가지 영역을 재디자인하는 데에 초점이 있다. 그들은 "무엇이 학생들로 하여금 하나님을 알도록 돕는 가장 충실한 이미지인가?"에 답하려고 노력한다.

커리큘럼 위원들은 커리큘럼의 각 영역, 가르침, 선포, 예배, 교제, 봉사의 영역에서 새로운 충실한 이미지들을 발견하기 위해 노력한다. 아래의 도표가 보여 주듯이 그들은 커리큘럼의 각 영역에서 커리큘럼의 네 가지 차원인 인격적, 공동체적, 상상적, 참여적인 차원을 고려하여야 하는데, 왜냐하면 가장 충실한 이미지는 이 네 가지 차원을 포용하기 때문이다.

[표 3] 커리큘럼 각 영역에서 충실한 이미지를 찾는 도식

	가르침	선포	예배	교제	봉사
인격적					
공동체적					
상상적					
참여적					

예컨대 커리큘럼 위원들은 다음과 같은 질문을 던질 수 있다. (1) 어떻게 하면 성도들로 하여금 교사와 예배 인도자와 설교자와, 궁극적으로는 하나님과 더 깊은 인격적 관계를 맺을 수 있을 것인가?(인격적) (2) 어떻게 하면 공동체 안에서 상호 의사 소통을 격려할 수 있을 것인가?(공동체적) (3) 하나님을 알기 위한 가장 충실한 이미지는 어떤 이미지일까?(상상적) (4) 어떻게 사람들로 하여금 상황 안에 참여하고 실천할 수 있도록 도울 것인가?(참여적)

또한 이러한 무브먼트 안에서 각 커리큘럼 영역은 그것이 지·정·

의를 통합하고 있는지 다시 한 번 고려되어야 한다. 각 영역에서 새로운 이미지는 전체 교육 목회 안에서 통합되고 조화되어야 한다. 커리큘럼 영역에서 모든 이미지는 사람들로 하여금 하나님을 알도록 함께 엮어져야만 한다.

(5) 시간과 공간 안에서 행동하기 : 참여적

이 무브먼트는 실제로 새로운 커리큘럼의 이미지가 드러나는 과정이다. 이 무브먼트는 커리큘럼 위원회로부터 시작해서 새로운 커리큘럼의 이미지를 따라 교육 목회에 이르는 과정이다. 커리큘럼 위원회는 헌신의 예배를 준비할 수 있는데, 이를 통해 커리큘럼 위원회의 구성원들이 사람들이 하나님을 알도록 돕는 교육 목회에로의 부르심을 재확인할 수 있다.

커리큘럼 위원회는 모든 교사들로 하여금 새로운 이미지로 제시되는 교수-학습 공동체에 헌신하도록 격려할 수 있다. 한 예로, 교사들의 교육 목회에 대한 헌신을 확인하는 '교사 계약 예식'이 사용될 수 있다. 이 무브먼트는 새로운 커리큘럼 이미지의 실천을 포함한다. '시간과 공간 안에서 행동하기'는 교수 학습 공동체의 상황 안에서 인격적, 공동체적, 상상적, 참여적 행위를 포용한다.

(6) 다시금 비전 보기

다시금 비전보기의 무브먼트는 커리큘럼 작성자의 추후 활동과 관련된다. 커리큘럼 위원회의 공식적 과제는 끝났지만, 커리큘럼 작성자는 학생과 교사 또는 부모로부터 새로운 커리큘럼에 대해서 의견을 청취하도록 요청받는다.

동시에 커리큘럼 작성자는 다음과 같은 질문을 해야 한다. "학생들은 하나님을 아는 데서 자라 가고 있는가?" "우리의 가르치는 사역이 사람들로 하여금 하나님을 알도록 돕는 데에 있어서 충실한가?" "커리큘럼의 실천이 진실로 인격적이고 공동체적이고 상상적이고 참여적인가?" "가르침과 선포, 예배, 교제, 봉사의 영역 사이에 조화가 이루어지고 있는가?" "커리큘럼의 실천이 지·정·의를 통합하고 있는가?" 만약 이러한 질문들에 대한 답이 새로운 커리큘럼 디자인을 요청한다면, '다시금 비전 보기'는 커리큘럼의 첫째 무브먼트인 '비전 보기'와 연결된다. 이러한 커리큘럼 작성의 과정은 일회적인 반복이 아니고 나선형 회전으로 계속되는 것이다.

요 약

8장에서는 이제까지의 탐구를 바탕으로 해서, 서구 근대 인식론에 기초한 타일러 커리큘럼 모델의 하나의 대안으로서, 개혁 신학과 새로운 인식론에 근거하고 '성육신적 상상'을 핵심 개념으로 하는 구체적 커리큘럼 모델인 '성육신 커리큘럼 모델'을 제안하였다. 성육신 커리큘럼 모델의 목적, 내용, 범위, 장, 작성 원리, 표현 양식, 커리큘럼 모델의 특성 등은 다음과 같다. 기독교 교육의 성육신 커리큘럼 모델에서 교육의 목적은 '하나님 알기'이며 교육 내용의 핵심은 하나님의 이미지다. 커리큘럼의 범위는 가르침, 선포, 예배, 교제, 봉사를 포함하며, 커리큘럼의 장은 가정, 교회, 학교를 포함한다. 커리큘럼 작성의 원리는 인격적, 공동체적, 상상적, 참여적인 원리로 요약되며, 표현 양식은 육화된 이미지다. 타일러식 커리큘럼 모델과 대조적으로 성육신 커리큘럼 모델은 교육의 커리큘럼, 이미지에 대한 강조, 질적인 접근, 과정으로서 커리큘럼, 신비의 내포, 통전적 접근, 존재론적 인식론의 관점

등의 특성을 지닌다. 또한 성육신 커리큘럼 모델은 교사의 성육신, 학습자의 성육신, 교과의 성육신, 상황의 성육신 등의 네 가지 차원을 지니는데 이들 각각은 앎의 네 가지 특성인 인격적, 공동체적, 상상적, 참여적 특성과 관련된다. 마지막으로 성육신 모델에서 성육신적 과정으로서 커리큘럼 작성은 여섯 가지 무브먼트를 지니는데, 그것은 비전 보기, 사람에게 초점 맞추기, 상호 교류하기, 하나님 만나기, 시간과 공간에서 행동하기, 다시금 비전 보기 등이다. 이러한 커리큘럼의 과정은 이미 고정된 청사진이 아니고 계속되는 삶의 여정이다.

위에서 제안된 성육신적 이미지로부터 발현되고 개혁 신앙의 전통과 새로운 인식론에 기초한 기독교 교육의 성육신 커리큘럼 모델은, 기독교 교육에 적합하지 않은 서구 근대 인식론에 뿌리박고 있음에도 불구하고 이제까지 기독교 교육 현장에 지배적 커리큘럼으로 영향력을 행사해 온 타일러식 커리큘럼 모델에 대한 하나의 대안이다. 타일러식 커리큘럼 모델에서 가르침과 배움은 객관주의적, 개인주의적, 실증주의적, 관객주의적인 데 반하여 성육신 커리큘럼 모델 안에서 가르침과 배움은 인격적이고 공동체적이며 상상적이고 참여적이다. 이러한 성육신 커리큘럼 모델이야말로 '하나님 알기'로서의 신앙을 위한 적절한 기독교 교육 커리큘럼 모델이다. 왜냐하면 '하나님 알기'에서의 앎은 인격적, 공동체적, 상상적, 참여적이기 때문이다.

참고 문헌

Aleshire, Daniel O. *Faith Care: Ministering to All God's People Through the Ages of Life*. Philadelphia: The Westminster Press, 1988.

Alexander, H. A. "Elliot Eisner's Artistic Model of Education" in *Religious Education*. Vol. 81. No. 1, Winter, 1986.

Applebee, Arthur N. *Curriculum as Conversation: Transforming Traditions of Teaching and Learning*. Chicago: The University of Chicago Press, 1996.

Astley, Jeff. *The Philosophy of Christian Religious Education*. Birmingham, Alabama: Religious Education Press, 1994.

Babin, Pierre. *The New Era in Religious Communication*. Minneapolis: Fortress Press, 1991.

Barth, Karl. *Church Dogmatics*. Vol. II. Edinburgh: T & T Clark, 1957.

_____. *Dogmatics in Outline*. trans. G. T. Thomson. New York: Harper & Row, 1959.

_____. *The Knowledge of God and the Service of God According to the Teaching of the Reformation*. London: Hodder and Stoughton Publishers, 1938.

_____. *The Doctrine of Reconciliation*, Church Dogmatics. IV/1. Edinburgh: T. & T. Clark, 1956.

_____. *The Doctrine of God, Church Dogmatics.* II/1. Edinburgh: T. & T. Clark, 1957.

_____. *God in Action: Theological Addresses.* trans. E. G. Homrighausen, et al. New York: Round Table Press, 1936.

Blackman, E. C. "Incarnation" in *The Interpreter's Dictionary of the Bible.* Nashville: Abingdon Press, 1962.

Bloesch, Donald G. "Process Theology and Reformed Theology" in Donald K. McKim ed. *Major Themes in the Reformed Tradition.* Grand Rapids, Michigan: Eerdmans Publishing Co., 1992.

Bloom, Benjamin S. ed. *Taxonomy of Educational Objectives: The Classification of Educational Goals.* Handbook I: Cognitive Domain. New York: David McKay Company, Inc., 1956.

Bloom, Benjamin S., David R. Krathwohl, Bertram B. Masia. *Taxonomy of Educational Objectives: The Classification of Educational Goals.* Handbook II: Affective Domain. New York: David McKay Company, Inc., 1964.

Bobbitt, Franklin. *The Curriculum.* New York: Houghton Mifflin Company, 1918.

_____. *How to Make a Curriculum.* New York: Houghton Mifflin Company, 1924.

Botterweck, G. Johannes. & Helmer Ringgren. Eds. *Theological Dictionary of the Old Testament.* Vol. V. Grand Rapids: William B. Eerdmans Publishing Company, 1986.

Botterweck, G. Johannes and Helmer Ringgren. eds. *Theological Dictionary of the Old Testament.* Grand Rapids: William B. Eerdmans Publishing Company, 1986.

Bowman, Locke E. *Teaching for Christian Hearts, Souls, and Minds: A Constructive, Holistic Approach to Christian Education.* San Francisco: Harper & Row, Publishers, 1990.

Boys, Mary C. *Biblical Interpretation in Religious Education*. Birmingham: Religious Education Press, 1980.

Brueggemann, Walter. *The Creative Word: Canon as a Model for Biblical Education*. Philadelphia: Fortress, 1982.

Brunner, Emil. *Revelation and Reason: The Christian Doctrine of Faith and Knowledge*. Philadelphia: The Westminster Press, 1946.

_____. *The Christian Doctrine of the Church, Faith, and the Consummation*. Dogmatics Vol. III., trans. David Cairns. Philadelphia: The Westminster Press, 1962.

_____. *Truth as Encounter*. Philadelphia: The Westminster Press, 1964.

Bumbar, Paul. "To Know God But How?" in *Religious Education*. Vol. 86. No. 1, Winter, 1991.

Calvin, John. *Institutes of the Christian Religion*. The Library of Christian Classics, Vol. 1 & 2. XX ed. John T. McCeill, trans. Ford Lewis Battles. Philadelphia: The Westminster Press, 1960.

Cobb, John B. *Christ in a Pluralistic Age*. Philadelphia: Westminster, 1975.

Cornford, Francis M. *The Republic of Plato*. London: Oxford University Press, 1941.

Cremin, Lawrence A. *Public Education*. New York: Basic Books, Inc., Publishers, 1976.

Crewdson, Joan. *Christian Doctrine in the Light of Michael Polanyi's Theory of Personal Knowledge: A Personal Theology*. Lewiston: The Edwin Mellen Press, 1994.

Cully, Iris V. *Planning and Selecting Curriculum for Christian Education*. Valley Forge, PA: Judson Press, 1983.

Descartes, René. *Discourse on the Method*. trans. Laurence J. Lafleur. Indianapolis: Bobbs-Merrill, 1960.

DeVries, Dawn. *Jesus Christ in the Preaching of Calvin and Schleiermacher*. Louisville, Kentucky: Westminster/John Knox Press, 1996.

DeVries, Dawn. "Incarnation" in *Reformed Dictionary*.

Dewey, John. *Democracy and Education*. New York: The Free Press, 1966.

Doll, William E. Jr. *A Postmodern Perspective on Curriculum*. New York: Teachers College Press, 1993.

_____. *A Postmodern Perspective On Curriculum*. 김복영 역. 『교육과정과 포스트모더니즘의 시각』 서울 : 교육과학사, 1997.

Dowey, Edward A. Jr. *The Knowledge of God in Calvin's Theology*. Grand Rapids, Michigan: William B. Eerdmans Publishing Company, 1994.

Dulles, Avery. *Models of Revelation*. Garden City: Doubleday & Company, Inc., 1983.

Dykstra, Craig. *Growing in the Life of Faith: Education and Christian Practices*. Louisville, Kentucky: Geneva Press, 1999.

Edward, Paul. ed. *The Encyclopedia of Philosophy*. Vol. 4. New York: The Macmillan Company & The Free Press, 1967.

Egan, Kieran. *Imagination in Teaching and Learning: The Middle School Years*. Chicago: The University of Chicago Press, 1992.

Eisner, Elliot. *The Educational Imagination*. New York: MacMillan, 1985.

_____. *The Educational Imagination*. 이해명 역. 『교육적 상상력』 서울 : 단국대학교출판부, 1991.

_____. *Cognition and Curriculum Reconsidered*. New York: Teachers College, Columbia University, 1994.

_____. *Cognition and Curriculum*. 김대현, 이영만 역. 『표상 형식의 개발과 교육과정』 서울 : 교육과학사, 1994.

Eusden, John Dykstra and Westerhoff III, John H. *Sensing Beauty: Aesthetics, the Human Spirit, and the Church*. Cleveland, Ohio: United Church

Press, 1998.

Everding Jr., Edward H. *View Points: Perspectives of Faith and Christian Nurture.* Harrisburg: Trinity Press International, 1998.

Evans, C. Stephen. *Faith Beyond Reason: A Kierkegaardian Account.* Grand Rapids, Michigan: William B. Eerdmans Publishing Company, 1998.

Foster, Charles R. *Educating Congregation: The Future of Christian Education.* Nashville: Abingdon Press, 1994.

Foster, Charles R. and Theodore Brelsford. *We Are the Church Together: Cultural Diversity in Congregational Life.* Valley Forge, PA: Trinity Press, 1996.

Fowler, James. *Stages of Faith: The Psychology of Human Development and the Quest for Meaning.* San Francisco: Harper & Row, 1981.

_____. *Stages of faith.* 이재은 역.『신앙의 단계들』. 서울 : 대한기독교출판사, 1986.

Gardner, Howard. *The Unschooled Mind.* New York: BasicBooks, 1991.

_____. *Multiple Intelligences: The Theory in Practice.* New York: BasicBooks, 1993.

Gerrish, B. A. *Saving and Secular Faith.* Minneapolis: Fortress Press, 1960.

_____. *Grace & Gratitude: The Eucharistic Theology of John Calvin.* Minneapolis: Fortress Press, 1993.

Giroux, Henry A. *Living Dangerously: Multiculturalism and the Politics of Difference.* New York: Peter Lang, 1996.

Godsey, John D. *The Promise of H. Richard Niebuhr.* New York: J. B. Lippincott Company, 1970.

Green, Garrett. *Imagining God: Theology and the Religious Imagination.* San Francisco; Harper & Row, Publishers, 1989.

_____. *Imagining God.* 장경철 역.『하나님 상상하기』. 서울 : 한국장로교출

판사, 1996.

Green, Thomas F. *The Activities of Teaching*. New York: McGraw-Hill Book Company, 1971.

Grenz, Stanley J. *A Primer On Postmodernism*. Grand Rapids: William B. Eerdmans Publishing Company, 1996.

Griggs, Donald L. *Teaching Teachers To Teach*. Nashville: Abingdon Press, 1980.

Groome, Thomas H. *Christian Religious Education: Sharing Our Story and Vision*. San Francisco: HarperSan Francisco, 1980.

_____. *Sharing Faith: A Comprehensive Approach to Religious Education and Pastoral Ministry*. San Francisco: HarperCollins, 1991.

_____. "Religious Knowing: Still Looking for that Tree" in *Religious Education*. Vol. 92, No. 2 (Spring 1997).

Habermas, Jürgen. *Knowledge and Human Interests*. trans. Jeremy J. Shapiro. Boston: Beacon Press, 1971.

Hand, Quentin. "Faith: A Growth or a Gift?" in *Journal of Psychology and Christianity*. Vol. 7, No. 1, 1988.

Harris, Maria. *Teaching & Religious Imagination: An Essay in the Theology of Teaching*. SanFrancisco: HarperCollins, 1987.

_____. *Fashion Me A People*. Louisville: Westminster John Knox, 1989.

_____. *Fashion Me a People*. 고용수 역. 『교육목회커리큘럼』. 서울 : 한국장로교출판사, 1997.

_____. "The Imagery of Religious Education" in *Religious Education*. Vol. 78, No. 3, Summer, 1983.

Harrow, Anita J. *A Taxonomy of the Psychomotor Domain: A Guide for Developing Behavioral Objectives*. New York: David McKay Company, Inc., 1964.

Hebblethwaite, Brian. *The Incarnation: Collection Essays in Christology*. New York: Cambridge University Press, 1987.

Hodges, Bert. "Learning as Incarnation: A Contextualist Approach to Learning about Learning" in De Jong ed. *Christian Approaches to Learning Theory*. New York: University Press of America, 1984.

Humphrey, J. Edward. *Emil Brunner*. Waco, Texas: Word Books, 1976.

Hyman, Ronald T. *Ways of Teaching*. New York: J. B. Lippincott Company, 1974.

Johnson, Mark. *The Body in the Mind: The Bodily Basis of Meaning, Imagination, and Reason*. Chicago: The University of Chicago Press, 1987.

_____. *Moral Imagination: Implications of Cognitive Science for Ethics*. Chicago: The University of Chicago Press, 1993.

Johnson, Mark & George Lakoff. *Metaphors We Live By*. Chicago: The University of Chicago Press, 1980.

_____. *Philosophy in the Flesh: The Embodied Mind and Its Challenge to Western Thought*. New York: Basic Books, 1999.

Johnston, V. W. "Incarnation" in Merrill C. Tenney ed. *The Zondervan Encyclopedia of the Bible*. Grand Rapids, Michigan: Zondervan Publishing House, 1975.

Kant, Immanuel. *Prolegomena to Any Future Metaphysics*. trans. Francis M. Cornford. Indianapolis: Hacket, 1977.

Kittel, Gerhard. ed. *Theological Dictionary of the New Testament*. Grand Rapids: William B. Eerdmans Publishing Company, 1964.

Kliebard, Herbert M. "Reappraisal: The Tyler Rationale" in *Curriculum Theorizing: The Reconceptualists*. William Pinar ed. Berkeley: McCutchan, 1975.

Kliever, Lonnie D. *H. Richard Niebuhr*. Waco, Texas: Word Books, Publisher,

1977.

Lee, James Michael. ed. *Handbook of Faith*. Bermingham: REP, 1990.

_____. *The Flow of Religious Instruction* Birmingham, Alabama: Religious Education Press, 1973.

Lee, Jung Young. *The Trinity in Asian Perspective*. Nashville: Abingdon Press, 1996.

Leith, John H. *An Introduction to the Reformed Tradition*. Atlanta: John Knox Press, 1977.

_____. *The Reformed Imperative: What the Church Has to Say that No One Else Can Say*. Philadelphia: The Westminster Press, 1988.

Little, Sara. *The Role of the Bible in Contemporary Christian Education*. Richmond: John Knox Press, 1961.

_____. *To Set One's Heart: Belief and Teaching in the Church*. Atlanta: John Knox, 1983.

_____. *To Set One's Heart*. 사미자 역. 『기독교교육 교수방법론』. 서울 : 대한예수교장로회총회출판국, 1988.

Loder, James E. "Reflection on Fowler's Stages of Faith" in *Religious Education*. Vol.77, 1982.

Loder, James E. *The Transforming Moment*. Colorado Springs: Helmers & Howard, 1989.

_____. *The Transforming Moment*. 이기춘 · 김성민 공역. 『삶이 변형되는 순간』. 서울 : 한국신학연구소, 1988.

_____. *The Logic of the Spirit: Human Development in Theological Perspective*. San Francisco: Jossey-Bass Publishers, 1998.

_____. *The Knight's Move: The Relational Logic of the Spirit in Theology and Science*. Colorado Springs: Helmers & Howard Publishers, 1992.

Loomis, David J. Imagination and Faith Development in *Religious Education*.

Vol. 83, No. 2, 1988.

Macdonal, James B. "Myths about Instruction" in *Educational Leadership*. 22, May, 1965.

Mager, Robert F. *Preparing Instructional Objectives*. Palo Alto, California: Fearon Publishers, 1962.

Martin, Robert. *The Incarnate Ground of Christian Faith: Toward a Christian Theological Epistemology for the Educational Ministry of the Church*. New York: University Press of America, 1998.

_____. "Encountering God in the Image of Christ: Iconic Leadership as an Incarnational Ministry" in *2000 Proceedings*. (unpublished), APRRE, 2000.

Matthaei, Sondra Higgins. "Faith-Mentoring in the Classroom" in *Religious Education*. Vol. 86. No. 4, Fall 1991.

McKenzie, John L. *Dictionary of the Bible*. Milwaukee: Bruce Publishing Company, 1965.

McLaren, Peter. *Life in Schools: An Introduction to Critical Pedagogy in the Foundations of Education*. New York: Longman, 1994.

McMillan, James H. and Sally Schumacher. *Research in Education: A Conceptual Introduction*. New York: HarperCollins College Publishers, 1993.

McKim, Donald K. *Major Themes in the Reformed Tradition*. Grand Rapids, Michigan: Eerdmans Publishing Co., 1992.

McLuhan, Marshall. *Understanding Media, the Extensions of Man*. New York: McGraw-Hill Book Company, 1964.

Melchert, Charles F. *Wise Teaching: Biblical Wisdom and Educational Ministry*. Harrisburg, Pennsylvania: Trinity Press International, 1998.

Migliore, L. Daniel. *Faith Seeking Understanding: An Introduction to Christian Theology*. Eerdmans Publishing Co., 1991.

_____. *Faith Seeking Understanding*. 장경철 역. 『기독교 조직신학 개론』 서울 : 한국장로교출판사, 1994.

Mitchell, Helen Buss. *Roots of World Wisdom: A Multicultural Reader*. Belmont, CA, Wadsworth Publishing Company, 1999.

Mitchell, Pamela. "What Is Curriculum? Alternatives in Western Historical Perspectives" in *Religious Education*. 83, No.3, 1988.

Moore, Mary Elizabeth Mullino. *Teaching from the Heart: Theology and Educational Method*. Minneapolis: Fortress Press, 1991.

_____. "The Myth of Objectivity in Public Education: Toward the Intersubjective Teaching of Religion" in *Religious Education*. Vol. 90 No. 2, Spring, 1995.

Moran, Gabriel. *Interplay: A Theory of Religion and Education*. Winona, Minnesota: Saint Mary's Press, 1981.

Mueller, David L. *Karl Barth*. Waco, Texas: Word Books, Publisher, 1972.

National Council of the Churches of Christ in the U. S. A. *A Guide for Curriculum in Christian Education*. Chicago: NCC in the USA, 1955.

Nelson, C. Ellis. *How Faith Matures*. Louisville, Kentucky: Westminster/ John Knox Press, 1989.

Niebuhr, H. Richard. *Radical Monotheism and Western Culture*. New York: Harper & Row, 1960.

_____. *The Meaning of Revelation*. New York: Macmillan, 1940.

_____. *Faith on Earth: An Inquiry into the Structure of Human Faith*. New Haven: Yale University Press, 1989.

_____. *The Purpose of the Church and Its Ministry: Reflection on the Aims of Theological Education*. New York: Harper & Row, 1977.

Osmer, Richard R. *Teaching For Faith*. Louisville: Westminster/John Knox Press, 1967.

_____. "James W. Fowler and the Reformed Tradition: An Exercise in Theological Reflection in Religious Education" in *Religious Education*. Vol. 85. No. 1, Winter, 1990.

Palmer, Parker J. *To Know As We Are Known: Education As a Spiritual Journey*. San Francisco: Harper & Row, 1983.

_____. *To Known As We Are Known*. 이종태 역. 『가르침과 배움의 영성』. 서울 : 한국기독학생회출판부, 2000.

_____. *The Courage To Teach: Exploring the Inner Landscape of a Teacher's Life*. San Francisco: Jossey-Bass Publishers, 1998.

_____. *The Courage to Teach*. 이종인 역. 『가르칠 수 있는 용기』. 서울 : 한문화, 2000.

_____. "Learning is the Thing for You" in *Weaving*. 4. Sept.-Oct., 1989.

Parks, Sharon. *The Critical Years: Young Adults & the Search for Meaning, Faith & Commitment*. SanFrancisco: Harper & Row, 1986.

Pinar, William ed. *Curriculum Theorizing: The Reconceptualists*. Berkeley: McCutchan, 1975.

Polanyi, Michael. *Personal Knowledge: Towards a Post-Critical Philosophy*. Chicago: The University of Chicago Press, 1962.

_____. *Personal Knowledge*. 표재명, 김봉미 역. 『개인적 지식』. 서울 : 아카넷, 2001.

_____. *Tacit Dimension*. Garden City: Doublenday & Company, 1966.

_____. *Knowing and Being*. Marjorie Grene ed. Chicago: The University of Chicago Press, 1969.

Polanyi, Michael. & Harry Prosch. *Meaning*. Chicago: The University of Chicago Press, 1975.

Rogers, Frank Jr. "Dancing with Grace: Toward a Spirit-Centered Education" in *Religious Education*. Vol. 89. No. 3, Summer, 1994.

Rokeach, Milton. *Beliefs, Attitudes, and Values: A Theory of Organization and Change*. San Francisco: Jossey-Bass Inc., Publishers, 1970.

Rorty, Richard. *Philosophy and the Mirror of Nature*. Princeton, New Jersey: Princeton University Press, 1979.

Schremer, Oded E. "The Problem of Integrated Knowledge: A Curriculum Perspective" in *British Journal of Religious Education*. Vol. 14. No. 2, Spring, 1992.

Sessions, L. William. *The Concept of Faith: A Philosophical Investigation*. Ithaca, New York: Cornell University Press, 1994.

Seymour, Jack. Margaret Crain, & Joseph Crockett. *Educating Christians: The Intersection of Meaning, Learning, and Vocation*. Nashville: Abingdon Press, 1993.

Shephered, Victor A. *The Nature and Function of Faith in the Theology of John Calvin*. Macon, Georgia: Mercer Univ. Press, 1983.

Siejk, Kate. "Toward a Holistic Religious Education: Reflections and Pedagogical Possibilities" in *Religious Education*. Vol. 89. No. 2 Spring, 1994.

Siejk, Cate. "Learning to Love the Questions: Religious Education in an Age of Unbelief" in *Religious Education*. Vol. 94. No. 2, Spring, 1999.

Slattery, Patrick. *Curriculum Development in the Postmodern Era*. New York: Garland Publishing, Inc., 1995.

Sloan, Douglas. *Faith and Knowledge: Mainline Protestantism and American Higher Education*. Louisville, Kentucky: Westminster John Knox Press, 1994.

_____. *Insight-Imagination: The Emancipation of Thought and the Modern World*. Westport, CT: Greenwood Press, 1983.

_____. "Imagination, Education, and our Postmodern Possibilities" in *Revision*. Vol. 15. No. 2, Fall, 1992.

Smith, Wilfred Cantwell. *Faith and Belief: The Difference Between Them.* Oxford: Oneworld Publications, 1998.

Stahl, Wanda J. "Congregations as the Center of Knowing: Shifting from the Individual to the Communal in Knowledge Formation" in *Religious Education.* Vol. 92. No. 3, Summer, 1997.

Suzuke, Shunryu. "Beyond Consciousness," in *Roots of World Wisdom: A Multicultural Reader.* by Helen Buss Mitchell. Toronto: Wadsworth Publishing Company, 1999.

Tanner, Daniel and Laurel N. Tanner. *Curriculum Development: Theory into Practice.* New York: MacMillan, 1980.

Torrance, Thomas F. *The School of Faith: The Catechisms of the Reformed Church.* London: James Clarke & Co. Limited, 1959.

Tracy, David. *Blessed Rage for Order.* New York: Seabury, 1975.

Tyler, Ralph. *Basic Principles of Curriculum and Instruction.* Chicago: Univ. of Chicago Press, 1950.

Vieth, Paul H. *Objectives in Religious Education.* New York: Harper & Brothers, 1930.

Warner, Sharon. "An Epistemology of Participating Consciousness: Overcoming the Epistemological Rupture of Self and World" in *Religious Education.* Vol. 93. No. 2, Spring, 1998.

Westerhoff III, John H. *Will Our Children Have Faith?* New York: HarperCollins Publishers, 1976.

Westerhoff III, John H. & William H. Willimon. *Liturgy and Learning Through the Life Cycle.* Akron: OSL Publications, 1980.

Wyckoff, D. Campbell. *Theory and Design of Christian Education Curriculum.* Philadelphia: Westminster, 1961.

_____. *Theory and Design of Christian Education Curriculum.* 김국환 역. 『기독교 교육과정의 이론과 설계』. 서울 : 성광문화사, 1990.

_____. *The Gospel and Christian Education*. Philadelphia: The Westminster Press, 1959.

_____. *The Task of Christian Education*. Philadelphia: The Westminster Press, 1955.

_____. *How to Evaluate Your Church Education Program*. Philadelphia: The Westminster Press, 1962.

_____. "The Import of the Bloom Taxonomies for Religious Education" in *Religious Education*. Vol. 63, 1968.

The Interpreter's Dictionary of the Bible. Nashville: Abingdon Press, 1962.

Tools of Curriculum Development for the Church's Educational Ministry. Anderson, Indiana: Warner Press Inc., 1967.

The Church's Educational Ministry: A Curriculum Plan: The Work of the Cooperative Curriculum Project: CCP. St. Louis, Missouri: The Bethany Press, 1965.

기독교 교육과정 탐구

초판인쇄 | 2004년 5월 10일
3쇄발행 | 2021년 9월 3일

지은이 박상진
펴낸이 김운용
펴낸곳 장로회신학대학교 출판부

등록 제4-33호
주소 04965 서울시 광진구 광장로5길 25-1 (광장동)
전화 02-450-0795
팩스 02-450-0797
이메일 ptpress@puts.ac.kr
홈페이지 http://www.puts.ac.kr

ⓒ장로회신학대학교출판부 2004

값 15,000원
ISBN 978-89-7369-154-8 93230

- 잘못된 책은 바꿔 드립니다.
- 이 책은 저작권법의 보호를 받는 저작물이므로 무단 전재와 복제를 금합니다.